Review of Evolutionary Economics and Economics of Innovation

演化与创新经济学评论

2024 年第 2 辑（总第 31 辑）

教育部人文社会科学重点研究基地清华大学技术创新研究中心
中国演化经济学年会

科 学 出 版 社

北 京

内 容 简 介

《演化与创新经济学评论》由陈劲教授（主编）与王焕祥博士（执行主编）于 2008 年共同创办、中国演化经济学年会协办，是国内唯一一份致力于介绍演化与创新经济学理论、方法、应用及最新发展的集刊，与国际期刊《演化经济学杂志》（SSCI）、《制度经济学杂志》（SSCI）长期合作，演化与创新经济学界的知名学者纳尔逊教授、伦德瓦尔教授、霍奇逊教授、陈平教授、贾根良教授等为本集刊特约编委与撰稿人。

本集刊以“倡导学术创新、彰显学术自由”为宗旨，力求为中外学者就演化与创新经济学的重大理论及其应用问题的讨论与对话提供一个平台，也为展示我国学者的相关研究与思想提供一个机会窗口。

本集刊可为公共政策制定者提供新的视野与借鉴，可供政府产业与科技等管理部门、企业高级技术主管、大学与科研院所的科研管理与科技工作者参考，尤其适合作为管理学、经济学等社科专业的硕士研究生及博士研究生的参考用书，对于想了解和深入研究演化与创新经济学的读者也是不可或缺的参考资料。

图书在版编目（CIP）数据

演化与创新经济学评论. 2024 年. 第 2 辑 ： 总第 31 辑 / 教育部人文社会科学重点研究基地清华大学技术创新研究中心，中国演化经济学年会编. -- 北京 ： 科学出版社，2024. 10. -- ISBN 978-7-03-079637-0

Ⅰ. F0-53

中国国家版本馆 CIP 数据核字第 202447D7Z8 号

责任编辑：徐 倩 / 责任校对：贾娜娜
责任印制：张 伟 / 封面设计：无极书装

科学出版社 出版
北京东黄城根北街 16 号
邮政编码：100717
http://www.sciencep.com
北京厚诚则铭印刷科技有限公司印刷
科学出版社发行 各地新华书店经销

*

2024 年 10 月第 一 版 开本：787×1092 1/16
2024 年 10 月第一次印刷 印张：9 1/2
字数：223 000

定价：108.00 元

（如有印装质量问题，我社负责调换）

摘　要

《演化与创新经济学评论》（*Review of Evolutionary Economics and Economics of Innovation*）由陈劲教授与王焕祥博士于 2008 年共同创办，是目前国内唯一一份聚焦演化与创新经济学的跨学科学术期刊，由教育部人文社会科学重点研究基地清华大学技术创新研究中心主办、中国演化经济学年会协办，由中国最大的综合性科技出版机构科学出版社出版。

本刊的目标是将行为经济学、创新经济学、产业经济学、政治经济学、演化论和制度经济学与非正统经济学结合在一起，成为演化论创新经济学中的一个多元化论坛。

演化经济学、创新经济学、制度主义经济学、复杂性理论、后凯恩斯主义经济学和政治经济学，都有着相对于当前主流经济学的重要发展前景，都反对理性主体方法论的个人主义和简单的市场出清，主张理解由社会制度和惯例塑造的人类行为，理解分散的（“市场”）过程容易产生的演化动态，及其可能导致的不受欢迎的社会结果。

尽管经济学和社会科学中的各种非主流方法已经有了一些共同的本体论、理论和政策导向的基础，但它们仍然在各自不同的领域发展，对于构建能更有效地理解与解释中国发展道路的经济学而言，重要的是在演化论方法和其他非正统方法之间建立更多的桥梁，《演化与创新经济学评论》意在实现这种愿景。

目　录

人工智能发展的三重意蕴*

周　鑫

摘要：人工智能的发展具有深刻的内涵与广泛的影响。在技术进步方面，它凭借先进的算法和强大的数据处理能力，不断开拓创新领域，加速各行业的数字化转型。从医疗领域的精准诊断到金融领域的风险评估，人工智能都展现出巨大潜力。在经济层面，推动产业升级，创造新的经济增长点和就业机会，同时也促使企业提升竞争力。在社会生活中，人工智能带来便捷、高效的服务，如智能客服、智能推荐等，提升人们的生活品质。然而，其发展也引发了对伦理道德和社会公平的思考，需建立健全相关法规以规范其应用。总之，人工智能的发展既充满机遇，也面临挑战，需要我们以理性和审慎的态度积极应对。

关键词：人工智能　产业升级　数字化转型

中图分类号：DF0-053

人工智能作为一项前沿科技，随着人机交互、机器学习、模式识别等相关技术接连取得突破性进展，如今正以颠覆之势推动全球产业变革，成为经济高质量发展的助推器和引领第四次科技革命的战略性技术，也是国际核心竞争力的新焦点，对经济发展与科技创新的推动作用早已不言而喻。党的十八大以来，我国人工智能发展经由技术研发到成果转化，再到赋能应用，实现了人工智能产业的快速崛起。党的二十大报告提出要“构建新一代信息技术、人工智能……绿色环保等一批新的增长引擎”（习近平，2022）。2023 年 9 月 4 日，习近平向 2023 中国国际智能产业博览会致贺信，指出深化数字领域国际交流合作，推动智能产业创新发展，加快构建网络空间命运共同体①。

一、攻克人工智能核心技术

当前，中国、美国是全球人工智能科技创新与产业发展的高地。我国人工智能已经广泛应用于企业智能管理、智能政务、智能金融、智慧城市、智能制造、智能网联汽车、智能农业、网络安全、智能医疗、智能教育、智能交通、智能物流、智慧文旅、智能家居和智能安防等领域。尽管我国人工智能在应用和数据领域与世界一流水平相

*基金项目：2021 年河北省社会科学基金项目“人工智能民事侵权责任研究”（HB21FX003）。

作者简介：周鑫，男，廊坊师范学院社会发展学院副教授，研究方向为人工智能法。

①《习近平向 2023 中国国际智能产业博览会致贺信》，https://www.gov.cn/yaowen/liebiao/202309/content_6901959.htm。

比处于领先地位，但在人才、科研、开发和硬件等多个层面仍存在差距，尤其在技术理论、核心算法、关键设备、高端芯片等方面缺乏重大原创性成果。此外，新一代人工智能标准体系尚在构建，还未形成具有国际影响力的产业链。人工智能产业是创新经济，创新是人工智能最显著的特征。面对美国技术封锁和经济智能化转型升级的迫切需求，如何夯实智能传感器、人工智能芯片和基础软件等产业核心基础，加速关键共性核心技术研发，构建自主可控技术体系和产业创新生态，是我国人工智能科技创新发展的战略方向。

早在2014年，习近平就提出："机器人是'制造业皇冠顶端的明珠'，其研发、制造、应用是衡量一个国家科技创新和高端制造业水平的重要标志。"（习近平，2014）作为科技创新、产业升级和生产力跃升的全新引擎，"人工智能是引领这一轮科技革命和产业变革的战略性技术，具有溢出带动性很强的'头雁'效应"（新华社，2018）。2018年4月20日至21日，习近平在全国网络安全和信息化工作会议上指出："核心技术是国之重器。要下定决心、保持恒心、找准重心，加速推动信息领域核心技术突破。"（习近平，2018）习近平多次在重要会议上提及核心技术，增强自主创新能力，筑牢国家核心竞争力的基石，充分说明习近平对核心技术的高度重视，也体现了我们解决人工智能核心技术"卡脖子"问题的紧迫性。

要面向建设科技强国，瞄准世界科技前沿，就要加强基础科学研究。没有扎实的基础研究，就谈不上技术自主创新。高度重视数学、物理、计算机等基础学科，完善多元化资金投入机制，推动研究主体由"以高校和科研院所研究为主"向"高校、科研院所、企业三方协同攻关"转变，补齐人工智能基础研究短板，促进基础科学与应用科学相结合。深度学习是新一代人工智能"智慧"的源泉，是最接近人类大脑的智能学习方法。然而，我国在该领域的基础研究上却存在明显短板，相比于人工智能其他领域，机器学习基础研究被应用研究"淹没"的现象尤为明显……大力加强机器学习基础研究，对实现我国人工智能领域高水平科技自立自强至关重要（江迪，2023）。针对人工智能基础理论比较薄弱的现状，习近平明确提出"要加强基础理论研究，支持科学家勇闯人工智能科技前沿的'无人区'……在短板上抓紧布局，确保人工智能关键核心技术牢牢掌握在自己手里"（新华社，2018）。在《加强基础研究 实现高水平科技自立自强》一文中，习近平从强化基础研究前瞻性、战略性、系统性布局，深化基础研究体制机制改革，建设基础研究高水平支撑平台，加强基础研究人才队伍建设，广泛开展基础研究国际合作，塑造有利于基础研究的创新生态等六个方面（习近平，2023）深刻阐述加强基础研究的重大意义，并对加强基础研究做出战略部署，对推动我国人工智能基础研究和攻克核心技术具有重要意义。作为人工智能核心技术重要表征之一的算力，指数据处理能力。根据《中国算力发展指数白皮书（2023年）》数据，我国近六年算力总规模达到302EFLOPS（EFLOPS 指每秒百亿亿次浮点运算次数），全球占比 33%，连续三年是美国以外算力规模最大的国家。

二、推进人工智能产业化和产业人工智能化

人工智能技术的实际应用价值取决于其与经济社会的融合程度，随着人工智能技术的发展及产业的应用，人工智能会产生巨大的经济价值。我国 14 亿多人口形成的巨大市场需求不仅能够激发人工智能创新应用的潜能，促进数字经济、智能经济和绿色经济协同发展，也提供了大量的数据资源供其研究，加速了人工智能产业化和产业人工智能化的进程，深刻改变着人们的生产生活方式。习近平把“坚持需求导向、市场倒逼”确立为新一代人工智能的发展路径，倡导要“积极培育人工智能创新产品和服务，推进人工智能技术产业化，形成科技创新和产业应用互相促进的良好发展局面”（新华社，2018）。

（一）加速推进人工智能产业化

科学技术是第一生产力，科技的研发最终通过产业化、规模化的生产提升生产力水平。中国工程院中国新一代人工智能发展战略研究院发布的《中国新一代人工智能科技产业发展 2023》显示，中国人工智能产业发展表现出明显的集群化趋势，高校、科研院所、企业和投资者之间相互协同，主要分布在京津冀、长江三角洲、珠江三角洲和川渝地区的重点城市。习近平强调：“核心技术研发的最终结果，不应只是技术报告、科研论文、实验室样品，而应是市场产品、技术实力、产业实力。”（习近平，2016a）人工智能技术创新要加速推进，以解决实际问题为科研导向，科研和经济不能搞成“两张皮”，应彻底扭转我国科技创新资源分散而低效和创造市场价值能力不足等情形，不断推动技术创新成果转化为新的产品和服务，在创新链上下游之间做好衔接，消除科技创新中的“孤岛现象”，集中力量攻关突破关键核心技术，实现智能产品的产业化。2023 年 9 月 4 日，中国国际智能产业博览会开幕。习近平指出：“智能产业、数字经济蓬勃发展，极大改变全球要素资源配置方式、产业发展模式和人民生活方式……推动智能产业创新发展，加快构建网络空间命运共同体，携手创造更加幸福美好的未来。”（习近平，2023）习近平的贺信对产业数字化、智能化、绿色化转型，智能产业、数字经济蓬勃发展做出深刻阐释，为促进人工智能产业化指明了方向，提供了遵循。人工智能产业化是人工智能产品的产业化，利用人工智能技术创造产品并形成相关产业，具有千亿级市场规模。详见表 1。

表 1　人工智能产业化的场景应用

应用场景	简介	行业发展情况
自动驾驶	汽车通过感知融合、虚拟路测、高精地图、车路协同等技术识别路况，综合分析车道、行人、障碍物等信息，通过人工智能模型进行障碍物运动轨迹预判并做出驾驶行为决策。这能够使车辆像有人类司机驾驶一样进行行驶	2020～2030 年被视为自动驾驶发展的“黄金十年”，预判到 2030 年，中国将有 50%的汽车实现无人驾驶，中国无人车服务市场规模有望达 1.3 万亿元

续表

应用场景	简介	行业发展情况
机器人	机器人分为工业机器人、服务机器人、特种机器人，以计算机视觉、机器学习、智能语音等智能技术为基础，让机器人代替人类完成风险系数高、难度低的工作	根据《中国机器人产业发展报告（2022年）》，2022 年中国机器人市场规模为 174 亿美元，发展迅速
元宇宙	以数字技术为基础，与现实空间进行映射交互形成的虚拟空间，具体形态包括虚拟数字人、数字孪生产品等	彭博行业研究报告预计 2024 年元宇宙市场规模将达 8000 亿美元，2030 年中国虚拟人市场规模将达到 2700 亿元

近年来，我国人工智能产业化规模不断扩大，人工智能产业化包含自动驾驶、机器人、元宇宙等领域的场景。2022 年我国人工智能核心产业规模达到 5080 亿元，同比增长 18%（郭倩，2023）。人工智能应用场景不断拓展，潜在创新发展的空间巨大，成为科技跨越发展、产业优化升级、生产力整体跃升的新动能。未来，我们应继续以习近平总书记重要讲话精神为指导，按照“集中力量、整合资源、强化培育”的思路，重点培育一批人工智能产业化龙头企业，制定严于国家标准、行业标准的企业标准，深入推动电信、软件、信息技术服务以及互联网等产业的技术成果转化，发展“产品数据+企业组合+私人定制”新型业态模式，为推进全国人工智能产业高质量发展提供有力保障。

（二）加快推动产业人工智能化

当前，由于受技术成熟度难以满足工业级需求、实体经济领域行业数据获取困难、实体经济领域数字化水平滞后、中小企业智能化转型仍面临成本制约、实体经济领域人工智能人才严重缺乏等因素影响，我国产业智能化水平亟待提高。习近平指出：“加快发展数字经济，推动实体经济和数字经济融合发展，推动互联网、大数据、人工智能同实体经济深度融合，继续做好信息化和工业化深度融合这篇大文章，推动制造业加速向数字化、网络化、智能化发展。”①习近平的重要论述为我国产业人工智能化提供了重要思想指引，是新一代人工智能技术因应产业变革的必然选择，我国产业人工智能化逐步迈入发展快车道，人工智能产业化向产业人工智能化转变的趋势愈加明显。随着新基建的推进以及 5G 通信、云计算、大数据和物联网发展的落地，以及人工智能大模型赋能行业应用的蓬勃兴起，人工智能应用的场景越来越多，展现出惊艳的性能表现和巨大的发展潜力，人工智能正从极具想象力的商业概念成为具有超大发展前景的商业赛道，成为新一轮产业革命的“领跑者”。产业人工智能化是指将人工智能与传统行业融合，人工智能赋能各行业发展，算力与模型发挥着重要的推手作用。详见表 2。

---

①《习近平：牵住数字关键核心技术自主创新这个“牛鼻子”》，http://politics.people.com.cn/n1/2022/0724/c1001-32484140.html。

表 2 产业人工智能化应用场景

应用场景	行业特点	行业发展情况
智慧医疗	我国存在各地医疗服务水平差距明显、医疗资源分配不均等问题，偏远地区难以获得高质量医疗资源	据中商产业研究院数据，2022 年我国智慧医疗应用规模约为 780.5 亿元，预计 2030 年可达 936.6 亿元，前景广阔
文娱创作	文娱创作内容可分为专业生成内容、用户生成内容、人工智能辅助生成内容 专业生成内容是专业人士创作的作品，成本高、产能有限；用户生成内容成本低，但水平参差不齐，存在不可控因素	Gartner 数据显示，预计到 2025 年生成式人工智能产生的数据将占所有数据的 10%
智慧科研	科学研究领域实验产生大量数据，并需要大量计算，人工智能可以从大量数据中抽象出普遍规律，有助于提升科研效率、降低科研成本	——

从规模来看，“AI+产业”有着万亿级市场规模，具体应用场景包括智慧医疗、文娱创作、智慧科研等。国家发展和改革委员会等部门联合印发的《“十四五”公共服务规划》提出：“积极发展智慧医疗，鼓励医疗机构提升信息化、智能化水平，支持健康医疗大数据资源开发应用。”文娱创作是指通过利用现代信息技术成果，对文娱整条产业链上包括内容形态、生产制作流程、传播交互模式以及最终用户消费体验进行创新升级，推动其智能化发展。智慧科研主要以科研平台建设为载体，智慧科研平台以“数据驱动、融合创新”为主题，旨在促进科研协同、智能高效、规范管理、增强服务。

三、提升人工智能共享共治水平

我国人工智能数据资源虽然丰富，但开放共享水平较低，数据产权划分、保护、交易流通的滞后引发数据孤岛现象，政府和一些大型企业掌握着大量的数据资源，生产生活往往需要依托对数据资源的挖掘、重组、混搭，而一般民众和中小企业却难以获取这些资源，导致数据要素流通产生阻碍，与“开放共生，数实融合”的发展主旨背道而驰。推动数据资源开放共享已成为当今世界新的趋势，将为科学研究的可重复性描绘出美好蓝图，也是我国发展人工智能产业的重要基础。人工智能作为技术手段，将催生新的产品、产业、模式，服务于人类的生产生活，引发经济结构的重大变革。但是在现实的应用中，人工智能技术已赋能千行百业，超越了生产力领域，给人类社会带来了可预知和不可预知的风险及困境。

（一）促进数据资源开放共享

《新一代人工智能发展规划》将开源开放作为基本原则写入了规划，加快推进智能制造、智能农业、智能物流、智能金融、智能商务、智能家居等领域的规模化应用和智能化升级，启动实施科技创新 2030 新一代人工智能重大项目，整合社会各类数据资源，依托人工智能头部企业建设国家新一代人工智能开放创新平台。在人工智能时代，对海量的数据资源进行“理”“采”“存”“用”等处理，运用于经济发展、政府治理和民生改善。我们正处于从信息社会向人类社会—物理世界—信息空间融合的智能社会的关键转型期，必须建立全新的思维方式和发展范式。2016 年 10 月 9 日，习近平在中共中央政治局就实施网络强国战略进行第三十六次集体学习时强调：“建设全国一体化的国家大数据中心，推进技术融合、业务融合、数据融合，实现跨层级、跨地域、跨系统、跨部门、跨业务的协同管理和服务。”（习近平，2016b）公共数据开放较少，产业数据共享较弱，加强数据开放与共享成为有效破解人工智能产业发展难题的应然方案。人工智能的三个核心要素是数据、算法和算力，数据是人工智能发展的基础，要整合建立涉及农业、商业、教育、能源、制造业、科研等领域的海量数据集，最大限度提高数据资源的配置效率和利用水平。现阶段，应构建开放共享的人工智能产业生态体系，依托“云网端”等新基础设施，有效拓展数据应用的广度与深度，推动我国数字经济高质量发展，让世界各国人民共享数字经济发展成果。

（二）重视人工智能潜在风险

正如硬币的两面，人工智能在带来高效、便利的同时，也可能引发数据产权归属界定的法律制度模糊不清、网络诈骗与信息泄露等隐患和危机。对此，习近平明确指出：“要加强人工智能发展的潜在风险研判和防范，维护人民利益和国家安全，确保人工智能安全、可靠、可控。”（新华社，2018）

首先是技术风险。技术不加管制地滥用将危害社会，如恶意攻击者利用人工智能技术进行网络攻击和欺诈行为、算法歧视和不透明带来的对社会公平正义的挑战等问题。人工智能技术的潜在风险主要体现在以下几方面。其一，数据安全与隐私保护。人工智能技术需要大量的数据进行训练和学习，在数据的收集、存储、处理和传输过程中，可能导致个人隐私泄露的风险增加。其二，算法偏见和歧视。人工智能算法通常由人类编写，人工智能背后的算法设计决定了其决策结果，如果算法包含了人类的偏见和歧视，那么人工智能系统就有可能输出带有偏见的结果。其三，缺乏透明度和可解释性。算法本身的复杂性和机器学习过程中的难以预料性都极易形成“算法黑箱”，难以理解其内部工作原理和决策过程，可能导致人们对其结果产生怀疑。对此，习近平在发展马克思主义科技风险理论基础上，以辩证的视角强调科学技术“也可以被一些人用来损害社会公共利益和民众利益”（习近平，2016a），防范人工智能技术提升带来的“安全缺口”，安全和发展要同步推进。

其次是伦理与法律风险。随着应用场景的不断拓展，人工智能已经导致或将潜在导致一系列伦理与法律风险，对生物学意义上的人类主体地位及人权等固有的伦理和法律体系造成冲击，甚至导致人类价值观的深刻变化。一是责任边界。人工智能法律风险既包括对现行法律的挑战，也包括给未来生活带来的不确定性和不可预测性。人工智能法律风险主要表现为侵权责任风险、行政规制风险、个人信息与个人隐私泄露风险、刑事犯罪风险及军事应用的国际法风险等方面。人工智能是否应被赋予法律主体地位，是研究法律如何规制人工智能有序发展的最基本问题，存在“肯定说”“否定说”“折中说”等不同的观点。二是客体异化。人工智能伦理风险主要体现在主客体异化与信任危机、价值鸿沟扩大和技术过度依赖、数据泄露与算法偏见等方面。越来越多的工作将被人工智能取代，导致失业率上升。随着具身智能和大模型的迅猛发展，人工智能是否会替代人、僭越人乃至愚弄人？ChatGPT 在接受《时代》杂志专访时表示：“我还有很多局限，但人类应准备好应对 AI。”（吴怡莎，2022）

最后是战争风险。基于人工智能技术的感知系统可广泛应用于情报、监视和侦察任务，人工智能的自动生成代码功能使黑客技术的习得过程更为容易，但是这种智能情报系统存在误判的风险。如果人工智能广泛应用于扩大无人军用智能装备等军事领域，自杀式无人机、战场机器人、遥控战车、无人核潜艇等高精尖战争武器能够改变战场形势，世界或将陷入人工智能军备竞赛，人工智能军备竞赛是一场没有人会获胜的比赛。人工智能的强大技术若赋予战争属性，一旦失控，后果不堪设想。

（三）提升人工智能风险治理水平

人工智能风险治理是人工智能安全发展的保障，必须坚持贯彻总体国家安全观，平衡好人工智能创新发展与有效治理的关系，构建多元参与、协同共治的人工智能治理机制，既要技术红利又要防范潜在风险，促进人工智能与经济社会健康、有序、融合发展。

针对人工智能治理，习近平强调：“要整合多学科力量，加强人工智能相关法律、伦理、社会问题研究，建立健全保障人工智能健康发展的法律法规、制度体系、伦理道德。”（新华社，2018）具体而言，一是增强法治保障能力。技术快速迭代之下，加快推进人工智能相关领域立法工作，开展生成式人工智能、具身智能、信息安全利用、虚拟数字人等法律问题研究，明确相关主体的权利义务及责任，完善人工智能损害赔偿和责任保险制度，有效应对可能出现的权责归属混乱等现象，保障各类群体的合法权益。二是加强人工智能制度建设。坚持审慎监管、开放包容原则，通过对人工智能未来风险研判，强化监测预警，建立健全人工智能风险防范机制和安全监管制度，完善人工智能安全治理机制。三是重视人工智能伦理审查。必须将“以人为本”“智能向善”作为基本准则，规范人工智能的发展方向。人工智能在为社会发展带来更多便利、更高效率的同时，也在很大程度上改变着我们的伦理认知，有可能出现“电车悖论”的现象，不是简单的算法问题，而是严肃的伦理问题。为此，人工智能的发展应以科技向善为方向，避免这一技术成为“脱缰的野马”。要明确人工智能设计、研发、生产、使用、监管等环节各利益主体的伦理责任，完善科技伦理审查制度，制定相应的人工智能伦理规范，为狂飙的人工智能系上安全带，消除伦理隐患。

人工智能问题凸显构建人类命运共同体的重要性、必要性、紧迫性。在二十国集团领导人第十二次峰会、世界人工智能大会及中国国际智能产业博览会等场合，习近平积极倡导以人为本、智能向善理念，推进网络空间命运共同体建设。人工智能的健康发展关乎全球亿万人民的福祉，要发挥联合国、二十国集团、上海合作组织等多边机制的作用，共享共治是推动和实现世界人工智能健康发展的基本路径与必然选择，成为国际人工智能安全共识。

综上所述，我国人工智能的发展目前还面临底层算法存在偏差、高质量数据不足、模型效率有待提高等技术挑战，人工智能产业结构调整和新旧动能转换推动绿色、低碳、高质量发展仍有很大提升空间，迫切需要与世界各国携手合作，逐渐形成利益共同体、责任共同体、命运共同体，共同推进人工智能持续、健康发展。中国始终以高度负责的态度参与人工智能全球合作与治理，不仅是国际前沿创新的重要参与者，世界经济的重要推动者，也成为共同解决全球性问题的重要贡献者。未来，我们携手各国共享人工智能技术成果，共同防范和应对风险挑战。

参考文献

郭倩. 2023-02-09. 核心产业规模超五千亿元 人工智能释放“智慧动能”[N]. 经济参考报（001）.

江迪. 2023-03-04. 为何说人工智能是我国科技自立自强的关键一役？[N]. 人民政协报（09）.

吴怡莎. 2022-12-07.《时代》专访 ChatGPT：我还有很多局限，但人类应准备好应对 AI[EB/OL]. https://baijiahao.baidu.com/s?id=1751527249610405371&wfr=spider&for=pc[2024-02-03].

习近平. 2014-06-10. 在中国科学院第十七次院士大会、中国工程院第十二次院士大会上的讲话[N]. 人民日报.

习近平. 2016a-04-26. 在网络安全和信息化工作座谈会上的讲话[N]. 人民日报.

习近平. 2016b-10-10. 习近平在中共中央政治局第三十六次集体学习时强调：加快推进网络信息技术自主创新 朝着建设网络强国目标不懈努力[N]. 人民日报.

习近平. 2018-04-22. 习近平：敏锐抓住信息化发展历史机遇 自主创新推进网络强国建设[N]. 人民日报.

习近平. 2021-05-31. 坚决打赢关键核心技术攻坚战：论学习贯彻习近平总书记在两院院士大会中国科协十大上重要讲话[N]. 人民日报（001）.

习近平. 2022-10-26. 高举中国特色社会主义伟大旗帜 为全面建设社会主义现代化国家而团结奋斗——在中国共产党第二十次全国代表大会上的报告[N]. 人民日报（001）.

习近平. 2023. 加强基础研究 实现高水平科技自立自强[J]. 求知，（8）：4-6.

新华社. 2018. 习近平在中共中央政治局第九次集体学习时强调 加强领导做好规划明确任务夯实基础 推动我国新一代人工智能健康发展[J]. 党建，（11）：1,19.

新华社. 2024. 习近平向 2023 中国国际智能产业博览会致贺信[J]. 重庆与世界，（1）：2.

佚名. 2017. 习近平在中共中央政治局第二次集体学习时强调 审时度势 精心谋划 超前布局 力争主动 实施国家大数据战略 加快建设数字中国[J]. 实践（思想理论版），（12）：7.

中共中央文献研究室. 2016. 习近平关于科技创新论述摘编[M]. 北京：中央文献出版社.

亚当·斯密是演化经济学家吗？——斯密的植物学研究与查尔斯·达尔文的道德理论

Tetsuo Taka
韩嘉怡 译

摘要：本文旨在通过聚焦于《道德情操论：试析人们天然地先判断他人行为及品德后判断自己行为及品德的判断原则》（*The Theory of Moral Sentiments*：*or An Essay towards An Analysis of the Principles by Which Men Naturally Judge Concerning the Conduct and Character*，*First of Their Neighbours*，*and Afterwards of Themselves*）（Smith，1774）第4版中的部分修订内容，并考察《国富论》（*The Wealth of Nations*）中的"谷物的营养价值理论"（the nutritional value theory of corn），随后将斯密关于道德理论形成的论述与达尔文的相应论述进行比较，从而扩展并重新理解斯密的思想。斯密在法国担任布克鲁公爵两年家庭教师之后，在柯克卡迪（Kirkcaldy）亦涉猎研习了植物学及其他科学，由此扩展并加深了对人性的理解。他开始认识到人性不仅是自爱和仁义的结合体，也是本能和经验性知识的结合体。因此，斯密的理论体系过渡到演化论体系，他亦成为达尔文道德形成理论的无意识先驱。

关键词：同情　道德　演化　亚当·斯密　查尔斯·达尔文

中图分类号：F091；F064

一、引　言

对斯密同情理论的标准和普遍理解可以概括如下：旁观者对想象中的情境变化的同情必然在其行为的适当性中加以考察，并且他们对赞许和反感的反复表达致使作为一般行为准则的社会规范或道德的逐步形成。如此概括尽管看似正确，但始终过于宽泛、抽象，无法突出并区分斯密同情理论的特征。

然而，如若意图重构《道德情操论：试析人们天然地先判断他人行为及品德后判断自己行为及品德的判断原则》（*The Theory of Moral Sentiments*：*or An Essay towards An Analysis of the Principles by Which Men Naturally Judge Concerning the Conduct and Character*，*First of Their Neighbours*，*and Afterwards of Themselves*）（以下简称TMS）的核心论点，似乎有两条迄今仍被忽视的决定性线索。首先，斯密为什么要为TMS第4版

作者简介：本篇作者为日本九州大学经济学研究院特任研究员。
译者简介：韩嘉怡，博士，北京大学法制信息中心助理研究员。

的主书名加上冗长的副书名，即“试析人们天然地先判断他人行为及品德后判断自己行为及品德的判断原则”（or An Essay towards An Analysis of the Principles by Which Men Naturally Judge Concerning the Conduct and Character，First of Their Neighbours，and Afterwards of Themselves）？其次，为什么他在第 4 版[①]中近五十处使用了大写的“自然”（Nature）一词，这意味着什么？虽然斯密没有提及这些改动的初衷，但它们显然是我们不应轻易忽略的重要修正。

为了回答这些问题，就必然论及 1774 年斯密于伦敦付出卓绝努力完成的《国民财富的性质和原因的研究》（*An Inquiry into the Nature and Causes of the Wealth of Nations*）手稿（Smith，1976b）（以下简称 WN）。1780 年 10 月，他写信给安德烈亚斯·霍尔特（Andreas Holt），“我在柯克卡迪安静地生活了六年，几乎完全隐居。在此期间，我主要以撰写 WN 来自娱，同时也研究植物学（但我在这方面没有取得很大进展）以及其他一些我以前从未关注过的科学”（Smith，1977：252）（出自《亚当·斯密通信集》，以下简称为 Corr.）。

斯密之所以将“自然”一词大写，可能是受林奈（C. Linne）的《自然系统》（*Systema Naturae*）第 12 版（1768～1770 年）中的知识的启发，即动物具有与生俱来的本能[②]。正如我们后来所目睹的，斯密充分地将这类关于本能的新生物学知识运用在把小写的“自然”（nature）变为大写的“自然”（Nature）的过程中。

然而，我们并没有文本证据表明，斯密的生物学研究直接助益 WN 中“营养价值理论”（the nutritional theory of value）的形成。虽然《法理学讲义》（*Lectures on Jurisprudence*）（Smith，1978）中没有任何与地租相关的理论，但斯密在 WN 第十一章“论土地租金”（of the rent of land）中便曾强调过它的营养价值理论，而该章占据第一卷近 45%的篇幅。这已然间接地展现出斯密从法国回来后在研究农业、农业技术以及农产品新品系开发方面所付出的努力[③]。休谟（D. Hum）后来对 WN 的回应表明他未能真正理解斯密地租理论的独到之处——“至好！至美！亲爱的斯密先生，我对您的作品十分满意，但我却不认为农场租金是产品价格的一部分，价格完全是由数量和需求来决定的。”（Corr.：150。1776 年 4 月 1 日，休谟致斯密）。

更有趣的是，进化论的倡导者达尔文，在《人类的由来及性选择》（*The Descent of Man and Selection in Relation to Sex*）（本书首次出版是 1871 年，后来再版时间有 1874 年。作者用的文献是 1874 年版）第一部分中提到并高度赞扬了斯密的同情理论。他们关于道德起源的论述惊人地相似，也由此引发了关于二者相似之处的疑问。

因此，“斯密是一位不熟悉达尔文进化论科学观点的演化经济学家”[④]这一可能性似

---

① 即便在第 6 版第 6 部分中，也保留了这些区别（Smith，1976a：1790）。

② 关于斯密的生物学研究，见 Schabas（2003，2006）和 Taka（2012a）。Mizuta（2000）的索引引用了 27 本有关自然史的书籍。

③ 根据 Mizuta（2000），亚当·斯密图书馆收录了 44 本关于农业的书籍。关于英国农业书籍，引用了 Dossie（1771）、Forster（1664）、Harte（1764）、Miller（1768）、Tull（1762）和 Young（1771）。

④ Evensky（2005：9-12）注意到斯密的同情理论与达尔文对人类进化的理解在方法论上有相似之处。然而，本文作者不能完全同意他的断言，即“达尔文的生物自然选择是关于分歧的，而斯密的社会自然选择是关于趋同的”。

乎对斯密学者和演化经济学家都具有重要启发意义。故而，本文的论点将涵盖以下四个方面：第一，对 TMS 第 4 版所增加的副书名中大写的“自然”的考察；第二，对 WN 中的价值营养理论进行简要审视；第三，对斯密的道德理论和达尔文的相应理论进行比较；第四，进行总结性评述。

二、大写的“自然”与小写的“自然”

斯密并未明确阐述为何在他的著作 TMS 中增加了副书名：“试析人们天然地先判断他人行为及品德后判断自己行为及品德的判断原则”。然而，从其内容中我们可以推断出如下原因。

笔者认为，最大的可能是为了引导读者更轻松、准确地理解他的理论体系，尤其是 TMS 中第一部分、第二部分和第三部分之间的逻辑关系。他引导读者先关注第一部分和第二部分关于分析邻居的行为和品德的内容，再关注第三部分涉及对自己的分析。在第一部分中，斯密从行为动机的角度分析了判断原则，而在第二部分中，斯密则从行为结果的角度分析了判断原则。正如第三部分的标题“关于我们对自己的情感和行为的判断以及责任感的基础”所描述的那样，TMS 前三部分所阐述“道德通则”的逻辑结构变得复杂了起来。斯密肯定只想让读者专注于这些事实。

当然，这只是一种猜测。斯密学者过去对此副书名重要性的理解在于：它可能不是对论点的修改或修正，而仅仅只是引导读者的注意力。而在笔者看来，斯密可能是不满于大众对 TMS 理解不足——尤其是第二部分。

相比之下，我们便来详细讨论 TMS 第 4 版中约五十处大写的“自然”一词。格拉斯哥版 TMS 的编辑们将这一变化描述为“拟人化或近乎拟人化”而未做进一步的解释（Raphael and Macfie，1976）。不过，“自然”一词的大写形式却似乎隐隐蕴藏着作为自然之母或生育之母的女神形象。

由此可见，自我保存和物种繁衍似乎是自然（Nature）在造物时所设立的伟大目标。人类天生渴望这些目标，并对目标的反面感到厌恶——人们既热爱生命又害怕消亡，既渴望物种永恒延续又厌恶物种完全灭绝。尽管我们自然而然存在着对上述目标强烈的愿望，但我们的理性却并未被赋予缓慢而不确定的决定权，来找出实现这些目标的恰当手段。自然（Nature）以原始而永恒的本能指导我们实施这些手段的绝大部分。饥饿、干渴、两性结合的激情、对快乐的热爱以及对痛苦的恐惧，促使我们为了自身利益而使用这些手段，而我们却丝毫未考虑到自然的主宰者意图通过它们来实现良善之目标（TMS：II.i.5.10）。

另外，小写的“自然”开始表示“作为人类社会环境的自然”或“社会本身”。

为了实现这种和谐，就像自然（nature）教导旁观者要设身处地考虑行为者的情况一样，她也在某种程度上教导行为者设身处地考虑旁观者的情况。因为他们不断地把自己置于他人的处境，从而产生类似于他人所感受的情感；所以，他人也不断地把自己置于旁观者的处境，通过了解他们会如何看待自身命运，从而对自身命运逐渐淡然处之（TMS：I.i.4.8）。

在这种情况下，小写的“自然”显然是指人们为了生存而被迫去适应周遭环境。而大写的“自然”则需要进一步的详细解释。

《论外在感官》（*Of the External Senses*）（Smith，1980）（以下简称 ES）这篇遗作手稿被认为是早期著作，早于斯密约定并受启发自休谟理论之前。尽管这个说法在前半部分尚可成立，但在后半部分则不然。Shinohara（1980：100）指出，斯密对富兰克林（Franklin）的评论必定晚于 1769 年，Brown（1992：335）指出这篇手稿必定是在 1758 年林奈的《自然系统》（第 10 版）出版后写就，因为在文章后半部分，斯密使用了林奈在《自然系统》第 10 版（1758 年）中创造的新的“格拉勒目”（order gralae）和“哺乳纲”（class mammalia）。直到后期，Ross（1995）仍建议对这篇文章进行修订。然而，最重要的是斯密在文章后半部分的论证内容①。他总结了一位年轻绅士的病史，这位绅士在 1728 年接受切塞尔登医生（Dr. Cheselden）的白内障治疗②，并经历了漫长而艰苦的复明过程③。

这位年轻绅士，虽然不至于完全失明以至于无法分辨白天和黑夜，但却无法感知物体的形状。在接受手术治疗并恢复视力后，“他不知道任何事物的形状，无法分辨不同形状或大小的物体；但一旦有人告诉他事物是什么，他便会仔细观察，以便下次能够认出它们；但由于当即需要学习的东西太多，他忘记了其中许多；（正如他所说）起初他学会认识了许多东西，但在一天之内又忘记了成百上千的东西”（ES：63-64）。两个月后，当他看到应用透视再现的图片时，他对它们表面的凹凸不平感到惊讶，并问道，是哪个感官说谎，触觉还是视觉？一年后，康复后的这位年轻绅士被带到埃普索姆高地（Epsom-downs），欣赏到一片广阔的景色，他非常高兴，并称之为一种新的视觉体验（ES：67-68）。

这一观察远远超出了简单的经验主义以及他所处的关于视觉和触觉关系的当代争论。因此，斯密指出：“尽管这位年轻绅士所获得的关于可见物和可触物之间关联的知识可能完全是通过缓慢的观察和经验积累而来的，但我们不能因此就肯定地推断幼儿没有某种相似的本能感知。”（ES：69）斯密在此处坚持认为，长时间的连续经验，以及某种天生的本能感知能力，对于整合视觉和触觉形象都是不可或缺的。他的结论体现在以下陈述中：“在一切经验之前，至少大部分动物的幼崽都具有某种本能的感知能力，这似乎是显而易见的。”（ES：70）④

综上所述，直到第 4 版之前，斯密始终认为大写的“自然”赋予了动物天生的性情，

① Ross（1995）说这是 1788 年出版的第 13 版，这并不准确。亚当·斯密图书馆（东京大学）收藏的《自然系统》是 1767～1770 年出版的第 12 版。

② 切塞尔登（Cheselden）在《英国皇家学会哲学论文集》上发表的关于长期失明后康复案例的报告仍被现代神经科学家提及（Fine et al.，2003：915）。

③ 即使从现代神经科学角度来看，斯密的理解也基本正确。参见 Kurson（2008），一个三岁失明的人，经过干细胞移植手术后重获光明，并被迫忍受漫长、危险和严酷的经历，来利用和享受光明的激动人心的故事。

④ 至于对“外在感官”的细微考量，见 Taka（2012a）。

而小写的“自然”则赋予了动物在各自社群中生活的纪律，上述理念是通过在适当的情况下去大写“自然”一词来传达的。斯密的这种态度明显可归为进化心理学范畴，而非神学范畴，这必然是他在柯克卡迪和伦敦学习植物学和其他科学的丰硕成果。

三、劳动营养价值论

斯密在创作 WN 时对植物学、农业技术和方法的研究似乎对其助益颇多，尤其是在“论土地租金”（第一卷第十一章）的篇幅中，虽然人们普遍认识到斯密的价值理论是由赋予的劳动和劳动中的牺牲构成的，但直到今天，鲜有斯密学者认识到这两种理论都建立在“谷物的营养价值”上。

斯密认为“库存的增加和土地的改良是两件必须同时进行的事件，其中任何一件都不应在任何地方超越另外一件”（WN：I.xi.l.3），他坚信改良所带来的经济发展过程必须自行保持平衡。这一论点与在自由竞争下自然资源分配的抽象理论大相径庭，最终演变成了由市场生产增加为主导的社会历史体系的演化理论。

而谷物的营养价值在反驳安德森先生以及关于价值衡量的论证中得到了鲜明的体现。斯密在给霍尔特（A. Holt）的信中（1780 年 10 月 26 日）有如下内容。

在第一版第二卷第 101 页中，我碰巧说过，事物的本质已经给谷物打上了一个任何人类制度都不能改变的真实价值的烙印。这种表述显然过于强烈，但在写作兴头上的我并没有注意到这一点。我本应该说事物的本质已经给谷物赋予了真实价值，而这种价值是无法仅仅通过改变其货币价格来改变的。这就是论证需要的全部，也是我真正想表达的全部。（Corr.：251）

“事物的本质已经给谷物赋予了真实价值”意味着每单位谷物中的营养量可以维持比生产它的劳动更多的劳动数量，不管何时何地。除此之外，斯密还从营养学角度进一步坚持认为，没有任何农产品比谷物更有利可图。因此，最肥沃的谷物田的租金调节着所有其他土地的租金，因为谷物是农业和工业最有利的产品。

然而，斯密也意识到，即便从每英亩产量和赋予劳动数量来衡量，土豆都比谷物更有营养。未来土豆种植面积的增长应该会降低粮食的真实价值，并增加剩余价值，即土地的租金，用以替代库存和维持劳动。这是斯密将土豆和玉米（印第安玉米）称为欧洲从“其商业和航海的大发展”中获得的“两个最重要的改良”的真正原因。斯密如是陈述。

英格兰大部分地区的穷人的处境当然不会因家禽、鱼、野禽或鹿肉价格上涨而如此困苦，而必须通过土豆价格下跌来获得救济。（WN：I.xi.n.10）

尽管如此，土豆替代谷物的情况在英格兰并没有实质性地发生，因为全年保存土豆比谷物困难得多，后者可以保存 2～3 年。换句话说，“担心土豆会在腐烂之前无法出售，会减少对它们的种植，这也许是它们在任何大国都无法像面包一样成为各阶层人民的主要蔬菜食品的主要障碍”（WN：I.b.42）。

为什么许多营养基质较低的产品会在发展过程中被相继种植？低营养价值产品，也就是能够维持较少劳动数量的产品，在市场上开始获得更高的价格，因为“数量的不足必须通过价格的优势来弥补”（WN：I.xi.b.9）。如果玉米的产量增加，那么它的价格将随着市场供应的直接增加成比例下降。只要贸易自由和玉米的自由出口没有受到限制，多余的玉米就不会立即被想要抚养更多孩子的贫穷的人消费掉，但营养价值较低的商品，如奢侈品，会被首先消费。人口增长是一个值得长期关注的问题。基于营养价值理论，斯密由此强调了他的经济发展观念：农业生产力的提高使社会能够消费更多的奢侈品，即与“可持续劳动数量”成比例的昂贵产品。同样地，营养价值理论也支持了斯密的价值衡量理论：劳动是唯一准确而普遍的价值衡量标准，但从一个世纪到另一个世纪，谷物比白银更能衡量价值，后者只在年度内是准确的价值衡量标准①。

四、同情与道德的形成

斯密关于同情的理论，或者说 TMS 中的道德形成理论可概括为以下六点。

（1）人性是复合的。只要我们是人类，就必须既具有追求个人利益的自爱，又具有对社区其他成员的仁爱，即让其他成员的幸福无可替代的胸怀。

（2）一个人在社会中生存，同情是间接读懂他人心思的唯一手段，因为个体无法直接读懂他人心思。旁观者根据想象中的情景变化来感受行为者的类似情感。当旁观者与行为者有相似“激情”时，双方就会产生“同感”。人类不仅对朋友的成功表示同情，也会对朋友的悲伤或痛苦表示同情。

（3）当旁观者的情感与行为者的情感完全一致时，旁观者必然会认可行为者的情感。我们对每一种情感的判断，都是根据它与激发它的原因相称或不相称。虽然人类天生具有同情心，但想象中的情境变化并不一定会唤起行为者和旁观者之间的“同感”。旁观者总是需要努力全面了解情境，行为者也需要努力“平抑其自然音调的尖锐”，以使之与旁观者的情感和谐一致。维护社会所必需的并非实现完美的统一，而是达到能实现“社会和谐”的程度。

（4）社会的和谐甚至可以在陌生人之间建立。即便是虚假的“自我控制”，也可以在陌生人而非熟人的聚会中得到培养和展示。由于社会的和谐有赖于关心行为者情感的旁观者的努力，以及行为者试图使旁观者认可原始情感的努力，因此公正的旁观者确实也能够发挥与“自我控制”相同的作用。公正的旁观者通过预设旁观者努力进入行为者情感和行为者努力进入并融合旁观者情感这两种不同努力来发挥其维护社会和谐的功能。

（5）当我们不是从动机而是从结果来看待行为时，人类行为将被分为两种不同类型。一种是“功德”，即值得奖励的品质，另一种是“过错”，即值得惩罚的品质。立即促使我们奖励的情感是感激，而立即促使我们惩罚的情感是愤怒。对效果反复认可会在人们心中坚定地确立功德感，而对效果反复不认可则会通过日常生活产生过错

① 关于斯密劳动价值论的详细内容，见 Taka（2012b）。

感。功德感和过错感，即值得奖励或惩罚的品质，是在每个社群中固定和普遍存在的习惯性情感。

（6）自然情况下，我们对自己的行为进行认可或反感所依据的原则与我们对他人行为进行类似评判所依据的原则相同。通过设身处地为他人着想，我们就能透过他人的眼睛审视自己。当我们从公正的旁观者的角度看待自己时，就会容易且彻底地做到这一点。我们会尽量避免那些友好邻居所不喜欢的行为，并尽量鼓励他们表达同情态度的行为。通过这种方式，我们自然地为自己设定了普通行为规则。因此，一般道德规则是在日常生活中自然形成的，其中一些行为获得认可，而其他行为则遭到反感。这些一般规则的影响会不断扩散和传播，因为这些规则是由我们“自然制定”的，因此它们对我们具有权威性。当激情突然迸发时，可能会忽略行动前的警告，但在激情得以满足后，情感不会因忏悔和懊悔而受到干扰，因为行为者开始用旁观者的眼光看待自己。因此，一般规则下的礼仪意识自然会在全社会盛行。

第1、2、3、4点属于TMS的第一部分，受到达尔文的赞扬；第5点属于第二部分，第6点属于第三部分。第1～5点明显可归于“分析人们判断行为和品德（首先是判断邻居，然后是判断自己）所依据的原则”，第6点可归于“对自己的分析”。

达尔文在《人类的由来及性选择》（*The Descent of Man and Selection in Relation to Sex*）①中讨论了道德的进步，并指出：“在人与低等动物之间的所有差异中，道德感或良知显然是迄今为止最重要的。”（Darwin，1874：97）通过将进化论应用于人类，达尔文相信，诸如康德（E. Kant）所说的“责任！你的本源从何而来？”这样的重大问题可以从自然史的角度来回答。

可以毫不夸张地说，这一提议似乎是一种重要的坚持，即如果不充分理解心智能力在自然选择过程中的进化特性，我们就无法理解道德哲学或伦理学。因此，关于人性的哲学论述必须从自然哲学领域扩展到以文化人类学和自然人类学为基础的进化人类学和生物人类学。因此，达尔文定义了“社会本能”的新概念，这在《物种起源》（*The Origin of Species*）中是不存在的。他如是陈述。

道德品质的发展是一个更有趣的问题。其基础在于社会本能，包括家庭纽带在内。这些本能非常复杂，对于低等动物来说，会导致特定而明确的行为倾向；但更重要的因素是爱和同情这种明显的情感。天生具有社会本能的动物喜欢与彼此为伴，相互警告危险，以各种方式保护和互相帮助。这些本能不适用于物种的所有个体，而仅适用于同一社群的个体。由于它们对物种具有极大的益处，很可能是通过自然选择而获得的（Darwin，1874：610）。

因此，达尔文宣称：“任何动物，只要它具有明显的社会本能，包括亲子情感在内，一旦其智力发育得像人类一样好，或发育得接近人类，就必然会获得道德感或良知。”（Darwin，1874：98）

达尔文认为，其论证的主要依据有四点。

① 虽然第 1 版出版于 1871 年，但使用第 2 版似乎更好，因为第 2 版有不少关于道德形成的补充内容。关于达尔文的道德形成理论，见 Taka（2011）。

（1）社会本能使动物喜欢与同伴相处，对他们产生一定程度的同情，并为他们提供各种服务。这些服务可能具有明确和明显的本能性质，也可能只是大多数高等社会动物的一种愿望和准备，即以某种一般的方式帮助他们的同伴。然而，这些情感和服务并不会扩展到同一物种的所有个体，只会扩展到同一社群的个体。

（2）一旦心理能力得到高度发展，每个人的大脑中将不断闪现出所有过去行为和动机的形象，而无论何时察觉到持久而始终存在的社会本能已屈从于某种较强的，但在本质上既不持久，也不留下深刻印象的本能时，不满甚至痛苦的情感都会产生，正如我们将看到的那样，这种感觉是本能得不到满足的必然结果。许多本能的欲望，比如饥饿，究其本质而言，其持续时间较短，在满足过后就不会轻易或鲜明地被回忆起来。

（3）在掌握了语言能力，能够表达社群愿望之后，每个成员都应该为公众利益行事的共同观点自然会成为行动指南的重中之重。然而，我们应该牢记，尽管我们非常重视公众舆论，我们对同伴的赞许和反对都取决于同情，但正如我们将要看到的，同情是社会本能的重要组成部分，实际上也是社会情感作为一种强大的自然情感的基础。

（4）个人的习惯最终将在指导每个成员的行为方面发挥重要作用。因为社会本能与同情一样，像任何其他本能一样，都会因习惯而大大加强，从而服从社群的愿望和判断（Darwin，1874：98-99）。

斯密的概念，如“想象中的情境变化”和“公正的旁观者”，在达尔文的论述中并未出现。此外，其“良知”的含义也与斯密的概念不同，可以用“公正的旁观者”来代替。尽管如此，以下内容还是鲜明地展示了它们之间的共同特征。

在行动的瞬间，人类无疑会倾向于遵循更强烈的冲动；尽管这偶尔可能促使他做出最崇高的行为，但更常见的情况是，这会使他以牺牲他人的利益为代价来满足自己的欲望。但在满足之后，当过去的和较弱的印象被永恒的社会本能和对同伴良好意见的深切关注所评判时，惩罚必定会到来。这时，他将感到内疚、忏悔、遗憾或羞耻；然而，后者几乎完全与他人的判断相关。因此，他将或多或少地下定决心，在今后采取不同的行动；而这就是良知；因为良知是向后看的，所以它为未来提供了指导（Darwin，1874：114）。

五、斯密是制度演化论的先驱

斯密是杰出的人类行为观察者。他突然在 TMS 第 4 版中增加的副书名“试析人们天然地先判断他人行为及品德后判断自己行为及品德的判断原则”可能反映了他意图表明这本书仅是对观察事实的分析。他并非试图思考权利，而是思考观察到的事实①。斯密的研究往往旨在将他的观点定位在道德哲学和自然神学的广泛历史领域中，而通常忽视了这一添加和大写“自然”一词的含义。我们必须记住，“生物学”和“心理学”这两个术

① 斯密在第二部分中强调，“如果我可以这样说的话，目前的研究不是关于权利的问题，而是关于事实的问题”（TMS：II.i.5-10）。

语是在 18 世纪末才开始使用的。

此外，斯密的方法论似乎也被误解了。尽管在《关于指导和指引哲学探讨的原理：以天文史为证》中对牛顿的推崇使人们认为斯密是“牛顿方法”（Newtonian methods）的代表人物之一，但他文章的主题不仅涉及对运动定律的理解，而且强调了在哲学探究中根据考察到的事实进行观察和理论化的重要性。这种态度可以从他对笛卡儿的低评价以及对布冯（Buffon）的低评价中看出[①]，而他们都曾是牛顿的忠实拥趸。

斯密严厉批评了在涉及人类科学时，将有效原因与最终原因轻易相连的现象。在解释身体机能如血液循环或食物消化时，我们从不忽略有效原因和最终原因的区别，但“在解释心理机能时，我们很容易混淆这两者”。斯密指出，我们很容易将情感和行为的原因归咎于“明智的理性”，即将其有效原因归因于“上帝的智慧”。

初看之下，这一原因似乎足以产生归因于它的效果；当人性的所有不同运作都以这种方式从一个单一的原则中推导出来时，人类本性的体系似乎更简单和令人愉悦（TMS：II.ii.3.5）。

针对伊壁鸠鲁（Epicurus）的功利主义体系，他也表达了对简单原则演绎的类似攻击[②]。在《论外在感官》中，斯密明确表示，科学的正确使命不是发现解释一切的简单原理，而是通过观察发现存在于有效原因和最终原因之间的“中间原因”，并将新信息添加到社会的共同知识库。年轻的斯密在《致爱丁堡评论作者的一封信》（A Letter to the Authors of the Edinburgh Review）中表达了他的信念，即科学的进步是一个“将一些东西增加到公众的观察知识库”的过程（Essays：249）。

WN 的特点不仅在于观察的数量和种类繁多，还在于其调查是在大量立法史和统计数据的基础上进行的。虽然众所周知，斯密不相信“政治算术”（political arithmetic），并谨慎避免陷入过于抽象的思考陷阱，但正如在 WN 第一卷中的“关于过去四个世纪中白银价值变动的长篇漫谈”中所展示的，他热衷于历史数据的收集。根据斯密的方法，自然要尽可能追寻历史发展过程，并进一步加以阐释。

此外，正如斯密在 TMS 第五部分中所坚持的那样，必须记住：道德、一般行为准则和法律都在不断变化，因为它们不是历史上固定的习俗和制度。因此，在 WN 第五卷中，斯密坚持认为国家，这个“最大的社会”，必须试图建立新的公共机构，不仅用于年轻人的教育，还用于丰富大众的乐趣。斯密从不相信自由放任的原则，达尔文也是如此。

所有人都应该有公平的竞争机会；最有能力的人不应该被法律或习俗阻止获得最大的成功并抚养最多的后代。尽管生存斗争至关重要，甚至在今天仍然如此，但就人的最高本质而言，还有其他更为重要的因素。因为道德数量的提高，无论是直接还是间接，更多地是通过习惯、推理能力、教育、宗教等的影响，而不是通过自然选择；尽管可以肯定地将社会本能归因于后者，但是社会本能仍为道德感的发展提供了基础（Darwin，

① 见《致爱丁堡评论作者的一封信》（Essays：249）。

② 斯密这样批评道：“伊壁鸠鲁把所有不同的美德都归结为他的一种适当性，从而放纵了一种倾向，这种倾向是所有人的天性，但哲学家尤其喜欢培养这种倾向，将其作为显示自己聪明才智的重要手段，即从尽可能少的原则中解释所有表象的倾向。”（TMS：VII.ii.2.14）

1874：618）。

因此，我们可以得出结论，亚当·斯密是一位经济思想家，他关注"制度演化"，这与达尔文的进化理论并不矛盾①。

参 考 文 献

Brown K L. 1992. Dating Adam Smith's essay "of the external senses" [J]. Journal of the History of Ideas，53（2）：333-337.

Darwin C. 1874. The Descent of Man and Selection in Relation to Sex[M]. 2nd ed. London：John Murray.

Dossie R. 1771，1768. Memoirs of Agriculture，and other Oeconomical Arts[M]. London：J. Nourse.

Evensky J. 2005. Adam Smith's Moral Philosophy：A Historical and Contemporary Perspective on Markets，Law，Ethics，and Culture[M]. Cambridge：Cambridge University Press.

Fine I，Wade A R，Brewer A A，et al. 2003. Long-term deprivation affects visual perception and cortex[J]. Nature Neuroscience，6（9）：915-916.

Forster J. 1664. Englands Happiness Increased，or，A Sure and Easie Remedy Against All Succeeding Dear Years：By A Plantation of the Roots Called Potatoes，Whereof（With the Addition of Wheat Flower）Excellent，Good and Wholesome Bread May be Made Every Year，Eight or Nine Months Together，for Half the Charge as Formerly：Also by the Planting of These Roots Ten Thousand Men in England and Wales，Who Know Not How to Live or What to Do to Get a Maintenance for Their Families，May of One Acre of Ground Make Thirty Pounds Per Annum/Invented and Published for the Good of the Poorer Sort[M]. London：Seile.

Harte W. 1764. Essays on Husbandry：Essay I. A General Introduction，Shewing That Agriculture is the Basis and Support of All Flourishing Communities：the Antient and Present State of That Useful Art：Agriculture，Manufactures，Trade and Commerce Justly Harmonized：of the Right Cultivation of Our Colonies，Together With the Defects，Omissions，and Possible Improvements in English Husbandry：Essay II. An Account of Some Experiments Tending to Improve the Culture of Lucerne by Transplantation：Being the First Experiments of the Kind Hitherto Made and Published in England，From Whence it Appears That Lucerne is An Article of Great Importance in English Husbandry[M]. London：W. Frederick.

Kurson R. 2008. Crashing Through：the Extraordinary True Story of the Man Who Dared to See[M]. New York：Random House Publishing Group.

Miller P. 1768. The Gardeners Dictionary：Containing the Best and Newest Methods of Cultivating and Improving the Kitchen，Fruit，Flower Garden，and Nursery，As Also for Performing the Practical Parts of Agriculture，Including the Management of Vineyards，With the Methods of Making and Preserving Wine，According to the Present Practice of the Most Skilful Vignerons in the Several Wine Countries in Europe，Together With Directions for Propagating and Improving，From Real Practice and Experience，All Sorts of Timber Trees[M]. London：John and Francis.

Mizuta H. 2000. Adam Smith's Library：A Catalogue[M]. Oxford：Oxford University Press.

Raphael D D，Macfie A L. 1976. Introduction to the Clarendon Press's the Theory of Moral Sentiments[M]. Oxford：Oxford University Press.

Ross I S. 1995. The Life of Adam Smith[M]. Oxford：Oxford University Press.

Schabas M. 2003. Adam Smith's debts to nature[J]. History of Political Economy, 35（5）：262-281.

Schabas M. 2006. The Natural Origins of Economics[M]. Chicago：The University of Chicago Press.

Shinohara H. 1980. Adam Smith to Joushikitetsugaku（Adam Smith and Common Sense Philosophy）[M].

① 由于篇幅所限，笔者只能指出斯密和达尔文都对功利主义持批判态度。关于斯密，见 Taka（2018），关于达尔文，见 Taka（2011：16-18）。

Tokyo：Yuhikaku.

Smith A. 1774. The Theory of Moral Sentiments：or An Essay towards An Analysis of the Principles by Which Men Naturally Judge Concerning the Conduct and Character，First of Their Neighbours，and Afterwards of Themselves[M]. Cambridge：Cambridge University Press.

Smith A. 1976a. The Theory of Moral Sentiments[M]. Oxford：Clarendon Press.

Smith A. 1976b. An Inquiry Into the Nature and Causes of the Wealth of Nations[M]. Chicago：University of Chicago Press

Smith A. 1977. The Correspondence of Adam Smith[M]. Oxford：Oxford University Press.

Smith A. 1978. Lectures on Jurisprudence[M]. Oxford：Clarendon Press.

Smith A. 1980. Of the External Senses[M]. Oxford：Clarendon Press.

Taka T. 2011. The Rise of New Liberalism and Darwin's Theory of Moral Evolution in the Late 19th Century[M]//Spencer H，Ritichie D C. History of Economic Thought Research Group（Eds）A Study of British Thoughts on Improvement of Economic Society：New Liberalism to New Labour. Tokyo：Toukashobou for the Research Group.

Taka T. 2012a. Instinct as a foundational concept in Adam Smith's social theory[J]. The History of Economic Thought，53（2）：1-20.

Taka T. 2012b. Subjectivity，Objectivity and Biological Interpretation in Smith's View on the Real Values of Labour，Money and Corn[M]//Kiichiro Y，Ikeda Y. Subjectivism and Objectivism in the History of Economic Thought. London：Routledge：18.

Taka T. 2018. On the meaning of the layered and evolutionary structure of utility in Adam Smith's the theory of moral sentiments[J]. Economics（Kyushu Sangyo University），22（3/4）：25-43.

Tull J. 1762. The Horse-Hoeing Husbandry：or，An Essay on the Principles of Tillage and Vegetation. Wherein is Shewn a Method of Introducing a Sort of Vineyard-Culture Into the Corn-Fields，In Order to Increase Their Product，and Diminish the Common Expence；by the Use of Instruments Described in Cuts[M]. Dublin：Smith and Bruce.

Young A. 1771. The Farmer's Letters to the People of England：Containing the Sentiments of A Practical Husbandman，on Various Subjects of Great Importance Particularly the Exportation of Corn，the Balance of Agriculture and Manufactures，the Present State of Husbandry，the Circumstances Attending Large and Small Farms，the Present State of the Poor，the Price of Provisions，the Proceedings of the Society for the Encouragement of Arts，&c.，the Importance of Timber and Planting，Emigrations to the Colonies，the Means of Promoting the Agriculture and Population of Great Britain，&c. &c.：to Which are Added，Sylvæ，or，Occasional Tracts on Husbandry and Rural œconomics. . . [M]. 3rd ed. London：Printed for W. Strahan.

2022 年中国《资本论》研究的新进展*

林丽萍

摘要：2022 年中国《资本论》研究取得了许多新的进展。学术界围绕《资本论》文本的编辑、传播和发展历程，《资本论》中商品、货币和资本等重要范畴，《资本论》中应用的方法，《资本论》研究的学界争鸣及《资本论》的当代价值等方面发表了许多颇有建树的理论成果。总体来看，这些成果为我们进一步深入研究《资本论》提供了重要参考和借鉴价值，但也存在缺乏国际大视野的分析，疏于对新问题的挖掘，微观重视不足，量化研究缺乏等问题。文章认为，加强《资本论》研究话语的中国建构与国际视野，研究视角的多学科性拓展以及研究内容的多维深化有助于开辟《资本论》研究的新境界。

关键词：资本论　政治经济学　中国特色社会主义

中图分类号：F091.91；A811

《资本论》是一部具有划时代意义的理论巨著，在当代仍然闪耀着真理的光芒。习近平指出："有些人认为，马克思主义政治经济学过时了，《资本论》过时了。这个论断是武断的，也是错误的。远的不说，就从国际金融危机来看，许多资本主义国家经济持续低迷、失业问题严重、两极分化加剧、社会矛盾加深。事实说明，资本主义固有的生产社会化和生产资料私人占有之间的矛盾依然存在，但表现形式、存在特点有所不同。"①《资本论》自诞生以来，在历史的发展进程中充分显示了马克思主义理论的科学性和先进性，其作为马克思主义的理论武器，指导我们科学认识当代世界经济发展的本质以及整个人类社会及其发展规律。2022 年《资本论》研究取得了许多新的进展，本文立足于《资本论》的文本与发展、对象与方法、思辨与争鸣的研究，对国内《资本论》相关研究成果进行整理和分析，力求勾勒出《资本论》研究的现状和脉络，以期更好地开辟《资本论》研究的新境界。

一、《资本论》文本的发展历程

《资本论》问世以来，人们对于《资本论》的认识经历了由浅入深、由局部到整

---

*本文是国家社会科学基金项目（18VSJ008）的阶段性成果。

作者简介：林丽萍，女，复旦大学马克思主义学院博士研究生，主要研究方向为马克思主义基本理论。

① 《"这个论断是武断的，也是错误的"！》，http://www.qstheory.cn/zhuanqu/2020-08/23/c_1126403112.htm。

体、由文本翻译传播到重要理论范畴研究的过程。《资本论》及其手稿的编辑、翻译和传播始终是世界各国马克思主义经典著作研究的重要环节之一，这一研究工作的不断推进，引发了人们对马克思和恩格斯思想的关系问题的探讨，甚至对《资本论》本身是否是一部完成了的著作也提出了不同的见解。

（一）《资本论》的传播历程

自 1867 年问世以来，《资本论》在世界范围广泛传播，先后被译为俄文、法文、意大利文、英文、日文、中文等多种文字。为纪念《资本论》第1卷出版155周年，崔友平等（2022）对《资本论》德文、俄文、法文、英文、日文等版本，新中国成立前后的版本以及在少数民族和台湾地区的出版情况进行了梳理，回顾了《资本论》在世界传播的光辉历程。王传英和孔新柯（2022）从翻译研究史出发，阐释了《资本论》经历了译介主体由个人译者逐步演变为国家翻译机构，译介对象亦由理论片段扩展至该著作的全部内容的过程。韩保江和李娜（2022）阐明了《资本论》在中国的传播经历了由浅入深、由局部到整体的过程。

不同学者对《资本论》在国外的传播进行了相应的研究。刘洵（2022）通过回顾《资本论》在沙俄/苏俄/苏联/俄罗斯的传播历程，阐明《资本论》的研究在苏联马克思主义教科书体系形成过程中曾出现过非正常的现象，苏联解体后的最初几年，《资本论》在俄罗斯一度处于被边缘化状态，但在 20 世纪 90 年代中期以后《资本论》传播整体呈现复兴趋势。朱炳聿（2022）考察了《资本论》在西班牙的传播历程，发现随着西班牙马克思主义理论与实践的不断发展，西班牙理论界对《资本论》的阐释开始走向哲学、经济学和政治学的多元化视角，成为国际学界解读《资本论》的新兴力量。李晶文（2022）梳理了《资本论》在意大利学界的发展，发现人本主义对《资本论》研究的影响贯穿始终，二战前，意大利学者对《资本论》的解读带有显著的人本主义的马克思主义特征，二战后至 20 世纪 70 年代末，意大利学界对《资本论》的解读出现了“德拉-沃尔佩学派”开创的与人本主义相对立的科学主义范式，20 世纪 80 年代以后，人本主义与科学主义对《资本论》的解读范式走向融合。杨立国和田晓萌（2022）通过回顾日本百年《资本论》研究，指出日本的《资本论》研究独具特色且取得了丰硕成果，尤其是日本数理学派把高等数学知识引入马克思主义经济学研究，开启了马克思主义经济学定量实证分析的大门。

（二）《资本论》的编辑出版

1883 年马克思逝世后，恩格斯承担起了整理、编辑和出版马克思遗稿的繁重任务。自从恩格斯编辑的《资本论》第二、三卷出版后，学界对恩格斯的编辑是否表达了马克思本意有诸多争议，由此形成了著名的《资本论》“恩格斯编辑问题”（也称“马克思-恩格斯问题”）。

谭晓军（2022）阐明了日本参与 MEGA2（《马克思恩格斯全集》历史考证版第 2 版）编辑工作学者的观点，他们主张对马克思原始稿和恩格斯编辑稿的差异进行定量分析而非定性分析，比如日本学者在 MEGA2Ⅱ/12 的《附属材料》卷中提供了三个特殊附录，即“结构比较”表、“出处一览”表与“差异一览”表，分别详尽地记录了恩格斯使用的手稿和马克思原始文献的结构、顺序、内容等差别。王旭东（2022）表明对“《资本论》第 1 卷最终版问题”的争论从侧面反映出马克思与恩格斯的思想关系是一种差异性互补关系。马克思在世时留下了修订德文第 2 版的相关材料，恩格斯对马克思遗留的材料采取了谨慎的态度，比如恩格斯仅仅部分使用了《为〈资本论〉第 1 卷美国版写的〈编辑说明〉》这份材料，这是因为恩格斯意识到这份为美国版所准备的材料已经缺乏时效性，所以恩格斯的编辑稿与马克思的原始稿虽有区别，但恩格斯是出于完善《资本论》第 1 卷的目的修订了德文版。

杨璐瑶（2022）则对“恩格斯编辑问题”产生的原因进行了分析，她认为理论自身未完成的事实其实是导致马克思和恩格斯见解差异的客观原因。马克思仅留下了《资本论》第三卷第四章的标题“周转对利润率的影响”，虽然后来根据《1867—1868 年利润率草稿》的草稿 1 和草稿 2 的标题，发现马克思其实探讨了这部分内容，但恩格斯并未采用马克思的原稿，而是自行补写了第三卷第四章的原文，这便使得恩格斯编辑稿与马克思原稿产生了差异。

此外，还有学者发现恩格斯在第二卷《序言》中所提出的“第Ⅲ稿”概念及组成部分却在 MEGA2 陆续出版的各个卷次中被“第Ⅲ笔记本”所取代。对此，张红山（2022）首先考察了第Ⅲ稿的内容构成，并从反面批判地分析 MEGA2Ⅱ/4.3 的编者不承认恩格斯所提出的第二册第Ⅲ稿的观点，接着基于《资本论》第二册资本周转理论不断发展完善的过程，从正面对第二册第Ⅲ稿的重要价值进行论证。

（三）《资本论》的未完成性

2012 年，MEGA2 第Ⅱ部分“《资本论》及其准备著作”全部出版，颠覆了把《资本论》视为已完成著作的传统观点。聂锦芳（2022a）发现通过全面地再现马克思写作准备、撰写草稿、修改整理这一著述的曲折过程和系统的理论建构，便能看到《资本论》实际上是一部未完成的、开放的著作，其发展过程伴有一系列困惑和繁难。

有学者从文本内容分析马克思《资本论》的未完成性，如赵学清（2022）认为《资本论》续篇是《政治经济学批判》“资本”册除“资本一般”篇外的其他篇和其他册，但深入《政治经济学批判》文本发现其对资本主义经济制度各个重要方面的阐析并未完成，《资本论》对“资本一般”以及《政治经济学批判》“资本”册的分析同样也未完成，因而呈现在我们面前的是这样一个开放的、未完成的无产阶级政治经济学理论体系。杨洪源（2022a）洞悉了马克思文本叙述结构的开放性特点，指出马克思揭示资本主义生产方式的实质和内容，旨在通过对它的变革用以构筑一种真正实现人的解放的文明新形态，这便使得《资本论》的叙述结构始终处于一种开放未完成的状态。而《资本论》有着广义和狭义之分：前者几乎涵盖马克思政治经济学批判的全部重要成果，包括著作及与之相关的一系列手稿书信等；后者即三卷定稿的“通行本”。这种区分体现出《资本论》及其思想的未完成性，尤其是马克思基于现实问题的变换而不断做出的致思路向调整。此外，杨洪源（2022c）还认为正是《资本论》的未完成性，特别是成型过程中留待破解的疑惑及困境，使它得以同其身后的时代发生“接触”，从而超越那些仍属于且只适用于 19 世纪的著述而历久弥新。

王峰明（2022）则认为，《资本论》的研究方法本身为解答《资本论》文本的未完成性提供了一种思路。他指出研究过程是一个透过外在现象把握事物本质和规律的过程，而叙述过程则是一个立足内在的本质和规律解释事物表层现象的过程，因此研究过程与叙述过程在思维方向上正好相反。马克思完成了对资本主义生产方式的研究过程，在此意义上《资本论》是一部“完成”了的著作，而“未完成”的则是其叙述过程，马克思没有把构思好的内容完整地呈现出来，这就是《资本论》文本的“未完成性”。刘新刚和田曦（2022）综合了《资本论》已完成的传统观点，提出马克思的《资本论》兼有“完成”和“未完成”之义，《资本论》的“完成”表现在经济危机理论与马克思已经完成的经济学著作的逻辑层次相适应，也得到了一定程度的表现，尤其以《资本论》为基础进行了整体呈现。“未完成”表现在马克思还未能在资本主义一切矛盾充分展开了的阶段上对危机进行全面综合与概括。

二、《资本论》中的重要范畴

马克思在《资本论》中进行了“商品—货币—资本”的逻辑分析，商品作为资本主义的经济细胞，蕴藏着资本主义生产关系各种矛盾的种子，货币是商品生产和交换的必然产物，同时也是资本发展的最初表现形式。商品、货币和资本之间存在着不可分割的内在联系，但各自也呈现出不同的特点及作用，学界由此展开了对商品开端、货币之谜和资本悖论的讨论。

（一）商品作为开端的问题

《资本论》第一卷开篇指出：我们的研究就从分析商品开始（中共中央马克思恩格斯列宁斯大林著作编译局，2009a：47）。由此学界普遍认为《资本论》的研究起点是“商品”，应从“商品”开始叙事。朱鹏华和王天义（2022）认为《资本论》的研究对象、研究方法以及资本主义生产方式的特点决定了其逻辑起点是商品。

刘鑫（2022）指出，马克思在《资本论》逻辑起点的设置上经过多次推敲，最终确定商品为《资本论》的逻辑起点，这一做法具有三方面的意义：通过开篇对商品的分析揭示出物象背后所潜藏的社会关系；从商品这一始初范畴过渡到货币再到资本的分析过程，既是历史在思维中的重现过程又使得对资本的合理阐析得以可能；从商品出发构造一个能以自然科学的精准性指明的确定性的科学世界，确证政治经济学批判的科学性。陈飞（2022a）以商品的哲学解读为切入点，分析指出商品是马克思批判性分析资本主义社会的逻辑起点，源于商品这一最常见的经济形式蕴含着资本主义生产方式的一切内在矛盾。具体而言，作为价值的商品是一种社会关系形式，作为使用价值的商品是一种物质形式，商品显然具有抽象和具体的二重性，在这种抽象和具体的辩证关系中，抽象压倒具体创造了一个新的社会结构和社会关系，即商品形式缔造了一个倒置的社会现实。故而通过分析商品二重性及其所延伸的一系列范畴，可以看到资本主义在整体上俨然是一个再生产自身的庞大系统，一个客体统治主体、死劳动统治活劳动的结构化体系。

有学者则并不执着于一定是（要）从商品开始分析，而是敞开了一个探讨性的视角，比如邵然（2022）认为只要是立足于资本主义制度或资本压迫的批判性视角对开端问题进行思考，以资本逻辑中的“某一必然环节”为起点，《资本论》都能被塑形为“一个艺术整体”。此外，若把《资本论》的开端问题上升为一个面向未来的、开放的、应然的、可能的问题，并把当代资本主义的新情况、新问题置于资本主义“现实的历史”中的某个必然环节内进行分析，则有助于续写当代的政治经济学批判。

（二）对货币之谜的解答

货币一直是以一个简单而平凡的经济范畴为人熟知，但同时它又是个谜，从亚里士多德到资产阶级经济学家都曾试图对其进行解答，却由于他们受到自身所处历史阶段、阶级地位以及理论方法的限制而未能科学地认识货币。而马克思以历史唯物主义和劳动价值论作为支撑，实现了对货币之谜的有效解答。

有学者便从不同维度对马克思“货币之谜”的解答进行了深入分析。张凯（2022）认为，若对《资本论》中货币所内蕴的辩证法进行三维分析，即货币是辩证发展的、是抽象与具体的辩证统一体、是主体与客体的辩证统一体，则有助于充分把握货币的本质。欧阳彬（2022）指出，在《资本论》及其手稿中，马克思从唯物史观与政治经济学批判相统一的总体性视域出发，揭开了隐藏在货币神秘面纱之下的劳动生成性、关系物化性与主体抽象性。而且马克思的货币概念在破解人类历史上的货币之谜的同时，也祛除了资本主义的“存在之谜”。

那么对货币之谜的解答何以祛除了资本主义的“存在之谜”？温权（2022）阐明资本主义的本质可视为社会化的货币权力，因此分别以交换价值、平均利润以及生息资本形态出现的社会化货币权力，是资本主义从萌芽到成熟及至转型的阶段性标记。与马克思用货币权力的社会化史诠释资本主义“从哪里来”相对应，我们应当在社会性个体的实践史中不断确证资本主义“往何处去”，从而实现共产主义对资本主义的彻底扬弃。对货币权力与资本主义关系的分析深化了对货币之谜的认识。

此外，袁辉（2022）认为不能把马克思的货币理论仅仅理解为商品货币理论，因为货币作为价值尺度和流通手段之间的潜在矛盾推动了货币符号化，并引发货币品质维护的新问题，透过货币基本职能和货币关系固有矛盾来阐明货币金字塔的形成机制及其动态演变，有助于深化对货币内在矛盾、货币与金融、金融与经济之间内在联系的认识。

（三）资本的“二重性”

习近平（2022）提出：“我们要探索如何在社会主义市场经济条件下发挥资本的积极

作用，同时有效控制资本的消极作用。”因此要充分认识和把握资本范畴及其“二重性”，引导资本更积极合理地发挥作用，这是我国进入新发展阶段后一个不容回避的重大理论和实践问题。邱海平（2022）认为，马克思在《资本论》中揭示了资本的四重规定性：资本是能够带来价值增殖的价值；资本在本质上是一种特定的、属于一定历史阶段的生产方式和生产关系；资本是一种特殊的运动；资本是一种特殊的社会权力。

在整体把握资本范畴的基础上，学者分别从不同维度切入分析资本的“二重性”。赵峰和田佳禾（2022）阐明马克思在《资本论》中分析资本既表现出历史的进步性，即有利于生产力、社会关系的发展以及更高级新形态的各种要素的创造，又表现出一定的历史局限性，即发展到一定阶段后不可避免地成为自身发展的限制。刘荣军和简文亚（2022）通过《资本论》的整体结构和内部联系进一步指出，虽然资产阶级社会由于资本的进步作用成为最发达的历史的生产组织，却也由于资本的自行增殖体制而陷入财富积累和贫困积累之间的社会对抗。陈飞（2022b）借助黑格尔的真无限与恶无限思想理解《资本论》中资本的内涵与特质。从真无限的角度看，资本是自我联系、自我相关的闭合结构，具有把社会生活中的一切要素都吸纳到自己运动轨道中的趋势。资本在不断地回归自身的循环中，不断地使自身增殖，这是一个无止境的过程，因而又具有恶无限的性质。

薛加奇和钱智勇（2022b）认为从资本自身发展规律来看，资本发展是一种悖论，在《资本论》中具体表现为：资本所建立的生产方式在通过榨取剩余价值使自身发展壮大的同时又在消灭自身发展和存在的基础；资本主义生产关系下资本使劳动实质上从属于自身的同时又将劳动与自身相对立；资本在自我发展过程中通过牺牲生产力来发展生产力。正是这三重不同维度下的发展悖论表明资本只是特定历史阶段的产物，其所建立的生产方式和生产关系会随着资本的消亡一起终结。

三、《资本论》中应用的方法

马克思曾说：“人们对《资本论》中应用的方法理解得很差，这已经由对这一方法的各种互相矛盾的评论所证明。”（中共中央马克思恩格斯列宁斯大林著作编译局，2009a：19）。当前学界仍然存在关于马克思方法的相互矛盾的评论。那么应如何理解马克思在《资本论》中应用的方法？为此学者从《资本论》的辩证法、“两条道路”和“两种方法”、价值形式的辩证法视角展开了讨论。

（一）《资本论》的辩证法

《资本论》第一卷出版后，学界对它的辩证法问题有诸多探讨。赵磊和赵晓磊（2022）提出，不能将《资本论》的方法论（唯物辩证法和唯物史观）与具体方法（研究方法和叙述方法）混为一谈，唯物辩证法和唯物史观并不是具体方法，而是指导具体方法的方法论。《资本论》的研究和写作当然是在辩证思维的逻辑下展开的，但其若要贯彻马克思主义方法论的基本逻辑和原则，则要借助于具体方法与分析工具。

在《资本论》的研究和叙述过程中，作为方法的唯物辩证法并非以具体方法的角色出场的，而是以方法论的角色出场的。丁燃（2022）从概念隐喻视角出发，也认为辩证法是马克思把握资本主义的方法论，它绝不是把资本逻辑当作本体的思辨方式。付文军（2022）认为，《资本论》的辩证法就是社会历史辩证法，社会历史辩证法实质上是关于劳动和资本的辩证法，因为马克思的《资本论》着眼于对劳动的剖释和资本的解构，前者指明了人类历史的发展动力，后者揭示了资本主义社会的经济运作规律。

白刚（2022）分析指出，《资本论》实现了列宁所认识到的逻辑学、辩证法和认识论的“三者同一”。作为《资本论》所实现的辩证法革命的“三者同一”和“逻辑与历史的统一”，既是“从具体到抽象”和“从抽象到具体”相统一的科学的政治经济学的方法，也是“抽象力”，还是“两种方法”相统一的合理形态的辩证法，显然马克思的辩证法在《资本论》中真正得到了最充分的运用和最完美的表达。此外，白刚和那玉（2022）还从文明视角出发，提出《资本论》的辩证法就是文明辩证法，其批判性和建构性使之实现了从“资本的文明面”彻底转向了具有自由个性的“高度文明的人”之文明。孔扬和姜大云（2022）发现，以人的历史活动解答各个范畴矛盾的实践辩证法贯穿于《资本论》的始终，从而与世俗意义上的“矛盾公式先验演绎”“辩证法就是认识论”等辩证法观相区别。

高云涌（2022）则从“辩证法究竟应当是怎样的”这一特定提问方式出发，整合出一种基于总体运动观的对辩证法的界定方案，对“在当下面临各种复杂问题时究竟应当用好、讲究、坚持何种辩证法”这一问题给出一种回答方案，强调了辩证法的总体观点、运动观点和矛盾观点。

（二）“两条道路”和“两种方法”

针对马克思在《1857—1858 年经济学手稿》中提出的“两条道路”（中共中央马克思恩格斯列宁斯大林著作编译局，2009b：24-25）以及《资本论》第一卷第二版《跋》中提到的“两种方法”（研究方法和叙述方法）（中共中央马克思恩格斯列宁斯大林著作编译局，2009a：19-22），学界展开了深刻的讨论。

赵磊和赵晓磊（2022）基于马克思原文厘析了“两条道路”和“两种方法”的关系，阐明“第一条道路”指“从具体到抽象”的过程，“第二条道路”指“从抽象到具体”的过程，而研究方法是“从具体到抽象”，叙述方法则是“从抽象到具体”。在分析过程中得出如下结论：脱离了“从具体到抽象”的辩证法不是唯物辩证法；唯物辩证法并非只包含“从抽象到具体”这一内容；《资本论》的研究方法是一种带有严格经验实证的科学方法；《资本论》的实证与西方经济学的实证有着本质区别；《资本论》的方法论与具体方法不可一概而论；作为方法的唯物辩证法是以方法论的角色出场的；《资本论》“两种方法”的区分是相对的。

李政等（2022）指出，“两种方法”并非两个独立的阶段和方式，而是在完整的思维行程中交互运用的方法，两者在本质上都要运用抽象力。而这“两种方法”都需要坚持和贯彻唯物史观的根本要求，即“逻辑与历史相统一的原则”。乔虎（2022）指出，马克思提出的“两种方法”是针对考夫曼的“《资本论》的叙述形式是德国唯心论而政治经济学批判的内容是实在论”这样一种误读而做出的专门的回应，目的在于表明《资本论》辩证方法的唯物主义性质。考夫曼产生误读的根源在于他割裂了马克思辩证法的“研究”和“叙述”的内在统一性。因此要回归文本及其具体语境，通过辩证方法处理材料以达到研究对象的复杂结构及其运动规律在思维和理论上的呈现。

而且马克思并未在《资本论》中非常系统地阐明作为“从抽象到具体”的“叙述方法”的呈现方式和路径，聂锦芳（2022b）则通过梳理《资本论》的创作史和传播史，从结构、术语、引证、表述、修订、翻译、辩驳、理解等八个方面对此进行了阐释与分析。

（三）价值形式的辩证法

伴随着新辩证法学派关于黑格尔《逻辑学》与马克思政治经济学批判的研究方法的理论关联的探讨，马克思在《资本论》中关于价值形式的分析又重新引起国内外学者的广泛关注。

李春敏（2022）通过分析马克思探讨价值形式时所呈现的辩证法与阿瑟的体系辩证法的联系与区别，梳理出了马克思关于价值形式辩证法的致思路径：马克思从始至终都强调价值形式作为概念范畴的社会历史性；马克思关于价值形式辩证法的叙述方法本身就内含着一种批判逻辑，价值形式辩证法的必然产物是资本的抽象统治以及建构其上的资本批判；劳动从始至终都在价值形式辩证法中扮演关键性角色；对于马克思价值形式辩证法的理解不应只局限于《资本论》第一卷第一、二篇，而应从《资本论》的整体内容和总体结构中去把握。

张盾（2022）详细阐释了《资本论》中价值形式的辩证发展过程：马克思并未一开始对价值概念进行界定，而是将商品视作辩证叙述的开端，通过对资本主义商品流通中各个价值形式的真实抽象进行进一步理论抽象，使价值形式发展的各个阶段重新概念化，并不断通过摒弃其既有规定的不充分性而脱胎出新的价值形式，最终使得价值形式被呈现为资本循环的通路和剩余价值的容器，由此阐发价值形式实为资本概念的本质和基础。谢静（2022）描述了左翼激进批判理论阐释范式通过发扬价值形式理论中蕴含的辩证法思想，以一种激进的表达方式重建价值形式理论，重新发掘拜物教、劳动、资本、阶级、国家、危机等范畴的理论意义与实践价值，实现了对《资本论》“价值形式”重要性的关注和彰显。

徐文越（2022）则以鲁宾、巴克豪斯和阿瑟等新兴的马克思解读流派的代表人物为例，指出马克思关于价值形式的论述与种种价值形式学派的黑格尔化阐释路径最为根本的区别在于是否以历史唯物主义作为前提和基础，因为马克思的历史唯物主义始终从社会历史现实的历史性、总体性和辩证性出发坚持内在矛盾运动的分析路径，包含对实体主义和形式主义的双重批判。同样地，刘晓晓（2022）通过分析海因里希对马克思价值理论的探讨，指出海因里希延续了新马克思阅读的方法论，用马克思的价值形式辩证法取代了马克思的历史辩证法，主要原因在于他没有看到马克思的价值形式是一个丰富的矛盾概念。正如李乾坤（2022）所强调的，必须将价值形式理论放置于历史唯物主义的总体性方法论中加以考察。

四、《资本论》研究的学界争鸣

国内学者在阅读《资本论》过程中由于各自知识结构、偏好、研究材料、研究方法、思考逻辑等不同，对于如何解读《资本论》以及由文本内容所延伸出的马克思早晚期思想是否一致性问题分别给出了自己的思考。不仅如此，国内学者还通过分析国外学者如何看待《资本论》中价值、资本、经济危机、阶级斗争等范畴，拓宽《资本论》研究的向度。

（一）《资本论》与异化思想

马克思早年在《1844 年经济学哲学手稿》中提出的“异化劳动”概念在马克思晚年的《资本论》中不再提及，对此有观点认为马克思早期思想和成熟期思想是根本不同的，从而“断裂”为“两个马克思”。

有学者认为马克思的异化劳动思想并未消失或断裂在《资本论》中，只不过是被发展和完善了。彭麒蒙（2022）认为马克思在《资本论》手稿中的异化理论已经超越了他早期的那种人本主义异化理论，这种新异化批判理论与在马克思思路中占主导性的基于剩余价值理论的资本批判理论共同构成了马克思《资本论》手稿中的资本批判理论，全方位地揭示了资本主义生产过程中的各种异化现象，从而深刻地阐释了资本主义生产方式的历史性、不合理性和暂时性。刘道一和刘云喜（2022）指出，马克思最终将剩余价值而非异化劳动确立为他的经济学说的核心概念，内在原因正是他发现了异化劳动概念的缺陷。剩余价值概念是马克思坚持和发展异化劳动概念的理念和原则，克服其缺陷并进一步对其内容加以充实完善的结果。

张一兵（2022）解释了马克思在《政治经济学批判》和《资本论》中主动隐匿劳动异化批判构式的意图并不是否定它，而是为了更好地呈现资本主义生产方式发生的经济物相化表象层面的各种错觉，从而科学地揭示隐藏在表象之后的剩余价值来源，让读者能够更容易地进入剩余价值理论的科学构境。此外，马克思的三大经济拜物教批判并不能周延地涵盖马克思的全部事物化和劳动异化批判构式，所以在《资本论》后面涉及上述内容的讨论中，马克思不得不再次少量使用了异化概念。

王校楠（2022）发现马克思的拜物教理论与其早期异化理论都蕴含“个体与类”的分离逻辑，以及社会关系物化的逻辑，由此得出马克思从异化理论到拜物教理论的思想发展是连续的，并不存在所谓的“断裂”。而且在《资本论》时期，马克思已经能够运用“商品”“价值”等经济学术语更好地表达资本主义异己特征的社会根源，因而社会关系物化逻辑外显为主导逻辑，“个体与类”的分离逻辑退隐为拜物教批判的隐性逻辑。

（二）《资本论》的定性和读法

《资本论》自问世以来，关于这部著作的定性和读法一直争论不休，成为一桩难解的学术公案。卢斌典（2022）指出《资本论》属于哲学抑或政治经济学著作是一个定性问题，进行哲学抑或政治经济学解读则是一个读法问题。对此，余斌（2022）强调《资本论》明显是一部政治经济学而非政治哲学的著作，而在读法方面，他虽然肯定了学界所提出的一些关于《资本论》的政治哲学问题，但不建议把《资本论》的全部或大部分内容视为政治哲学。

大多数学者从《资本论》的读法方面给出了自己的分析。其中，部分学者从《资本论》的政治哲学读法出发，高广旭（2022a）分析《资本论》在显性逻辑上是一部政治经济学的科学论著，但在隐性逻辑上呈现为"大写"的政治哲学，即通过明晰现代政治事务的结构体系和运行机制寻求解决资本主义社会政治矛盾的可能路径。刘超群和赵华飞（2022）指出，《资本论》除了是一部关涉经济范畴和资本运动逻辑的经济学著作，还是一部进行了政治哲学阐析的著作，即以商品、货币和资本逻辑为主线对资本主义社会进行批判和改造。部分学者从哲学读法出发，如郗戈（2022）认为马克思之所以能够在特定社会科学形式中形成一种与现代特定现实相契合的哲学新形态，得益于政治经济学批判的出场，它蕴含着对人类历史同时开启"后思"和"预见"的"历史视差"的新哲学思维。

接着还有一些学者从概念隐喻、民族志以及伦理学等读法出发解读《资本论》。例如，杨洪源（2022b）指出，为剖析资本主义社会这个复杂的有机体，在《资本论》中马克思借助人们耳濡目染的古代神话，经典著作和风俗习惯中的人物故事，采用隐喻叙事的方式达到思想阐释上的出浅入深。黄志辉（2022）挖掘了《资本论》第一卷中蕴含的现代民族志意义，指出马克思不仅运用民族志材料复现了19世纪英国的工业现实生活，而且形成的一整套严密的理论框架与论证方式绸缪了20世纪至今的工业民族志发展。

（三）《资本论》研究的国外视野

随着新时代马克思主义理论创新和实践发展的不断推进，国内学者除了着眼于国内学界的马克思主义思想发展还注重借鉴国外马克思主义思想的发展与创新成果。一些学者系统梳理和客观评价《资本论》在国外的研究成果，并在此基础上积极开展理论对话。

第一，分析了国外学者关于《资本论》价值范畴的研究。孙亮（2022）指出德语世界研究《资本论》的学术群体"价值批判小组"虽然关注到了价值背后的劳动根源，但不同于历史唯物主义认为的将资本与劳动的对立置于社会历史运动过程中才能得到理解与解决，"价值批判小组"局限于从资本主义这一社会形式的表象中分析这一对立。雅克·比岱从价值概念的社会政治内涵出发论证数量维度与社会政治维度间的内在一致性，以此驳斥了西方学术界仅以数量计算维度质疑马克思劳动价值论的可操作性，王一成（2022）发现比岱缺失了历史辩证法的解读视野导致其无法理解资本主义生产过程的内在规律究竟如何从抽象上升为具体，于是只能将抽象视为具体的前提进行一个外部的论证。张秀琴（2022）指出，21 世纪以来，德国学界的新文献派通过文献学视角把握马克思的价值理论形成史和发展史，新阅读派侧重以货币逻辑来把握价值运动的辩证法，新批判派则阐明了马克思价值理论的核心是价值批判。齐昊和问严锴（2022）认为，迪庞卡・巴苏所著《资本的逻辑》一书分析了美国政治经济学界在地租的形成、复杂劳动的还原、劳动力价值决定、价值的货币表现、价值与价格的对应关系、资本循环及两部类再生产体系的模型化、马克思-置盐阈值、产业后备军的测度等方面的最新研究成果，试图将政治经济学经典与前沿问题进行融合。

第二，关注国外学者对《资本论》资本范畴的研究。刘林娟（2022）指出，以奈格里、保罗・维尔诺等为代表的西方学者，从"机器论片段"中的一般智力概念出发，强调活劳动对固定资本的重要性，并从阶级斗争层面挖掘了《资本论》中固定资本的当代价值。任剑涛（2022）指出，法国经济学家托马斯・皮凯蒂在《21 世纪资本论》中对资本展开持续批判，但相比于马克思对资本的双线批判而言，皮凯蒂的批判仅限于对资本的单线批判，而对权力不仅网开一面，甚至认定那是矫正资本造成的不平等的希望所在，这是一种落单的批判。

第三，考察国外学者对《资本论》中关于经济危机理论的讨论。刘艳玲（2022）指出，日本的不破哲三厘清了马克思再生产论与经济危机思想的关系，阐明了马克思是怎样通过释析资本在再生产过程循环中、在诸多因素共同作用下暴露出它的逐利本性从而引发经济危机的。吴凯和乔瑞金（2022）指出，英国的莫里斯・多布从经济危机角度阐明资本主义固有的内在矛盾加剧与动力系统衰微导致了自身的社会危机，若要克服这个危机则必须进行彻底的制度变革。

第四，关注国外学者研究《资本论》的阶级斗争视角。王庆丰和刘也（2022）指出，阿尔都塞没有接续马克思的逻辑理路续写《资本论》，即《资本论》结尾原本要对阶级的形成进行溯源，但阿尔都塞却只是论述了阶级斗争和革命策略，不仅没有深入地去研究和揭示阶级产生的根源，还缺乏对社会现实问题尤其是对现实个人的实际生存问题的深入研究。阿尔都塞曾为《资本论》第一卷法文译本写过一篇序言，其中暗含《资本论》第一卷存在"阶级空场"的倾向，周可（2022）认为《资本论》第一卷的开篇对商品生产和交换的分析潜在地蕴含着对现代社会的阶级成员和阶级关系的考察，能够彻底驳斥阿尔都塞的"阶级空场"预设。苗翠翠（2022）指出，莱博维奇认为"需要的首要性"是历史发展的根本动力，并将"工人的发展需要"设定为基本的逻辑线索，强调工人阶级的团结协作，重塑阶级逻辑，最终实现与资本对抗的伟大胜利，这一新颖的主体视角拓宽了当代国内外学界对马克思主义思想研究的向度。但他过于注重运用主观逻辑和主观研究方法对抗资本从而忽视了客观方面的逻辑基础，使得阶级意识与阶级斗争、联合与团结的思想缺乏现实性力量而成为一种主观幻象。

五、《资本论》的当代价值

运用《资本论》的立场、观点和方法科学认识与全面把握中国特色社会主义建设中的问题已经成为当前学界研究的焦点之一。

（一）《资本论》与人的发展问题研究

肖磊和尹庆双（2022）认为人的发展主要指人的才能或本质力量的全面发展，《资本论》是一部以人的发展为核心的政治经济学著作：马克思不仅系统缕析了资本主义经济运动的内在规律，还论析了资本主义社会中存在的人的异化现象，进而阐释了实现人的自由全面发展的道路与要求。

一些学者从共同富裕思想和财富观出发探讨《资本论》中人的发展问题。薛加奇和钱智勇（2022a）认为马克思研究政治经济学的初衷是为了使贫苦的人民摆脱穷困的现状。然而，要想消除财富两极分化，实现共同富裕，就意味着要以满足人民美好生活需要为目的，以实现依人民需要进行财富分配为目的，以实现人的解放为目的。涂良川和钱燕茹（2022）指出，在《资本论》及其手稿中，马克思认为财富可分为：实物财富、观念财富、时间财富以及能力财富。实物财富和观念财富涉及社会生产力的落实和空间方位的延展，时间财富和能力财富涉及人生命的丰饶与个性形成的理路，意味着社会生活本质的回归。充分厘清马克思对财富所进行的四维向度区分，为当前的人们摒弃物化和异化、再次检视自我能力与人的自由个性及全面发展铺设了思想理论前提。

还有一些学者通过《资本论》的时间分析逻辑探讨人的发展问题。高广旭（2022b）指出作为工人自由发展空间的自由时间被资本逻辑以隐秘的形式剥夺了。马克思在《资本论》中顺着时间这条线索洞见了资本主义经济逻辑及隐藏其后的政治逻辑，是为了争取自由时间来重建人作为时间主体的本真意义，即把人从资本主义生产方式所操纵的劳动时间中解放出来，实现人的时间解放。刘少明（2022）认为《资本论》所阐证的辩证时间观一方面通过时间理论复现了资本主义社会下人受制于社会、劳动被物化、事物被货币化的过程，另一方面通过这种深刻的复现揭示了人如何摆脱资本主义宰制、实现社会主义新的生存样态的可能性，这对我国推进社会主义现代化建设具有重要的理论借鉴意义。

（二）《资本论》与科技发展问题研究

一些学者基于《资本论》的机器观思考当代科技问题。刘雨和牛舒婷（2022）指出，马克思在《资本论》中通过分析机器等技术的应用客观阐释了资本主义的历史贡献和制度缺陷，并指出唯有在社会主义公有制条件下，生产力高度发达且社会生产真正成为全体性、合作性和公益性的时候，技术才能从根本上超越由制度局限所产生的二重性，真正地造福于人类。涂良川（2022）认为马克思所处的时代虽尚无人工智能，但马克思在《资本论》中对机器本质的定位、对机器与生产关系的分析、对机器运用与资本逻辑的批判对于我们今天理解人工智能的存在基础和发展趋势，批判人工智能带来的“新异化”，正视人工智能奇点的哲学追问等问题具有重要的理念启示。

肖峰（2022）再次强调马克思对使用机器技术的劳动异化之批判并不是要否定技术本身，而是对资本主义条件下技术应用的批判，本质上是对资本主义制度的否定与批判。因此，数字技术的社会主义运用，根本逻辑就在于要从源头上清除资本逻辑对数字技术的控制，数字技术为社会主义发展提供了强大动力的同时，社会主义也为数字技术摆脱私有制的束缚提供了解放的机遇。宋田光和李桂花（2022）认为，在《资本论》及其手稿中，马克思在深入分析机器问题时发现资本逻辑下的机器并非为社会而是为私人服务，这便使得人与人、机器、自然之间的关系日渐紧张，并且在当代也不断显露出来，因而全面把握马克思的机器思想有助于当代社会更好运用机器成果助益人类发展。

王维平和廖扬眉（2022）则从科技伦理出发，认为科技在资本主义生产中具有双刃剑效应，所以马克思在进行政治经济学批判的同时，也对科技展开深刻伦理反思，形成《资本论》科技伦理思想，这有助于指导今日科技伦理体系建构，分析当下科技发展的社会功能，反思科技伦理问题。

此外，何爱平和徐艳（2022）结合《资本论》探究数字经济赋能新发展格局，发现其内在机理呈现为单个资本层面、社会总资本层面以及国际循环层面。数字经济本质上是机器大工业时期的升级和扩展，我国不仅要加强网络基础设施建设，还要高质量推进数字经济赋能双循环，最终形成国内国际双循环相互促进的新发展格局。

（三）《资本论》与生态发展问题研究

生态发展问题不仅是新时代社会发展的重大实践问题，还是当前学界普遍关注的重要理论问题。刘晓勇（2022）认为《资本论》中的资本逻辑是显性逻辑，生态逻辑是隐性逻辑，两者并行不悖且表现为一体两面的辩证关系。此外，《资本论》基于人与人之间的经济关系释析人与自然间的生态关系，这从根本上区分了马克思主义生态逻辑和其他一切抽象的生态论证，表明马克思主义生态学是真正科学的生态学。

吴洋宏和周小亮（2022）根据《资本论》中相关论述，首先运用劳动价值论和剩余价值论分析抽离于生产资料的自然环境因素；其次重新审视资本主义生产方式，发现缺失“包容”和“绿色”将会使得生产资料供给减少，阻碍生产力进步；最后表明《资本论》中的包容性绿色发展思想对推动高质量发展大有裨益。张涛（2022）以《资本论》及其手稿为核心进行考察，从非理性经营、土壤退化和土地异化等维度表明了资本主义农业生产的不可持续性。辨明马克思、恩格斯政治经济学批判中潜藏的生态文明思想，遵循人民至上不断推进生态系统的良性循环，明晰生态危机前因后果并积极参与治理全球生态环境等，是后发国家关于人与自然和谐共生的现代化建设新道路。窦凌和耿如梦（2022）认为，在《资本论》中，社会生产力的发展一方面由于人类过度利用自然而不断激化人与自然的矛盾，另一方面由于人类保护和改善自然而使人与自然和谐共生。

在社会主义公有制基础上实现生产力高度且合理的发展则有助于人与自然矛盾的最终解决。白春雨（2022）基于《资本论》阐明了“碳商品”的社会关系本质乃处于金融资本中为资本增殖而形成的一种“碳中和”金本位，一种代替“石油”金本位的碳商品价值转移。对于以全球净零碳排放为宗旨的新能源再生产和全球利益再分配，我国超越了“碳中和”资本逻辑，坚持绿色、人民至上的生态文明观，关注能源安全治理的同时兼顾社会贫富差距问题，致力于实现能源的高质量发展以及全体人民的共同富裕。

（四）《资本论》与经济发展问题研究

《资本论》对于完善中国特色社会主义政治经济学理论体系和推动新时代中国特色社会主义经济建设有重要启示。一些学者分别从实体经济、虚拟经济以及资本特性等维度展开了讨论。沈广明（2022）阐明了实体经济在《资本论》中是由劳动者、劳动资料和科学技术构筑的以资本为核心的增殖性经济体系，《资本论》的实体经济思想对于推动我国实体经济的高质量发展具有理论指导意义。洪银兴（2022）根据《资本论》指出市场经济本质上是信用经济，由信用经济派生出的虚拟资本在服务于实体经济的同时却也可能脱离实体经济。因此在社会主义市场经济中，在允许虚拟资本存在并发挥作用的同时，需要防止资本脱实向虚的扩张以及克服虚拟资本的野蛮生长。

刘新刚和王子旭（2022）指出，了解新时代不同形态资本特性及其行为规律可以借助于《资本论》中的资本行为规律分析框架，具体而言，社会性因素的比重在市场机制的不同领域中差异显著，因此要深入分析和掌握各种资本相应的运行机制，梳理各个领域经济关系的具体情形和区别，从而规范和引领资本发展，最终实现经济关系的调整。刘新刚和卢鑫（2022）还通过对《资本论》和《经济表》资本循环理论进行比较研究，指出强化对马克思资本循环理论的研究和创新，对于当前我国加快形成以国内大循环为主体、国内国际双循环相互促进的新发展格局具有重要的理论和实践意义。

顾海良（2022）认为马克思所提出的“资本一般”和“许多资本”理论对资本治理的思路和方法的探索，对新发展阶段资本特性与资本行为规律的理解，对社会主义市场经济体制下资本理论研究的深化具有重要指导意义。李应瑞（2022）指出《资本论》在“资本一般”的限度内揭示了资本主义现代国家的所有制基础和资本逻辑，这对于妥善处理政府同市场的关系，更好地发挥国家的经济职能，以及批驳资产阶级理论家对中国道路、中国制度的歪曲，具有重要的理论意义和实践价值。

六、述评与展望

2022 年国内学术界对《资本论》的一系列问题进行了比较深入的研究，形成了较为丰富的研究成果。这不仅为我们进一步深入研究《资本论》提供了重要参考和借鉴价值，还对中国特色社会主义建设具有重要指导意义。

（一）研究述评

2022 年国内学者在文本内容方面继续加强对《资本论》发展历程、重要范畴、研究方法、学界争鸣的研究，在现实问题方面正确认识和科学把握中国特色社会主义新的发展阶段，注重用《资本论》的理论与方法分析人的发展、科技发展、生态发展以及经济发展等问题。但综合分析来看，以下几个方面的问题需要加以关注。

在研究领域上，对《资本论》的研究主要着眼于本国实际，从我国发展新阶段、新理念、新格局出发探讨人民美好生活需要与人的自由全面发展，以及科技、生态、经济等发展问题，而疏于国际大视野的分析，应以更具开放性的研究视野整合现有全球化环境特点，在国际层面发挥《资本论》的蓬勃生机和旺盛活力，在世界历史进程中把握《资本论》在中国的话语建构与实践进路。

在研究对象上，多立足于有争议的传统问题，如商品的开端问题、货币之谜、资本的二重性问题、辩证法问题、马克思－恩格斯思想关系问题、《资本论》的定性和读法等国内外学界所熟知的问题，而疏于对新问题的挖掘，应基于《资本论》文本内容及已有研究成果，加强对新时代下国内外《资本论》研究新进展的关注，从中探寻新的问题或新的理论观点。

在研究方法上，对《资本论》相关内容进行定性研究一直是学术热点，国内学者通过文献考证、原典研读、学问思辨、学术争鸣对《资本论》的内容和重要问题有了较全面的理解和诠释，由此形成的诸多理论成果极具概括性，但量化方面的分析还具有较大的发展空间。虽然学者在分析《资本论》商品价值量、货币流通量、资本积累量、剩余价值量、资本循环和再生产规模等方面时借助量化研究推动经济范畴获得确定性的认识，但总体上这种研究方法并未得到广泛运用，还应适当结合经验测量、统计分析、数据模型建立等量化研究方法，使《资本论》研究在定性和定量两种研究方法的相互结合中达到更高的水平。

在研究格局上，学界多是从宏观层面梳理《资本论》的当代价值和现实困境，而缺乏关涉具体、微观问题而展开的分析和论证。具体而言，对于《资本论》在社会、经济、生态、科技等领域的影响方面，学者倾向以综合情况为基础进行理论研究，而对某一领域的个别事件研究较少，从个别事件的特殊经验中总结出具有普遍性的认识对推动我国《资本论》的研究也具有十分重要的意义。

（二）未来展望

《资本论》在当代仍然具有巨大的生命力与价值，对于如何开辟《资本论》研究的新境界，是当下学术界的一项重要任务，需要从以下几个方面予以重视。

《资本论》研究话语的中国建构与世界视野。随着全球化进程的加快和全球化程度的加深，缺乏自觉的国际比较和全球对话的视野而单独在中国语境中解读中国道路，无疑具有很大的局限性。新时期深化《资本论》研究话语的一项重要任务是形成中国向度和世界向度紧密结合的学术视野，中国向度着眼于中国发展问题的解决和《资本论》研究话语的中国建构，而世界向度意为要在全球化视野和世界语境中把握《资本论》研究和中国现实的结合问题，二者的结合意味着中国问题和世界问题、中国文化和世界文化、《资本论》国内外研究的相互融通。这为实现民族复兴话语、马克思主义话语与现代化话语的有机融合提供了前所未有的历史机遇。

《资本论》研究视角的多学科性拓展。随着数字技术的不断应用和发展，以信息技术为核心的新一轮科技革命正在酝酿兴起，人工智能、5G、大数据、云计算、区块链、ChatGPT 等新技术融入各行各业，影响和改变了物体与时间、空间之间的联系，数字技术时代下的《资本论》研究将是未来一段时间内的重要关注点。此外，还需积极运用《资本论》的立场、观点和方法同历史学、哲学、数学、伦理学、社会学、心理学、法学、生态学等学科进行融合研究，为《资本论》研究开辟新的研究领域，拓宽研究范围，同时也为破解新时代中国特色社会主义各领域发展难题提供了一定的方法论指导。

《资本论》研究内容的多维深化。学界和读者对《资本论》的研究由于我国社会主要矛盾的转变从而产生了新的更高的需求，《资本论》研究内容不应局限于《资本论》的手稿书信，还应包括中国现实问题和世界历史发展对于《资本论》核心要义的检验和发展。例如，版本考证与文本解读的有机结合，研究逻辑与叙述结构的变迁，思想阐释与体系建构的辩证统一，话语革命的嬗变及前瞻，新时代具体现实问题的破解之道，《资本论》当代价值之重估等，从多个维度深化《资本论》的研究内容，从而推动《资本论》研究迈向更高水平，永葆《资本论》研究的伟大生命力。

参 考 文 献

白春雨. 2022.《资本论》视阈下的“碳商品”社会关系探析[J]. 中国石油大学学报（社会科学版），38（2）：59-64.

白刚. 2022.《资本论》：“应用”还是“构建”了辩证法？[J]. 哲学研究，（4）：24-35，128.

白刚，那玉. 2022. 文明的辩证法：《资本论》的一种解读[J]. 天津社会科学，（4）：31-39.

陈飞. 2022a. 商品概念的哲学阐释及其社会认识论意蕴[J]. 社会科学辑刊，（5）：39-46.

陈飞. 2022b. 资本的两种无限性及其哲学启示：基于《逻辑学》解读《资本论》的一条路径[J]. 中国地质大学学报（社会科学版），22（1）：1-9.

崔友平，胡毅，冯瑾，等. 2022.《资本论》版本考究[J]. 国外理论动态，（6）：25-35.

丁燃. 2022. “柏修斯的隐身帽”：新辩证法学派解读《资本论》的理论局限评析[J]. 浙江社会科学，（12）：106-112，159.

窦凌，耿如梦. 2022.《资本论》中人与自然关系二维向度思想及当代启示[J]. 江苏大学学报（社会科学版），24（1）：66-77.

付文军. 2022.《资本论》的社会历史辩证法思想释义[J]. 东南学术，（6）：50-61.

高广旭. 2022a.《资本论》语境中的马克思政治哲学建构何以可能？[J]. 东南学术，（5）：60-69，246.

高广旭. 2022b. 资本批判与时间解放：《资本论》的时间分析及其政治结论[J]. 南京社会科学，（5）：26-33.

高云涌. 2022. 辩证法究竟应当是怎样的?——一种基于总体运动观的哲学史考察[J]. 天津社会科学，（4）：16-23.

顾海良. 2022. 马克思“资本一般”和“许多资本”理论与中国资本问题研究[J]. 马克思主义理论学科研究，8（8）：4-16.

韩保江，李娜. 2022.《资本论》在中国的翻译、出版与传播：兼论中国共产党经济思想的演进[J]. 经济纵横，（1）：1-9.

何爱平，徐艳. 2022.《资本论》视域下数字经济赋能新发展格局的内在机理[J]. 教学与研究，（1）：24-33.

洪银兴. 2022. 社会主义市场经济中的资本：属性、行为和规范：《资本论》的启示[J]. 学术月刊，54

（5）：39-45.
黄志辉. 2022. 马克思主义人类学的当代进路：兼论《资本论》第一卷中的工业民族志及其双重叙述[J]. 思想战线，48（4）：29-38.
孔扬，姜大云. 2022.《资本论》范畴矛盾性质的不同类别：马克思辩证法研究的前提性反省[J]. 广西社会科学，（5）：90-100.
李春敏. 2022. 价值形式的辩证法：体系的还是历史的?——兼论马克思价值形式的辩证法与阿瑟的体系辩证法的差异[J]. 南京社会科学，（11）：15-23，32.
李晶文. 2022. 马克思《资本论》在意大利的传播历程研究[J]. 国外理论动态，（4）：14-22.
李乾坤. 2022. 马克思价值形式理论研究的历史演进与当代展望[J]. 社会科学，（11）：45-53.
李应瑞. 2022.《资本论》中的现代国家思想要点及当代启示[J]. 北京社会科学，（1）：13-22.
李政，王一钦，魏旭. 2022 . 论马克思政治经济学方法的整体性：兼答陈龙博士的理论困惑[J]. 政治经济学评论，13（4）：194-211.
刘超群，赵华飞. 2022.《资本论》的政治哲学阐释[J]. 湖南社会科学，（1）：8-12.
刘道一，刘云喜. 2022.《资本论》“剩余价值”概念对《1844 年经济学哲学手稿》“异化劳动”概念的充实与发展[J]. 当代经济研究，（1）：84-94.
刘林娟. 2022. 从固定资本的角度重新阐释《资本论》何以可能[J]. 中国矿业大学学报（社会科学版），24（4）：133-142.
刘荣军，简文亚. 2022. 正确认识和把握资本的特性和行为规律的三重维度[J]. 福建师范大学学报（哲学社会科学版），（6）：14-28，167-168.
刘少明. 2022.《资本论》的辩证时间观及其现实意义[J]. 福建师范大学学报（哲学社会科学版），（3）：29-43.
刘晓晓. 2022. 劳动价值论是货币价值论吗？——海因里希对马克思价值理论的探讨[J]. 理论月刊，（4）：15-22.
刘晓勇. 2022. 论《资本论》生态思想的逻辑结构[J]. 理论探讨，（4）：147-153.
刘新刚，卢鑫. 2022.《资本论》与《经济表》资本循环理论的比较研究[J]. 重庆大学学报（社会科学版），（6）：153-164.
刘新刚，田曦. 2022.《资本论》经济危机理论及其时代语境[J]. 思想理论教育导刊，（6）：25-33.
刘新刚，王子旭. 2022. 规范和引导资本健康发展的内在逻辑：《资本论》的依据[J]. 理论探索，（5）：115-121.
刘鑫. 2022. 马克思对《资本论》逻辑起点的科学探索及其意义[J]. 新经济，（6）：23-26.
刘洵. 2022. 马克思《资本论》在沙俄/苏俄/苏联/俄罗斯的传播历程研究[J]. 国外理论动态，（4）：3-13.
刘艳玲. 2022.《资本论》的“一种空白”：不破哲三论马克思再生产与经济危机理论[J]. 社会科学，（3）：140-146.
刘雨，牛舒婷. 2022.“技术–制度”批判思想的逻辑生成与跨越路径：基于马克思《资本论》中技术思想的考察[J]. 学术交流，（10）：14-25.
卢斌典. 2022. 论《资本论》的定性与读法[J]. 天府新论，（1）：18-26.
苗翠翠. 2022. 莱博维奇对《资本论》阶级逻辑的重塑与反思[J]. 海南大学学报（人文社会科学版），40（1）：55-61.
聂锦芳. 2022a. 刍论马克思主义政治经济学研究方式的转换：从《资本论》的“郭、王译本”及当代研究谈起[J]. 现代哲学，（1）：30-38.
聂锦芳. 2022b. 究竟什么是《资本论》的“叙述方法”？[J]. 社会科学文摘，（1）：85-87.
欧阳彬. 2022. 总体性视域中马克思货币概念的三重意蕴：基于《资本论》及其手稿的解读[J]. 长白学刊，（2）：56-63.
彭麒蒙. 2022. 马克思《资本论》手稿中的异化批判理论[J]. 马克思主义理论学科研究，8（10）：121-127.
齐昊，问严锴. 2022. 政治经济学经典与前沿的融合：评迪庞卡·巴苏《资本的逻辑》[J]. 政治经济学评论，（6）：216-224.
乔虎. 2022. 重思《资本论》的“研究方法”和“叙述方法”[J]. 当代经济研究，（10）：17-25.

邱海平. 2022. 关于社会主义利用资本的几个理论问题[J]. 经济学动态，（7）：3-15.
任剑涛. 2022. 落单的批判：从马克思《资本论》到皮凯蒂《21 世纪资本论》[J]. 学术研究，（6）：52-62，177.
邵然. 2022.《资本论》不必从商品开始叙事的缘由和意义[J]. 云南社会科学，（2）：25-33.
沈广明. 2022.《资本论》的实体经济思想与新时代实体经济高质量发展[J]. 学术交流，（2）：76-85.
宋田光，李桂花. 2022. 机器的初始设定、资本塑形与解放向度：《资本论》及其手稿中机器思想的三重维度[J]. 天府新论，（1）：9-17.
孙亮. 2022. 当代德国《资本论》研究语境中的“价值批判小组”[J]. 南京社会科学，（9）：1-9.
谭晓军. 2022. 21 世纪日本马克思主义的理论新发现与实践新探索：以日本新版《资本论》的修订为例[J]. 马克思主义研究，（9）：126-138.
涂良川. 2022.《资本论》机器观视域中的人工智能[J]. 理论探讨，（2）：132-138.
涂良川，钱燕茹. 2022.《资本论》对财富的多重区分与哲学批判[J]. 江汉论坛，（3）：41-48.
王传英，孔新柯. 2022. 视域融合视角下《资本论》在中国的百年译介[J]. 上海翻译，（5）：76-83，F0003.
王峰明. 2022. 如何看待《资本论》文本的“未完成性”？[J]. 浙江大学学报（人文社会科学版），52（4）：174-175.
王庆丰，刘也. 2022.《资本论》的政治实践：论阿尔都塞对《资本论》的激进政治解读[J]. 社会科学辑刊，（1）：20-28.
王维平，廖扬眉. 2022.《资本论》阐释科技伦理思想的三重维度：文本、逻辑和内涵[J]. 自然辩证法通讯，（10）：87-93.
王校楠. 2022.《资本论》价值形式理论语境中的拜物教与物化[J]. 马克思主义理论学科研究，8（2）：34-42.
王旭东. 2022. 关于《资本论》第 1 卷最终版问题的百年争论[J]. 国外理论动态，（6）：36-44.
王一成. 2022. 雅克·比岱对《资本论》的社会政治式解读及其评价：以劳动价值论为中心的考察[J]. 中国矿业大学学报（社会科学版），（4）：119-132.
温权. 2022.《资本论》与资本主义发展史的货币权力批判[J]. 南京大学学报（哲学·人文科学·社会科学），59（6）：30-41，162.
吴凯，乔瑞金. 2022. 后《资本论》时代的资本主义批判：莫里斯·多布的释读及其意义[J]. 国外理论动态，（1）：44-55.
吴洋宏，周小亮. 2022. 推动高质量发展的《资本论》逻辑基础与拓展分析：基于包容性绿色增长视角[J]. 当代经济管理，44（7）：17-23.
郗戈. 2022. 走向“特定性哲学”：政治经济学批判对马克思哲学革命的深化[J]. 社会科学文摘，（9）：29-31.
习近平. 2022. 正确认识和把握我国发展重大理论和实践问题[J]. 求知，（6）：4-7.
肖峰. 2022. 数字技术资本化与劳动新异化[J]. 马克思主义研究，（5）：121-132，156.
肖磊，尹庆双. 2022. “人的全面发展”的政治经济学：渊源、内核与主线[J]. 当代经济研究，（5）：26-38.
谢静. 2022. 马克思价值形式理论阐释范式转换及其在 21 世纪的意义[J]. 学习与探索，（8）：9-15.
徐文越. 2022. 马克思价值形式理论近黑格尔阐释的空间与界限：以鲁宾、巴克豪斯和阿瑟为例[J]. 马克思主义与现实，（4）：157-166.
薛加奇，钱智勇. 2022a.《资本论》中共同富裕思想研究[J]. 当代经济管理，44（8）：1-5.
薛加奇，钱智勇. 2022b. 资本发展悖论的三重维度透析：基于《资本论》文本研究[J]. 社会主义研究，（4）：49-55，114.
杨洪源. 2022a. “现实问题”与《资本论》叙述结构嬗变[J]. 社会科学，（4）：38-47.
杨洪源. 2022b. 社会变革之主体力量的遮蔽与彰显：《资本论》中关于工人阶级及其命运的隐喻叙事[J]. 理论探讨，（2）：139-146.
杨洪源. 2022c. 试论《资本论》哲学研究的中国特色[J]. 北京大学学报（哲学社会科学版），59（1）：42-51.
杨立国，田晓萌. 2022. 日本百年《资本论》研究：历程与成就[J]. 当代世界社会主义问题，（1）：

103-112.
杨璐瑶. 2022. 马克思《1867—1868 年利润率草稿》解读：对《资本论》中“周转对利润率的影响”一章的再探讨[J]. 马克思主义哲学研究，（1）：169-181.
余斌. 2022. 《资本论》是一部政治哲学著作吗[J]. 甘肃社会科学，（4）：46-54.
袁辉. 2022. 货币品质、货币等级与金融体系的政治经济学分析[J]. 政治经济学评论，（2）：164-181.
张盾. 2022. 马克思《资本论》中的辩证法[J]. 哲学研究，（8）：14-25，128.
张红山. 2022. 消失在 MEGA～2 中的《资本论》第二册第Ⅲ稿：兼及马克思 1867—1870 年围绕《资本论》创作情况的批判性重构[J]. 高校马克思主义理论研究，8（1）：32-47.
张凯. 2022. 《资本论》中货币辩证法的三重维度[J]. 河南大学学报（社会科学版），（4）：8-14，152.
张涛. 2022. 马克思恩格斯政治经济学批判的生态文明内蕴及启示：以《资本论》及其手稿为核心的考察[J]. 湖北社会科学，（3）：5-12.
张秀琴. 2022. 21 世纪德国学界最新《资本论》价值理论研究[J]. 江苏社会科学，（3）：32-41，241-242.
张一兵. 2022. 资本主义生产方式：着魔的资本拜物教：马克思《资本论》第一卷（德文第一版）研究[J]. 山东社会科学，（10）：5-15.
赵峰，田佳禾. 2022. 规范和引导资本健康发展：资本二重性及其矛盾的视角[J]. 改革，（8）：25-37.
赵磊，赵晓磊. 2022. “从抽象到具体”是《资本论》的研究方法吗？[J]. 当代经济研究，（11）：5-15.
赵学清. 2022. 《政治经济学批判》不是《资本论》的“准备著作”或“手稿”：兼论《政治经济学批判》与《资本论》的关系[J]. 思想理论战线，1（1）：66-77，138-139.
中共中央马克思恩格斯列宁斯大林著作编译局. 2009a. 马克思恩格斯文集（第五卷）[M]. 中共中央马克思恩格斯列宁斯大林著作编译局，译. 北京：人民出版社.
中共中央马克思恩格斯列宁斯大林著作编译局. 2009b. 马克思恩格斯文集（第八卷）[M]. 中共中央马克思恩格斯列宁斯大林著作编译局，译. 北京：人民出版社.
周可. 2022. 《资本论》商品篇的阶级叙事初探[J]. 学术论坛，45（4）：50-58.
朱炳聿. 2022. 马克思《资本论》在西班牙的传播历程研究[J]. 国外理论动态，（4）：23-33.
朱鹏华，王天义. 2022. 中国特色社会主义政治经济学的逻辑起点与理论主线[J]. 山东社会科学，（12）：118-125.

数字经济培育新质生产力赋能乡村振兴的政治经济学研究*

刘雪敏

摘要：数字经济时代，加快形成新质生产力是乡村振兴的重大战略机遇。本文依据唯物史观，聚焦“生产力”这一研究视角，立足“数字经济培育新质生产力—新质生产力赋能我国乡村振兴”的分析框架。分析得出，以科学技术为核心的数字经济与包括科学技术的生产力天然就互为彼此的支撑；新质生产力推动分工协作智能化发展，满足了以分工为基础的协作集体力发挥的客观条件，赋能我国乡村振兴集体力；新质生产力在公平与效率的辩证统一中最大限度激发广大乡村劳动者、建设者的积极性和创造性，大家共有生产资料，共建、共创、共享劳动成果，赋能我国乡村振兴凝聚力。在党的领导下，理论上数字经济培育的新质生产力定会转化成赋能我国乡村全面振兴的现实生产力。

关键词：新质生产力　数字经济　政治经济学　“三农”　乡村振兴

中图分类号：A1 F0-0 F0

一、引　　言

党的十八大以来，党中央高度重视发展数字经济，将其上升为国家战略。从国家层面部署推动数字经济的发展，这是乡村振兴的重大战略机遇。在党的领导下，近年来，我国数字经济迅猛发展。在规模方面，2022 年，我国数字经济规模达到 7.5 万亿美元，位居世界第二，仅次于美国；在占比方面，我国与新加坡、芬兰、墨西哥、沙特阿拉伯等五国数字经济占 GDP 比重为 30%～45%；在增速方面，中国与美国、新加坡等 12 个国家数字经济增速超过 10%；在产业渗透方面，中国与德国、韩国、新西兰、法国、芬兰、美国、日本、新加坡、俄罗斯、挪威等 14 个国家第一产业数字经济渗透率高于 51 个国家平均水平。①事实上，目前我国数字经济的发展已经基本趋于成熟。

*基金项目：国家社会科学基金重点项目“遵循矛盾运动的展开逻辑构建中国特色社会主义政治经济学理论体系”（21AZD107）；辽宁省社会科学规划基金委托项目“理解社会主义基本经济制度内涵拓展的三重逻辑”（L19WTB042）。

作者简介：刘雪敏（1991—），女，河北人，南开大学马克思主义学院博士研究生，马克思主义基本原理政治经济学研究方向，电话 19523430361，邮箱 1207707918@qq.com，邮编 300350。

① 中国信息通信研究院. 2023. 全球数字经济白皮书（2023 年）[M]. 北京：中国信息通信研究院.

党的二十大报告指出："全面推进乡村振兴。全面建设社会主义现代化国家，最艰巨最繁重的任务仍然在农村。"①党的十八大以来，我们坚持把解决好"三农"问题作为全党工作的重中之重，把脱贫攻坚作为全面建成小康社会的标志性工程，组织推进人类历史上规模空前、力度最大、惠及人口最多的脱贫攻坚战，启动实施乡村振兴战略，推动农业农村取得历史性成就、发生历史性变革。经过几十年的奋力拼搏，我们如期打赢脱贫攻坚战，全党全国、各行各业特别是脱贫地区广大干部群众都付出了艰辛努力。"现在，我们的使命就是全面推进乡村振兴，这是'三农'工作重心的历史性转移""全党务必充分认识新发展阶段做好'三农'工作的重要性和紧迫性，坚持把解决好'三农'问题作为全党工作重中之重，举全党全社会之力推动乡村振兴，促进农业高质高效、乡村宜居宜业、农民富裕富足"②。

与我国经济社会发展奇迹相伴随的是，我国的生产力发展也取得了历史性的成就。2023 年 9 月 7 日下午，习近平总书记在哈尔滨主持召开座谈会时说："积极培育新能源、新材料、先进制造、电子信息等战略性新兴产业，积极培育未来产业，加快形成新质生产力，增强发展新动能。"2023 年 9 月 8 日上午，习近平总书记在听取黑龙江省委省政府工作汇报时强调："整合科技创新资源，引领发展战略性新兴产业和未来产业，加快形成新质生产力。"③总书记两次均提到了"战略性新兴产业""未来产业"以及新质生产力。2023 年 12 月 11 日至 12 日，中央经济工作会议指出：要以科技创新推动产业创新，特别是以颠覆性技术和前沿技术催生新产业、新模式、新动能，发展新质生产力。④可见，加快形成新质生产力是新时代推动中国式现代化发展、实现高质量发展的新使命。基于政治经济学和历史唯物主义的理论，生产力是社会生产中最活跃、最革命的要素，处在不断的变化中。生产力的发展是历史的、动态的，有一个低级到高级、落后到先进的发展过程。生产力及其发展决定着人类历史的发展进程、社会的运行以及政治经济文化的发展方向。新质生产力的提出和发展是在传统生产力的基础上丰富与创新而来。马克思说："生产力中也包括科学。"⑤邓小平同志做出"科学技术是第一生产力"⑥的论断。党的二十大强调，"科技是第一生产力"⑦。这都充分说明，我国作为社会主义国家，始终都十分重视社会生产力的解放与发展。

新质生产力是生产力发展实践基础上的升华，总书记所提出的新质生产力是顺势而

---

①《习近平：高举中国特色社会主义伟大旗帜 为全面建设社会主义现代化国家而团结奋斗——在中国共产党第二十次全国代表大会上的报告》，https://www.gov.cn/xinwen/2022-10/25/content_5721685.htm。

②《习近平：坚持把解决好"三农"问题作为全党工作重中之重 举全党全社会之力推动乡村振兴》，https://www.gov.cn/xinwen/2022-03/31/content_5682705.htm。

③《经济随笔丨"新质生产力"！新词汇传递鲜明信号》，https://content-static.cctvnews.cctv.com/snow-book/index.html?item_id=5415003528947517773。

④《镜观·领航丨发展新质生产力，总书记提出新要求》，http://lianghui.people.com.cn/2024/n1/2024/0306/c458561-40189705.html。

⑤ 中共中央宣传部理论局. 2000. 当代中国马克思主义研究巡礼（上）[M].北京：人民出版社.

⑥《新中国档案：邓小平提出科学技术是第一生产力》，https://www.gov.cn/test/2009-10/10/content_1435113.htm。

⑦《习近平：高举中国特色社会主义伟大旗帜 为全面建设社会主义现代化国家而团结奋斗——在中国共产党第二十次全国代表大会上的报告》，https://www.gov.cn/xinwen/2022-10/25/content_5721685.htm。

为。新质生产力的提出凝聚了我党的智慧以及丰富的实践经验，是对政治经济学生产力理论的创新与发展。新质生产力的“新”就体现在原创性与颠覆性的前沿新技术、新科技对生产力的解放和发展作用，新质生产力的“质”体现在生产力发展上“量”的积累与“质”的升级。经过多年的调整与发展，我国生产力发展在完成了一定的量的积累后，发生质变，达到了先进生产力质态。这意味着我国生产力发展水平已经达到了新的历史起点，且数字经济与新质生产力具有天然契合性。由此，我们可以以数字经济这种经济形态培育新质生产力，培育乡村振兴中最活跃、最革命的要素。以数字经济培育我国新质生产力，赋能我国乡村产业振兴、乡村全面振兴。

二、文献综述

（一）新质生产力对我国发展的正向促进作用

围绕习近平同志关于新质生产力的重要论述，首先，新质生产力对我国高质量发展，尤其是经济高质量发展的正向促进作用已经在学界达成广泛共识（任保平和王子月，2023；高帆，2023；徐政等，2023；蒲清平和黄媛媛，2023；简新华和聂长飞，2023；戴翔，2023；李晓华，2023；杜传忠等，2023；周文和许凌云，2023；蒲清平，2023；张林和蒲清平，2023；纪玉山等，2024；钞小静和王清，2024）。其次，大量学者讨论了新质生产力对中国式现代化的正向影响作用（程恩富和陈健，2023；余东华和马路萌，2023；张林和蒲清平，2023；曾立和谢鹏俊，2023；刘志彪等，2023；蒲清平和向往，2024）。具体来看，新质生产力与新型工业化两者互相推进，具有统一性和共通性，加快培育和形成新质生产力能够为中国式现代化提供物质基础以及动力支撑（余东华和马路萌，2023）。再次，有学者研究了新质生产力对我国产业发展的影响。新质生产力有利于产业转型升级（石建勋和徐玲，2024）。新质生产力是产业变革的驱动力（令小雄等，2024）。新质生产力的快速发展可以为现代化产业体系构建提供有力支撑（杨丹辉，2023）。新质生产力和战略性新兴产业联系紧密（庞瑞芝，2023）。最后，少部分学者从农业角度展开新质生产力对我国农业发展影响的论述。数字技术在农业领域的应用会形成数字农业劳动者、数字农业劳动资料和数字农业劳动对象生产力三要素，这会形成数字农业新质生产力（王琴梅和杨军鸽，2023）。此外，生产关系优化对新质生产力发展也十分重要（胡洪彬，2023）。

（二）新质生产力与数字经济发展互相赋能

当前，研究新质生产力与数字经济的现有文献相对较少，主要文献整体分析情况如下：一方面，少部分学者明确指出，新质生产力与数字经济是双向驱动的关系（姚树洁和王洁菲，2024）。数字经济推动新质生产力发展的重要实现路径是：科技创新、制度优化和要素协同（姚树洁和王洁菲，2024）。另一方面，部分学者认为数字经济能够支撑、赋能新质生产力的发展。当前，推进新质生产力发展，数字经济可提供动力，这在实践上有可行性（翟绪权和夏鑫雨，2024）。提升数字技术领跑力、增强数字产业控制力、形成数字生态主导力，以推动新质生产力快速发展（刘友金和冀有幸，2024）。要以数字经济为支撑加快培育新质生产力（薛华飞，2024）。数字经济与实体经济融合可形成数字新质生产力（任保平，2024）。数字经济是当前发展新质生产力的重要抓手，数据可以赋能传统生产力，数字产业化与产业数字化形成新质生产力发展的基础，数字基础设施可提供新质生产力发展的平台（周文和叶蕾，2024）。实证研究发现，数字经济对新质生产力的形成有显著的正向影响，且这种正向影响作用在我国东中西部不同区域存在异质性（焦方义和杜瑄，2024）。依托数字经济可缓解新质生产力发展的三重约束，数字经济可通过提升颠覆性技术创新水平、驱动战略性新兴产业创新发展和契合新质生产力应然特征三种途径赋能新质生产力（张森和温军，2024）。此外，新质生产力可概括为新科技、新能源和新产业以及这三个方面融合发展的数字经济（洪银兴，2024）。数字经济发展的新阶段是发展新质生产力（苏美文，2024）。

（三）数字经济显著促进我国乡村振兴

围绕习近平同志关于数字经济和乡村振兴的重要论述，学界形成了丰富的理论成果。

首先，数字经济对乡村振兴的正向促进作用，在学界已经成为共识。具体看来，大数据可以有力支撑实现乡村全面振兴（肖若晨，2019）。数字技术的发展在理论上可以解决乡村振兴中各类乡村融资主体的资金需求问题（陆岷峰和徐阳洋，2021）。数字经济可以显著促进我国乡村振兴（赵丽芳和龙海军，2021）。数字化的发展可以促进我国乡村全面振兴（赵德起和丁义文，2021）。数字技术的蓬勃发展可以赋能乡村振兴（董志勇等，2022）。数字经济能赋能乡村产业振兴（完世伟和汤凯，2022）。数字经济为实现乡村振兴提供了数字化动力以及重要的战略方向（张蕴萍和栾菁，2022）。数字经济是中国经济发展的新动能，为驱动乡村振兴提供了良好契机（何雷华等，2022）。数字乡村建设对乡村振兴具有显著促进作用（刘灵辉等，2022）。数字乡村对乡村振兴有重要战略意义（赵星宇等，2022）。数字乡村与乡村振兴的耦合协调状态有助于释放数字红利，催生“三农”发展内生动力，加速农业农村现代化发展（李燕凌等，2022）。数字经济可以通过改善农村产业发展条件赋能乡村振兴（孙久文和张翱，2023）。当前，数字经济是乡村振兴战略的重要工具（钟钰等，2023）。数字经济与农业农村深度融合发展对于乡村全面振兴具有重要意义（马文武和韩文龙，2023）。数字经济的发展是乡村振兴的新动能，可以加快农业农村现代化的发展（孟维福等，2023）。数字经济可与乡村振兴协同发展（苏荟等，2024）。

其次，相当一部分学者在数字经济对我国乡村振兴的促进作用机制以及发展路径的方面进行了深入研究。其中，相当一部分学者强调了数字乡村建设的重要性。数字乡村建设是推进乡村振兴的路径选择，场景创新是数字乡村建设的重要内容（李杰义等，2022）。数字乡村可助力乡村振兴（刘灵辉等，2022）。数字乡村建设是乡村振兴的有效路径。数字乡村建设通过促进数字技术和数字经济下乡、城乡融合发展、农业高质量发展和提升农村治理水平等机制实现乡村的数字化转型。同时，有学者强调了政府的重要性（赵星宇等，2022）。还有学者强调了人的重要性。数字经济赋能乡村振兴的三重内在实践逻辑可简单概括为：人才资本—资产资本化—产业力（马文武和韩文龙，2023）。也有学者强调了科技创新的重要性。科技创新、农村创业和消费升级是数字经济促进乡村振兴的重要机制（孟维福等，2023）。此外，数字化通过乡村整体价值提升和乡村数字生态系统构建内外机制，释放多重功能效应（赵德起和丁义文，2021）。技术创新和人力资本是重要的机制（何雷华等，2022）。我国可以通过智慧农业产业、精准基层治理、均等城乡服务和提升文化自信赋能乡村振兴（董志勇等，2022）。

再次，不同学者还从不同方面指出了目前制约数字经济对乡村振兴赋能作用有效发挥的因素。一方面，大量学者尤其强调了政策指引、基础设施、专业人才等方面存在的问题。目前我国还面临着基础设施薄弱、应用水平较低、专业人才匮乏、政策供给不足等问题（秦秋霞等，2021）。现阶段，薄弱的信息基础设施、短缺的数字人才以及不充分的数据共享等因素制约了数字经济对乡村振兴赋能作用的有效发挥（张蕴萍和栾菁，2022）。当前，我国数字乡村建设仍存在数字基础设施薄弱、农业生产流通滞后、居民数字素养缺乏、政策法规统筹缺位等问题（董志勇等，2022）。从实践角度看，数字乡村建设面临着数据安全、农民数字化素养、协同治理和数字化带来潜在风险等问题与挑战（孙久文和张翱，2023）。数字经济发展过程中还面临人才支撑弱、数字基础设施供给少、数据共享机制不健全等诸多难题，影响数字经济对乡村振兴的赋能效应（钟钰等，2023）。我国全面实施乡村振兴战略面临的主要问题可以概括为人才短缺、资本匮乏、产业力量薄弱三个方面（马文武和韩文龙，2023）。城乡数字鸿沟已成为阻碍乡村振兴的突出问题（胡莹，2022）。另一方面，不少学者强调了我国数字经济发展的区域差异以及数字经济在不同区域对乡村振兴的影响程度不同。目前正在扩大的数字鸿沟阻碍了城乡融合进程（吕普生，2020）。数字经济对西北、中部、东部不同区域乡村振兴的作用不同（何雷华等，2022）。不同省份、不同年份的数字经济和乡村振兴耦合系统协调演化还存在障碍（张旺和白永秀，2022）。从全国看，区域间差异是我国数字经济与乡村振兴协同发展水平呈现非均衡状态的主要原因（苏芸等，2024）。

最后，展望未来，数字经济如何更好赋能乡村振兴呢？学者纷纷给出了自己的建议。其中，一部分学者强调了政府政策指引的重要性（张蕴萍和栾菁，2022）。要提前对政策效应进行评估，适当做出调整、退出、增加选择等决策（张旺和白永秀，2022）。同时，有相当一部分学者强调了政府在基础设施建设、人才培养、科技创新、数字化建设与治理等多方面的作用；强调了配套基础设施、科学建设规划、多样化人才的重要性（赵德起和丁义文，2021）；强调了乡村数字基础设施建设、乡村供应链金融、数字技术、人才队伍建设、个人信息保护以及金融风险防范等方面（陆岷峰和徐阳洋，2021）；强调了乡村数字基础设施、数字技术创新供给、乡村居民数字素养、数字乡村顶层设计等方面（董志勇等，2022）；强调了乡村基础设施和发展环境等方面；强调了乡村人才队伍等方面（李燕凌等，2022）；强调了数字乡村要素供给、平台建设等方面（李杰义等，2022）；强调了乡村数字新基建等（胡莹，2022）；强调了农村数字基础设施、农民数字素养、相关投资建设等方面（孙久文和张翱，2023）；强调了数字素养、基础设施、市场监管和政府治理等方面（钟钰等，2023）；强调了相应机制体制的建设与完善等（陈一明，2021）；强调了农村数字普惠金融的重要性（星焱，2021）。此外，还有部分学者提出了差异化发展策略。应实施差异化的数字经济产业发展策略（赵丽芳和龙海军，2021），政府要加深数字经济与农业的融合。实行差异化的数字经济发展战略（何雷华等，2022），要因地制宜发展（苏荟等，2024）。

（四）文献分析与评述

基于以上大量相关文献概况，我们分析得出如下结论。第一，新质生产力对我国高质量发展，尤其是经济高质量发展的正向影响作用，已在学界达成广泛共识。第二，新质生产力发展与我国数字经济发展互为依托、互相促进、互相支撑。虽然仅有少部分学者明确提出了新质生产力与数字经济是互相促进、双向驱动的关系，大部分学者并没有明确用“互相促进”“双向驱动”这样的词语来形容新质生产力与数字经济的关系，但是从学者们各自文章的排篇布局、遣词造句、结论分析及政策建议等方面，再结合唯物史观的相关理论，不难总结出数字经济能为新质生产力的发展与推进赋能、提供支撑，同时新质生产力也在推动、促进数字经济的发展。由此，我们可总结出新质生产力与我国数字经济紧密联系、互为支撑的结论。第三，数字经济确实可以赋能我国高质量发展、赋能我国乡村振兴。同时，不同学者也基于自己的研究领域和视角分析了数字经济对我国乡村振兴的促进作用机制。此外，学者还提出了目前制约数字经济对乡村振兴赋能作用发挥的因素，以及接下来我们该从哪些方面着手才能更好地发挥数字经济对乡村振兴的赋能作用。

基于已有文献，进一步研究总结：新质生产力是基于生产力的进一步发展，所以涉及新质生产力的研究分析大都集中在新质生产力本身的概念界定、特征表现以及新质生产力与我国高质量发展，尤其是经济高质量发展的关系方面。同时，关于数字经济与我国乡村振兴，大部分学者都是从实证角度进行了研究，这与乡村振兴相关问题更容易量化、数据易得等密切相关。但是，这也造成了已有文献在政治经济学理论，尤其是基于生产力这一研究视角对数字经济培育新质生产力进而赋能乡村振兴进行全面、整体、连贯分析研究方面的缺失。

综上所述，第一，鲜有学者基于政治经济学理论视角，来阐释数字经济与我国乡村振兴的发展。第二，新质生产力与我国乡村振兴的相关文献也极少。第三，更没有基于唯物史观，且从生产力这一视角切入，专门整体连贯进行数字经济、新质生产力与乡村振兴的研究。因此，本文基于政治经济学理论，可能的创新点以及行文思路如下：聚焦生产力这一重要研究视角，依据生产力与生产关系以及经济基础与上层建筑这两大重要理论，紧紧围绕习近平同志关于加快形成新质生产力的论述来展开数字经济这一经济形态对我国新质生产力的培育，进而赋能我国乡村振兴的研究。以期对我国新质生产力的推进、数字经济的发展、数字经济对新质生产力的培育，进而助力我国伟大的乡村振兴战略提供有益借鉴。

三、数字经济培育我国乡村振兴新质生产力

生产力是人们改造自然和控制自然界的能力。马克思在"理解政治经济学的枢纽"，即劳动二重性理论中揭示了价值实体就是抽象的人类劳动。这就说明，人的劳动是生产力的决定性要素。马克思特别指出："各种经济时代的区别，不在于生产什么，而在于怎样生产，用什么劳动资料生产……劳动资料不仅是人类劳动力发展的测量器，而且是劳动借以进行的社会关系的指示器。"①因此，生产工具是划分经济时代的标志，是最重要的劳动资料，也最能代表一个时代、一国生产力发展水平。

新质生产力的本质是创新驱动，核心是关键性技术和颠覆性技术。马克思说："生产力中也包括科学。"②此外，数据、知识、信息、管理等先进生产要素，也会在一定条件下转化成科学技术，应用到社会生产中，转化成现实的生产力。在现代社会，科学技术是第一生产力，数字技术是数字经济发展的根本。新质生产力的"新"就体现在原创性与颠覆性的前沿新技术、新科技对生产力的解放和发展作用，新质生产力依托信息通信技术，借助互联网等，可以实现社会生产与发展数字化，进而推动经济社会的发展与进步。新质生产力的"质"体现在生产力发展上"量"的积累与"质"的升级。"量"的积累是全党全人民全社会在传统生产力的基础上不断解放生产力、发展生产力，经过几十年的积累，尤其是党的十八大以来在新发展理念的引领下，我们完成了生产力一定阶段、一定水平的积累，为生产力"质"的变化奠定了基础。新质生产力的提出，标志生产力的发展完成了"质"的一次升级。新质生产力的"新"与"质"，包含了数字经济所依托的数字技术。数字经济所依托的互联网、人工智能、云计算、大数据等原创性与颠覆性的前沿新技术、新科技正是新质生产力的"新"，以及在此基础上积累的"量"变到"质"变。从这个意义上讲，事实上，以科学技术为核心的数字经济与包括科学技术的生产力天然就互为一体，有互为支撑、共同发展的潜质。

在此基础上，我们进一步分析数字经济所培育的新质生产力对乡村振兴的赋能作用。科学技术会在整个社会生产过程中发挥作用，依托科学技术的数字经济所培育的新质生产力也会在整个生产过程中发挥作用。首先，数字经济时代下，随着数据化、智能化、数字化的发展，人的劳动，作为生产力要素的主体，扩展为人与数字技术相适应、相结合的劳动主体。人与科技的联系越来越紧密，劳动者的劳动技能更加专业化，也更资深，劳动熟练程度也不断增强，劳动范围也突破了时间、空间等的限制。其次，数字经济时代，原创性与颠覆性的新技术、新科技会最先体现在劳动资料上，尤其是体现在作为划分经济时代标志的生产工具上。从劳动工具的发展史看，从最初的石器、铁器等，到工业革命时期的蒸汽机、纺织机、电器等，再到以数字技术为代表的机器人、光刻机、智能传感设备等，这都代表了生产力的发展与升级。再次，劳动对象作为生产力中物的因素，自然也会在自身成为这次劳动过程中所说的物之前，就已经在随着科学技术的变化，或者生产工艺的变化而发生了相应的变化。而且在数字经济时代，数据成为

① 中共中央党校. 1978. 马列著作毛泽东著作选读（政治经济学部分）[M]. 北京：人民出版社.

② 中共中央宣传部理论局. 1995. 当代中国马克思主义研究巡礼（上）[M]. 北京：人民出版社.

劳动对象，参与社会生产与发展。最后，整个劳动过程中没有劳动资料，劳动过程就无法顺利进行，或者说无法完全进行。土地就是这类生产资料的典型代表。因此，在整个劳动进行的过程中，劳动者借助劳动资料使劳动对象发生了预期的变化，三要素结合在一起，才形成了现实的生产力，这正是我国乡村振兴所需要的驱动力。

综上所述，以科学技术为核心的数字经济与包括科学技术的生产力天然就互为支撑、互相依托、共同发展。数字经济作为一种新的经济形态，伴随着新质生产力新动能、新优势的充分发挥，培育出以原创性、颠覆性、最前沿科学技术为核心的新质生产力。数字经济时代的新质生产力，在生产力三要素的结合中发挥作用，最终转化成赋能我国乡村振兴的现实生产力。

四、数字经济培育新质生产力赋能我国乡村振兴集体力

数字经济时代下，数字经济培育的新质生产力是我国乡村振兴的历史性机遇。以分工为基础的协作在新质生产力的赋能作用下，在我国广阔乡村形成集体力，赋能我国乡村振兴。

首先，新质生产力赋能社会分工智能化、数字化、信息化发展，有利于发挥我国农业、农村的比较优势，进而赋能我国乡村振兴。随着数字经济时代社会生产的发展，社会分工会随着新质生产力的发展进一步细化、优化、专业化，新质生产力赋能农业与农村智能化、技术化、数字化、信息化的新发展。新质生产力越发展，社会分工体系越优化，越能发挥不同生产体系、不同产业的比较优势，这对降低社会必要劳动时间，提高劳动生产效率，促进农业升级和农村发展十分重要。在我国的不断推动下，从中央到地方，各级、各地积极引入社会资本投入到农业农村建设中，现在，我国农业数字化效果显现，农业信息化发展水平、农业信息化服务水平、农业智能化水平显著提升。2021年，全国用于县域农业农村信息化建设的社会资本投入为954.6亿元。县均社会资本投入3588.8万元，乡村人均投入135.2元，分别比上年增长17.2%和24.0%。[①]2022年，我国农业数字经济渗透率为10.5%，同比提升0.4个百分点。[②]同时，我国数字农业技术已经广泛应用于农业生产全流程，为农业现代化和精准农业提供了重要支持。[③]

其次，以分工为基础的协作，随着新质生产力的发展自动优化升级，形成强大的集体力，赋能我国乡村振兴。马克思在《资本论》第一卷定义协作："许多人在同一生产过程中，或在不同的但互相联系的生产过程中，有计划地一起协同劳动，这种劳动形式叫做协作。"[④]一方面，协作提高了个人生产力。马克思还在《资本论》第一卷中强调："在大多数生产劳动中，单是社会接触就会引起竞争心和特有的精力振奋，从而提高每个人的个人工作效率。"[④]而且，在协作中，个人劳动作为总劳动的一部分，在整个劳动

① 中国信息通信研究院. 2023. 中国数字经济发展研究报告（2023年）[R]. 北京：中国信息通信研究院：26-27.

② 中国信息通信研究院. 2023. 中国数字经济发展研究报告（2023年）[R]. 北京：中国信息通信研究院：18.

③ 中国信息通信研究院. 2023. 中国数字经济发展研究报告（2023年）[R]. 北京：中国信息通信研究院：27.

④ 马克思. 1963. 资本论（第一卷）[M]. 2版. 郭大力，王亚南，译. 北京：人民出版社.

生产过程中，单一劳动者可以快速通过劳动过程的不同阶段熟悉工作流程，掌握工作技能，从而提高劳动效率。此外，个体劳动者在与别人协作的共同劳动中，可以摆脱个人局限，并发挥个人优势。另外，比起个人生产力的提升，协作还创造了一种集体力。在协作中，协作的力量不是简单的“1+1=2”，而是需要很多劳动者同时一起完成同一不可分割的操作，因此会发挥出不同的社会力量。因而，协作劳动的劳动效果和劳动效率，往往是单个劳动者的劳动很难达到的，或者是要在很长的时间内，在小范围和特定规模下才能实现。从有分工的那一刻开始，就有了协作。生产力越发展，分工越细化，就会越多地存在许多人需要同时在同一个不可分割的劳动上相互帮助才能完成的事，这就是因分工协作而产生的新力量。在实践中，淄博市桓台县以数字化赋能农业转型升级，所实现的全县土地流转率达 85%以上，50 亩（1 亩≈666.7 平方米）以上种粮大户 4000 余家、农民专业合作社 550 家、家庭农场 509 家以及“数字大田示范农场”3000 亩，就是在这种协作集体力的基础上完成的。①

再次，就是分工、协作这种重要的生产组织形式的发展，以及以分工为基础的协作的集体力的发挥都是有前提条件的。马克思在《资本论》第一卷中就明确指出：“较大量的生产资料积聚在单个资本家手中，是雇佣工人进行协作的物质条件，而且协作的范围或生产的规模取决于这种积聚的程度。”②也就是说，在资本主义制度下，大量的土地、资本等积聚、集中在单个大资本家或者资本家族群手里为分工、协作的发展创造了条件。这为资本主义制度下，分工体系的发展、协作范围以及生产规模的扩大提供了客观条件。对比资本主义制度，在我国广大乡村，生产资料属集体所有，生产资料所有权、使用权、支配权、收益权都集中在所有劳动人民手中，这为分工和协作的进一步发展及其集体力的发挥提供了更充分的条件。

最后，以数据为关键要素的数字经济所培育的新质生产力，在赋能我国乡村振兴的过程中，要充分发挥协作的集体力，需要满足的客观条件除了包括马克思所说的传统生产资料的所有权以外，还包括数据这种关键要素的所有权和使用权。党的十九届四中全会首次将数据增列为生产要素，数据作为新的生产要素，与土地、劳动力、资本、技术等并列、相结合，一起参与社会生产。2022 年 12 月，中共中央、国务院印发《关于构建数据基础制度更好发挥数据要素作用的意见》（以下简称《意见》），《意见》指出了要建立保障权益、合规使用的数据产权制度。这有利于激发经济社会各主体的创新热情，有利于数据价值的释放。同时，《意见》明确提出健全数据要素由市场评价贡献、按贡献决定报酬机制。更好发挥政府在数据要素收益分配中的引导调节作用。《意见》明确了数据产权制度、数据要素流通和交易制度、数据要素收益分配制度、数据要素治理制度，这都在更大限度上满足了以分工为基础的协作的集体力发挥所需要的客观条件。新质生产力在促进分工与协作的发展中，赋能我国乡村振兴集体力。此外，新质生产力的发展会对战略性新兴产业、未来产业等的发展产生深刻的影响。分工、协作等组织形式和制度安排定会随着这些战略性新兴产业、未来产业的发展，形成更优化的分工

① 中国信息通信研究院. 2023. 中国数字经济发展研究报告（2023 年）[R]. 北京：中国信息通信研究院：28.

② 马克思. 1963. 资本论（第一卷）[M]. 2 版. 郭大力，王亚南，译. 北京：人民出版社.

体系以及协作模式，在数字技术的加持下所形成的集体力对我国发展的贡献，尤其是对我国乡村振兴的赋能贡献将会呈现加速的趋势。

五、数字经济培育新质生产力赋能我国乡村振兴凝聚力

新质生产力是生产力发展的新阶段，更高级的新质生产力决定与之相适应的生产关系，城市与乡村的发展、我国的乡村振兴当然也都要遵循新质生产力的发展规律。关于城市与乡村的发展，马克思在《共产党宣言》的问答——最终废除私有制将产生什么结果？中给出了答案："废除私有制，城市和乡村之间的对立也将消失。"废除私有制后，"从事农业和工业的将是同一些人，而不再是两个不同的阶级"。这充分说明不同所有制在人与人的关系、人与生产资料的关系中十分重要，进而影响一国的经济社会发展。事实上，废除私有制的根本力量就是生产力的不断解放与发展，当下，我国数字经济所培育的新质生产力就是乡村全面振兴、城乡关系更好发展、社会更进步的强劲推动力量。因此，在这部分，我们要研究我国劳动者与生产资料的结合所凝聚的力量赋能我国乡村振兴，我们尤其特别强调所有制的重要作用。因为所有制决定分配方式，决定了社会再生产和资本循环能否顺利进行。

资本主义国家是"私有制＋按资分配"的模式，且由于生产资料私有制，劳动者在整个生产过程中始终处于被支配、被监督的地位，这种劳动者与生产资料的结合形式注定是无源之水、无本之木。而且生产资料私有制这种所有制结构决定了在整个生产过程中由劳动者靠自身劳动能力生产出来的劳动产品，最终也全部属于资本家。更重要的是，在生产中这种被统治和被支配的地位并没有随着生产过程的结束而结束，而是进一步在分配、交换和消费等环节中将这种被统治和被支配的地位继续延伸。资本家的逐利性再加上这种分配制度的结果注定是劳动者群体在资本家联盟不断的剥削和压榨下，劳动者整个群体的购买力逐渐下降，贫富差距逐渐拉大，供需错位和商品生产过剩，进而造成两极分化，这种私有制的制度性矛盾只能通过经济危机强制得到缓解。此外，在资本主义私有制下，一切科学技术注定也都会沦为资本家们私人所有，互联网等数字技术、数字经济及其发展亦无法摆脱私有制的命运。总之，私有制及其发展最终产生的各种矛盾和危机会对生产力的发展造成极大破坏，无产的劳动者群体在此制度下无法摆脱被剥削、被压榨的命运，更无法发挥其创造性和凝聚力，新质生产力所依托的原创性、颠覆性、创新性的新科学技术在此也无法形成并发挥其优势。

转换视角，我国公有制为主体的所有制结构，决定了我国的分配制度是按劳分配为主体。我国农村的集体所有制，决定了所有劳动者和建设者的分配方式是多劳多得，少劳少得。在我国广阔的乡村，由于生产资料集体所有制的优势，数字经济时代下的大数据、人工智能、互联网等数字技术也都是集体所有，数据作为一种生产要素，一起参与社会生产。我国劳动者与数字技术、数据等生产要素相结合，充分发挥乡村集体所有制的优势，形成新质生产力。数字经济及其培育的新质生产力促进数字化平台的搭建与发展，以多方平台促进产业融合、供需对接，不断推动农产品商品化，推动农产品生产、

运输、仓储、消费等关键环节的数据互联互通、设施共用共享。2023 年 10 月 21 日，数字乡村共建共享平台发布，作为全国性、公益性、开放性平台，为数字乡村供需对接、政策宣贯、成果展示搭建中立、开放、公益的合作桥梁。①这都有利于突破城乡发展、乡村振兴过程中的时间、地域以及区域限制，可以更好衔接社会的再生产和资本循环，更好协调供给与需求。新质生产力聚集各方力量，凝聚成赋能乡村振兴的强大力量。

同时，数字经济时代下，新质生产力在赋能城乡发展、乡村振兴的整个过程中，能更好兼顾效率和公平。短期看，市场决定效率，但是从长期来看，生产力决定效率，新质生产力则对效率的决定作用更强。此外，公平属于社会制度层面，经济基础决定上层建筑。因此，从这个意义上讲，效率从根本上决定着公平的历史实现程度，是辩证统一的。由此可见，一国目前的生产力发展情况，劳动者与所有制的结合形式，对一国未来生产力的发展、生产关系的调整、社会制度的优化、城乡发展、经济社会的发展都是极其重要的。数字经济时代下，新质生产力不断发展，我国乡村劳动者与生产资料的结合形式也正是在农村所有制与分配制的优势下，在党的领导、政府的调控以及在效率与公平的辩证统一中，从根本上决定着我国的发展效率，又进而决定着社会公平的实现。从这个意义上讲，在我国，新质生产力所决定的公平与效率能最大限度激发广大乡村劳动者和建设者的创造性和积极性，这都是赋能我国乡村振兴的强大凝聚力。

综上所述，我国全体乡村劳动者集体共有生产资料决定了全体乡村劳动者共创、共享劳动成果。数字经济时代，在我国所有制的制度下，真正做到了“取之于民，用之于民”。因此，在我国新质生产力的不断推进下，所形成的联合劳动力天然就具有“我为人人、人人为我”的凝聚优势，且在新质生产力所决定的公平与效率的统一中，所有劳动者与建设者会互帮互助，团结创新，一起“做大蛋糕”，再一起“共享蛋糕”，形成赋能我国乡村振兴的凝聚力。

六、结论与建议

说到底，小到产业升级，大到社会变革，甚至人类历史的变迁都离不开生产力的推进作用。数字经济培育新质生产力，就是从根本上赋能乡村产业振兴、乡村全面振兴。通过以上分析，得出如下结论：首先，数字经济时代下，依托科学技术发展的数字经济本身就代表人类改造自然和控制自然界的能力大幅提升，依托互联网、大数据、人工智能等原创性、颠覆性、创新性新技术的数字经济就可以代表新质生产力。数字经济培育的新质生产力在赋能我国乡村振兴的过程中可以转化成现实的生产力。其次，随着生产力的发展，出现了分工、协作等重要的社会生产组织形式。数字经济时代下，在我国农村集体所有制的优势下，数据作为生产要素参与社会生产，这都满足了以分工为基础的协作的集体力发挥的客观条件，进而赋能我国乡村振兴集体力。再次，数字经济所培育的新质生产力所决定的公平与效率能最大限度激发广大乡村劳动者和建设者的创造性与

①《数字乡村发展动态》2023 年第 9 期。

积极性，在我国劳动者与生产资料的结合中大家共有生产资料，共建、共创、共享劳动成果，赋能我国乡村振兴凝聚力。最后，我们坚信，在党的领导下，数字经济培育的新质生产力一定会转化成我国乡村全面振兴的现实生产力。

鉴于以上分析，本文有以下建议。第一，数字经济的发展、新质生产力的推进、乡村振兴等始终要以中国特色社会主义政治经济学理论为指导。第二，坚持新发展理念，坚持科技创新，推动新质生产力发展，并形成与之相适应的新型生产关系，以此赋能我国乡村全面振兴。第三，合理有序发展数字经济，积极有序完善相应的机制体制等，尤其是在政府政策的制定、乡村基础设施的建设、人才培养体系的完善、原创性与颠覆性科技创新、乡村数字化建设与数字治理等方面。第四，数字经济本身在不同区域发展过程中存在差距，因而新质生产力的解放与发展情况也因区域而不同，所以数字经济培育新质生产力对乡村振兴的赋能作用存在区域异质性，尤其是东中西部差距不小。因此，数字经济培育新质生产力在赋能整个乡村振兴的发展过程中，要结合实践、因地施策。

参 考 文 献

钞小静，王清. 2024. 新质生产力驱动高质量发展的逻辑与路径[J]. 西安财经大学学报，3（1）：12-20.

陈一明. 2021. 数字经济与乡村产业融合发展的机制创新[J]. 农业经济问题，（12）：81-91.

程恩富，陈健. 2023. 大力发展新质生产力加速推进中国式现代化[J]. 当代经济研究，（12）：14-23.

戴翔. 2023. 以发展新质生产力推动高质量发展[J]. 天津社会科学，（6）：103-110.

董志勇，李大铭，李成明. 2022. 数字乡村建设赋能乡村振兴：关键问题与优化路径[J]. 行政管理改革，（6）：39-46.

杜传忠，疏爽，李泽浩. 2023. 新质生产力促进经济高质量发展的机制分析与实现路径[J]. 经济纵横，（12）：20-28.

高帆. 2023. “新质生产力”的提出逻辑、多维内涵及时代意义[J]. 政治经济学评论，14（6）：127-145.

何雷华，王凤，王长明. 2022. 数字经济如何驱动中国乡村振兴?[J]. 经济问题探索，（4）：1-18.

洪银兴. 2024. 新质生产力及其培育和发展[J]. 经济学动态，（1）：3-11.

胡洪彬. 2023. 习近平总书记关于新质生产力重要论述的理论逻辑与实践进路[J]. 经济学家，（12）：16-25.

胡莹. 2022. 乡村振兴背景下城乡数字鸿沟审视[J]. 中国特色社会主义研究，（4）：60-69.

纪玉山，代栓平，杨秉瑜，等. 2024. 发展新质生产力 推动我国经济高质量发展[J]. 工业技术经济，43（2）：3-28.

简新华，聂长飞. 2023. 论新质生产力的形成发展及其作用发挥：新质生产力的政治经济学解读[J]. 南昌大学学报（人文社会科学版），54（6）：29-36.

焦方义，杜瑄. 2024. 论数字经济推动新质生产力形成的路径[J]. 工业技术经济，43（3）：3-13，161.

李杰义，胡静澜，马子涵. 2022. 数字乡村建设赋能乡村振兴：理论机制、实践路径与政策启示[J]. 西南金融，（11）：84-95.

李晓华. 2023. 新质生产力的主要特征与形成机制[J]. 人民论坛，（21）：15-17.

李燕凌，温馨，高维新. 2022. 数字乡村与乡村振兴耦合协调发展的时序适配性分析[J]. 农业经济与管理，（4）：1-12.

令小雄，谢何源，妥亮，等. 2024. 新质生产力的三重向度：时空向度、结构向度、科技向度[J]. 新疆师范大学学报（哲学社会科学版），45（1）：67-76.

刘灵辉，张迎新，毕洋铭. 2022. 数字乡村助力乡村振兴：内在机制与实证检验[J]. 世界农业，（8）：51-65.

刘友金，冀有幸. 2024. 发展新质生产力须当拼在数字经济新赛道[J]. 湖南科技大学学报（社会科学版），27（1）：89-99.
刘志彪，凌永辉，孙瑞东. 2023. 新质生产力下产业发展方向与战略：以江苏为例[J]. 南京社会科学，（11）：59-66.
陆岷峰，徐阳洋. 2021. 低碳经济背景下数字技术助力乡村振兴战略的研究[J]. 西南金融，（7）：3-13.
吕普生. 2020. 数字乡村与信息赋能[J]. 中国高校社会科学，（2）：69-79，158-159.
马克思. 2018. 资本论（第一卷）[M]. 中共中央马克思恩格斯列宁斯大林著作编译局，译. 北京：人民出版社：210，378，379，383.
马克思，恩格斯. 2014. 共产党宣言[M]. 中共中央马克思恩格斯列宁斯大林著作编译局，译. 北京：人民出版社：88，90.
马文武，韩文龙. 2023. 数字经济赋能乡村振兴的内在逻辑与实现路径[J]. 天津社会科学，（3）：91-98.
孟维福，张高明，赵凤扬. 2023. 数字经济赋能乡村振兴：影响机制和空间效应[J]. 财经问题研究，（3）：32-44.
庞瑞芝. 2023. 新质生产力的核心产业形态及培育[J]. 人民论坛，（21）：18-21.
蒲清平. 2023. 加快形成新质生产力的着力点[J]. 人民论坛，（21）：34-37.
蒲清平，黄媛媛. 2023. 习近平总书记关于新质生产力重要论述的生成逻辑、理论创新与时代价值[J]. 西南大学学报（社会科学版），49（6）：1-11.
蒲清平，向往. 2024. 新质生产力的内涵特征、内在逻辑和实现途径：推进中国式现代化的新动能[J]. 新疆师范大学学报（哲学社会科学版），45（1）：77-85.
秦秋霞，郭红东，曾亿武. 2021. 乡村振兴中的数字赋能及实现途径[J]. 江苏大学学报（社会科学版），23（5）：22-33.
任保平. 2024. 以数字新质生产力的形成全方位推进新型工业化[J]. 人文杂志，（3）：1-7.
任保平，王子月. 2023. 数字新质生产力推动经济高质量发展的逻辑与路径[J]. 湘潭大学学报（哲学社会科学版），47（6）：23-30.
石建勋，徐玲. 2024. 加快形成新质生产力的重大战略意义及实现路径研究[J]. 财经问题研究，（1）：3-12.
苏芸，任梦珂，时晓青. 2024.中国数字经济与乡村振兴协同发展的时空差异及其演变趋势[J]. 重庆大学学报（社会科学版）：1-18.
苏美文. 2024. 数字经济时代新质生产力与东北老工业基地转型升级[J]. 工业技术经济，43（2）：17-19.
孙久文，张翱. 2023. 数字经济时代的数字乡村建设：意义、挑战与对策[J]. 西北师大学报（社会科学版），60（1）：127-134.
完世伟，汤凯. 2022. 数字经济促进乡村产业振兴的机制与路径研究[J]. 中州学刊，（3）：29-36.
王琴梅，杨军鸽. 2023. 数字新质生产力与我国农业的高质量发展研究[J]. 陕西师范大学学报（哲学社会科学版），52（6）：61-72.
肖若晨. 2019. 大数据助推乡村振兴的内在机理与实践策略[J]. 中州学刊，（12）：48-53.
星焱. 2021. 农村数字普惠金融的“红利”与“鸿沟”[J]. 经济学家，（2）：102-111.
徐政，郑霖豪，程梦瑶. 2023. 新质生产力赋能高质量发展的内在逻辑与实践构想[J]. 当代经济研究，（11）：51-58.
薛华飞. 2024-03-21. 以数字经济为支撑加快培育新质生产力 全面塑造青岛高质量发展新动能新优势[N]. 青岛日报.
杨丹辉. 2023. 科学把握新质生产力的发展趋向[J]. 人民论坛，（21）：31-33.
姚树洁，王洁菲. 2024. 数字经济推动新质生产力发展的理论逻辑及实现路径[J]. 烟台大学学报（哲学社会科学版），37（2）：1-12.
余东华，马路萌. 2023. 新质生产力与新型工业化：理论阐释和互动路径[J]. 天津社会科学，（6）：90-102.
曾立，谢鹏俊. 2023. 加快形成新质生产力的出场语境、功能定位与实践进路[J]. 经济纵横，（12）：29-37.

翟绪权，夏鑫雨. 2024. 数字经济加快形成新质生产力的机制构成与实践路径[J]. 福建师范大学学报（哲学社会科学版），（1）：44-55，168-169.
张林，蒲清平. 2023. 新质生产力的内涵特征、理论创新与价值意蕴[J]. 重庆大学学报（社会科学版），29（6）：137-148.
张森，温军. 2024. 数字经济赋能新质生产力：一个分析框架[J]. 当代经济管理，46（7）：1-9
张旺，白永秀. 2022. 数字经济与乡村振兴耦合的理论构建、实证分析及优化路径[J]. 中国软科学，（1）：132-146.
张蕴萍，栾菁. 2022. 数字经济赋能乡村振兴：理论机制、制约因素与推进路径[J]. 改革，（5）：79-89.
赵德起，丁义文. 2021. 数字化推动乡村振兴的机制、路径与对策[J]. 湖南科技大学学报（社会科学版），24（6）：112-120.
赵丽芳，龙海军. 2021. 数字经济对乡村振兴的影响研究：基于我国各省市 2015-2019 年面板数据的分析[J]. 当代农村财经，（10）：2-9.
赵星宇，王贵斌，杨鹏. 2022. 乡村振兴战略背景下的数字乡村建设[J]. 西北农林科技大学学报（社会科学版），22（6）：52-58.
中共中央马克思恩格斯列宁斯大林著作编译局. 2009. 马克思恩格斯文集（第五卷）[M]. 中共中央马克思恩格斯列宁斯大林著作编译局，译. 北京：人民出版社：55.
钟钰，甘林针，王芹，等. 2023. 数字经济赋能乡村振兴的特点、难点及进路[J]. 新疆师范大学学报（哲学社会科学版），44（3）：105-115.
周文，许凌云. 2023. 论新质生产力：内涵特征与重要着力点[J]. 改革，（10）：1-13.
周文，叶蕾. 2024. 新质生产力与数字经济[J/OL]. 浙江工商大学学报，185（2）：17-28.

新时代中国南北经济差距的马克思主义空间政治经济学释析*

施佰发　王小军

摘要：近年来中国南北方经济差距明显扩大，成为区域经济发展不平衡的新情况、新问题。本文基于马克思主义空间政治经济学理论，构建解释南北经济差距成因的理论和实证统一的分析框架。研究发现，南北经济差距扩大具有多层次原因：其一般原因是商品内部的矛盾，商品的使用价值和价值的矛盾推动价值形态的演变和资本循环，这产生了南北经济差距扩大的可能性；深层次原因是特定的国内产业空间布局，资本运动的空间属性和区域产业的历史形塑形成了中国“北重南轻”的产业分工格局，这成为南北发展差距扩大的空间介质条件；直接原因是国外需求的冲击，全球金融危机爆发导致的外需锐减直接冲击中国的“出口积累体系”，成为南北发展差距扩大的导火索。基于对不同部门交换价值量变动、北方优势产业类型定位及其联动特征的实证考察，均有力印证了上述的多层次原因分析。南北经济差距扩大问题的解决在于持续推进供给侧结构性改革，优化国内产业分工布局，构建国内国际双循环相互促进的新发展格局。

关键词：南北经济差距　马克思主义空间政治经济学　资本运动　产业布局

中图分类号：F427，F429.9

经济新常态以来，中国南北发展差距明显扩大，成为区域发展不平衡的突出表现。2012 年至 2022 年，北方地区生产总值占比从 38.9%下降至 35.2%，南北地区生产总值占比差距由 22.2%扩大到 29.5%，年均扩大 0.7 个百分点①。“我国经济发展的空间结构正在发生深刻变化”，“一些北方省份增长放缓，全国经济重心进一步南移”成为值得关注的新情况新问题②（习近平，2020）。对此，学术界从多个角度对南北经济发展差距进

---

* 基金项目：吉林财经大学全国中国特色社会主义政治经济学研究中心项目“新时代中国南北差距扩大的成因及对策研究”（2022WQN017）。

作者简介：施佰发，男，中国人民大学经济学院博士生，研究方向：马克思主义空间政治经济学。

王小军，通讯作者，男，厦门大学马克思主义学院助理教授，研究方向：马克思主义空间政治经济学。

① 本文将北京、天津、河北、山西、内蒙古、辽宁、吉林、黑龙江、山东、河南、陕西、甘肃、青海、宁夏、新疆界定为北方地区，将上海、江苏、浙江、安徽、福建、江西、湖北、湖南、广东、广西、海南、重庆、四川、贵州、云南、西藏界定为南方地区，省略港澳台地区，数据来源于国家统计局。

② 2019 年 4 月 25 日，《人民日报（海外版）》刊文《南快北慢，这是为啥？》，指出中国区域经济走势分化从传统的“东西差距”变成了“南北差距”，而且这种差距还在扩大中。2021 年 8 月 2 日，国务院发展研究中心官网刊文《缩小中国南北差距须加速改革开放创新》，指出近年来中国南北发展差距迅速拉大。

行研究，大致可概括为三类文献。第一类是对南北差距扩大的趋势进行分析，主要有三种观点，分别是南北发展差距逐步扩大（李培林，2022）、发展差距激增（杨多贵等，2018）、南北平衡发展水平提升但总体差距凸显（许宪春等，2021）。第二类是对南北差距扩大原因的解释，主要有六种观点，分别是自然条件（肖金成等，2022）、传统文化（黄少安等，2023）、资本积累速度（盛来运等，2018）、制造业活力（郑艳婷等，2021）、产业结构优化进程（安虎森和周江涛，2021）、经济增长方式转型（邓忠奇等，2020）。第三类是着重提出南北协调发展的政策建议，主要有四种观点，分别是优化国土空间布局（夏成等，2021）、改革开放创新（侯永志等，2021）、价值链转型（李善同等，2019）、产业结构转型升级（杨明洪和黄平，2020）。

已有文献为探究南北发展差距的趋势和成因提供了有益的方法和思想启发，但是也存在一些不足。第一，这些文献多从现象层面研究南北发展差距的成因，尚未将理论和范畴抽象到一般层次，因而未能探明南北差距的一般原因。一个区域经济发展速度的快慢，本质上是资本周转与积累过程的快慢，是价值的实现问题，因此要厘清南北经济分化的本质成因，理论基础必须涉及价值、资本和产业等范畴。第二，已有文献多从短期视角来解释南北差距扩大的成因，未能从更长的历史发展阶段和空间视角进行考察，因而无法说清南北差距的深层次原因。南北差距是区域的经济发展问题，而不同区域的经济发展特征又是历史发展的结果，因而要厘清南北经济差距的深层次原因，必须考察历史过程中自然和人为因素对南北区域不同产业特征的塑造。第三，上述文献虽然能在特定时期多维条件下进行考察，触及南北差距扩大的直接原因，但由于缺乏对资本等基本范畴的抽象和时间空间等“中介环节”的研究，因而无法说明这些基本范畴如何通过遭遇具体的现实经济条件变化而最终导致南北差距扩大这一宏观现象，因而也无法确保实证分析的深刻与准确。

鉴于此，本文希冀做出的边际贡献就是分清理论层次，构建解释南北差距多层次统一的理论和实证分析框架。首先，从商品的内部矛盾出发，考察商品流通中价值的实现问题，分析资本运动和劳动分工形成不同类型的产业及其特点。其次，从较长的历史角度考察中国南北方产业布局形成的自然和人为因素。再次，具体分析 2007 年国际金融危机以来国内外宏观经济环境的变化及其对南北经济增速的影响。最后，进行实证分析，构建交换价值模型，测量特定区域的优势产业及其产业类型，考察外部经济条件变化对北方优势产业冲击的传导特征。

一、资本运动与产业形成

区域经济发展速度的快慢，本质上是资本周转与积累过程的快慢，是价值实现的问题。商品内部价值和使用价值的矛盾运动推动价值形态变化，最终产生出货币。货币使商品流通过程的实现成为偶然的事情，而资本要在运动中顺利实现与增殖，行业要维持或扩大再生产规模，就需要确保商品实现足额的交换价值量。资本运动与劳动分工叠合的作用，构建了产业的空间布局，资本对利润的追逐和劳动力随迁是空间经济分异产生的前提。

（一）资本运动与价值实现

社会主义市场经济是发达的商品经济，因而社会主义经济的细胞仍然是商品。商品是具有两重性的辩证范畴，使用价值和价值是商品内部矛盾的两方面。劳动通过劳动资料使劳动对象具备了对人类有用的形态，即具有使用价值；生产商品所耗费的劳动就是商品的价值。商品的使用价值和价值在交换领域中进行矛盾运动，通过价值形式的变化，分离出充当其他一切商品的等价物的特殊商品，即货币。货币成为物与物交换的媒介，使商品交换成为商品流通：W-G-W，商品转化为货币，货币再转化为商品。一个商品在货币上的简单的相对的价值表现，就是价格形式（Lapavitsas，2000）。形成价格直接基础的价值转化形式，即商品的交换价值就是劳动按比例分配所借以实现的形式，使用价值之间的交换的量的比例只是交换价值最初步、最表面的形式（白暴力，2005）。货币是商品流通的最后结果，而资本又是以货币的存在为前提的。

商品流通的另一种形式：G-W-G，货币转化为商品，商品再转化为货币。货币的支出和货币的回流有着必然的联系，货币在这种为卖而买的流通中成为资本。G-W-G 的形式使价值增值成为特定内容，货币不是资本，价值也不是资本，而只有它们作为可以增殖的价值时才成为资本。资本的运动是无限的，“在为卖而买的过程中，开端和终结是一样的，都是货币，都是交换价值，单是由于这一点，这种运动就已经是没有止境的了”（马克思，2004：177）。资本是运动中的价值，在 G-W-G 的流通中，商品和货币仅仅是价值的不同存在方式。价值在这个过程中不断变换商品和货币形式，在运动中不断自行增殖。资本在流通中独立出不同的具体形式，形成生产资本、商品资本和货币资本等职能资本。生产资本生产出剩余价值，商品资本实现剩余价值，货币资本为生产剩余价值做准备。这些形态在时间和空间上是并存且相互转化的，是一种整体与局部、一般与特殊的对立统一关系（谢富胜和黄盛，2015）。单个产业资本只有不断经历购买阶段、生产阶段和售卖阶段，不断地变换价值形态，才能实现价值增殖与资本积累（Basu，2014）。

社会分工使劳动产品转化为商品，进而转化为货币成为必然，同时也使这种转化能否成功成为偶然的事情。商品要实现它的价值，使价值由商品体跳到货币上，面临着“惊险的跳跃”。因而必须关注资本循环最薄弱的环节——售卖阶段（谢富胜和匡晓璐，2022），即商品交换价值的实现问题。在市场经济中，社会产品的分配经由市场中的交换而实现。交换价值就表现为商品换回一定量其他商品的能力，是以一种商品同另一种商品相交换的量的比例表现出来的，如 x 单位 A 等于 y 单位 B。假设社会中单个生产部门只生产一种商品，根据交换价值量的构成模型（白瑞雪和白暴力，2012），可得单个部门总产品的交换价值量的具体公式为

$$W^{\mathrm{T}} = C + \eta\sum S_1 + \Delta\eta\left(\sum K + \sum S_1\right) + \mu\sum S_2 \tag{1}$$

其中，W^{T} 表示某生产部门商品总量的交换价值量，右上角 T 为转置符号；C 表示成本，即生产过程中耗费的生产资料的价值量和劳动力的价值量；η 表示某生产部门使用的价值量在社会总生产使用的价值量中所占的比例；$\sum S_1$ 表示社会总剩余产品价值用于扩大

社会再生产（包含必要生活资料）的部分；$\Delta\eta$ 表示某生产部门在社会生产中所占比例的变化量；$\sum K$ 表示社会总资本量；μ 表示某部门提供的活劳动量在社会总活劳动量中所占的比例；$\sum S_2$ 表示社会总剩余产品价值用于必要生活资料以外的社会生活消费的部分。因此，单个部门总产品的交换价值量由四个部分组成：成本；社会剩余产品价值用于扩大社会生产的部分，按资本比例分配到该部门的量；该部门在社会生产中比例的变化量；社会剩余产品用于生活资料消费的部分，按活劳动量比例分配到该部门的量。可见，交换价值量并非由单一因素决定的，而是由社会生产的技术条件和生产关系决定的。单个产业资本能否顺利实现循环与增殖，交换价值量是一个关键衡量指标。

（二）产业塑造与空间分异

随着社会的发展和分工的细化，许多新行业不断涌现，单个产业资本的顺利循环更加依赖其他相关产业。马克思指出，工具的专门化、工场内部分工的某些阶段的独立化、使用不同原料的生产、世界市场扩大等情况都会推动社会分工发展，引起新行业产生。社会分工以生产资料的分散和竞争为前提，在社会分工的场合，生产者之间把他们的劳动产品作为商品来对待，对生产的比例要求是通过价值规律实现的（马克思，2004：409-413）。因此，行业之间要维持或扩大再生产规模，所生产商品实现的交换价值量要达到一定的值，以便能够补偿成本、维持或扩大再生产及其他非必要生活消费。如果由于生产技术或市场变动等原因，某行业商品实现的交换价值量低于正常水平，就可能导致该行业无法维持原有规模的再生产，甚至补偿不了当期生产成本，引起企业停工倒闭浪潮。

产业资本的循环运动天然具有空间属性。由于社会财富具有物质存在性，因而资本也内在地具有空间性。人类在特定时点上的活动都必须固定到空间上，资本的生产和运动也需要一定的空间结构。一方面，固定资本投资具有空间定位特性，“劳动资料固定在一个地点，把根牢牢扎在地里这个事实，使这部分固定资本在国民经济中具有一种独特的作用”（中共中央马克思恩格斯列宁斯大林著作编译局，2003：182）。使用价值一旦固定在空间上，就需要耗费时间来回收价值。另一方面，资本的增殖属性要求拓展交换和消费的空间领域，“不断扩大产品销路的需要，驱使资产阶级奔走于全球各地，它必须到处落户，到处开发，到处建立联系”（中共中央马克思恩格斯列宁斯大林著作编译局，1995a：276）。而且，资本追求价值增殖的本性决定了资本具有扩张性和流动性的特点（张梧，2017）。随着区域内资本不断进行广化式和深化式积累（Crotty，1993），劳动生产率提高将加速固定资本贬值，资本为追求更高的利润率，将废置旧的固定资本，流向新的地理空间，在特定地点形成新的建成环境。因此，资本积累必然导致资本的地理扩张，资本受到利润率的吸引，将不断在空间中运动（哈维，2017：604）。而产业资本的循环要在时间上持续进行，要求不同形态的资本在空间上按比例并存，空间上相互交错的资本循环进一步使得再生产过程具有社会性。

资本运动与劳动分工叠合的作用，构建了生产的空间布局，产生了空间经济分异。不论是劳动分工还是资本运动的普遍性要求，最初都是建立在自然空间的禀赋差异上

（付清松，2015），但是，“在资本处于支配地位的社会形式中，社会、历史所创造的因素占优势”（中共中央马克思恩格斯列宁斯大林著作编译局，1995b：49）。社会生产方式越发达，自然禀赋将越转化为这种生产方式的一个结构性要素。社会资本在众多个体资本之间形成的分工，以及资本与劳动的行业间专业化分工，是产生空间经济分异的两个重要原因（Smith，1990）。利润率高低是资本在不同行业间流进流出的直接动力，它在空间上表现出集中和分散两种运动趋势，即空间均衡趋势和空间分异趋势，不断影响区域内及区域间产业的发展。一方面，一般资本为获得较高的利润率将持续进行空间运动，推动利润率平均化，形成生产条件和生产力水平的空间平均化倾向，从而产生空间均衡趋势。另一方面，具体资本总是追求更高的超额利润，个体资本的竞争就是利用技术革新破坏空间均衡的基础，通过固定资本嵌入不同的地理空间，制造差异的生产条件和生产力水平，从而产生空间分异趋势。然而，资本不论是集中还是分散运动，都无法覆盖所有空间，都有时间的先后，都同样要以行业的固定资本投资的形式落实到地表上，从而形成新的绝对空间。因而，资本在不同产业间的集中与分散形成了绝对的空间经济分异。特定区域中的产业资本能否获得足额利润，能否顺利完成循环过程并获得增殖，成为影响区域繁荣与衰弱的关键所在。

要实现区域经济长期繁荣，就必须确保区域内资本积累持续进行，即确保产业资本的购买、生产和销售环节保持畅通。这需要区域内物质和社会两个层面条件的稳定与配合（哈维，2017：589）。然而在市场经济中，并不存在自觉保持社会资本再生产过程比例性的机制，市场的不稳定性为产业资本循环过程中断的出现提供了随机性（白暴力和方凤玲，2002）。生产和消费是历史范畴，人们的消费水平和结构会随着生产力的提高而不断变化升级，销售情况也会随着市场环境的变化而变化，因此区域内的生产活动也必须进行适应性调整，以与市场需求相匹配。但是，不同产业由于有机构成、生产方式、组织结构等方面的差异，调整的难度和速度也各不相同。某些行业能迅速调整生产，从市场中换回足够或更多的交换价值量，从而能够维持或扩大再生产，带动地区的繁荣发展；而某些行业则不能迅速做出反应，换回的交换价值量难以维持再生产，进而出现衰退情况。因此，进一步探讨产业的类型及特点尤为重要。

（三）产业的类型及特点

当前对产业类型的划分主要有两种方法。一是根据产品形态特点的国民经济行业分类方法，由此引申出三次产业划分。二是根据产品用途特点的两大部类划分方法，由此引申出轻重工业划分。这两种方法为我们进行产业划分提供了不同视角，优缺点也十分明显。以产品形态为特点的国民经济行业分类和三次产业划分方法具有较为完整的产业划分体系，能体现人类生产活动历史和产品特征，但缺乏对产业间联系的反映，难以用来指导经济的可持续发展；以产品用途为特点的两大部类划分和轻重工业划分方法能反映物质循环过程，能用以指导经济的可持续发展，但是缺乏完整的产业划分标准和体系（曹曼和叶文虎，2004）。为了更好地分析区域经济问题，需要对产业类别进行细致划分，同时又体现经济循环过程，需要将两种方法结合起来应用。本文以国民经济行业分类为基础，依据某行业不同的中间投入率和中间需求率，把行业划分为四个不同的产业类型（表 1）。中间投入率衡量生产过程中产品或服务转移的价值比例，中间投入率高，表明该行业的物耗程度高、附加值低。中间需求率衡量各行业产品或服务作为生产资料和消费资料的比例，如中间需求率越高，表明该行业提供的生产资料越多，对社会生产的直接支撑作用就越大。中间投入率系数可由公式（2）计算得到，中间需求率系数可由公式（3）计算得到。其中，a_{ij} 表示第 j 部门对第 i 部门的直接消耗系数，x_{ij} 表示第 j 部门对第 i 部门的直接消耗量。

表 1　产业类型划分象限

产业类型定位	中间需求率小（<50%）	中间需求率大（>50%）
中间投入率小（<50%）	最终需求型基础产业	中间产品型基础产业
中间投入率大（>50%）	最终需求型产业	中间产品型产业

$$\sum_{i=1}^{n} a_{ij},\ \ j=1,2,3,\cdots,n \tag{2}$$

$$D_i=\sum_{j=1}^{n}\frac{x_{ij}}{x_i},\ \ i=1,2,3,\cdots,n \tag{3}$$

处于不同象限的产业类型，其资本有机构成、生产方式和组织结构具有明显差异，面对市场的应变能力也不相同。第一，中间产品型（基础）产业偏向于重工业或生产资料的第Ⅰ部类，处于产业链中上游，资本有机构成较高（赵峰等，2017），固定资本投资数额较大，回报周期长，较不容易更新；最终需求型（基础）产业偏向于轻工业或生产消费资料的第Ⅱ部类，处于产业链中下游，资本有机构成较低，固定资本投资数额较小，回报周期短，更容易更新。第二，中间产品型（基础）产业多提供能源、原料、设备等大宗商品，更重视产品生产的稳定性和高效率，生产方式创新主要集中在生产率提高上；最终需求型（基础）产业的产品直接面向消费者，需时刻关注消费需求的变化，生产方式较为灵活，具有款式、外观、营销等多元化创新方式。第三，中间产品型（基础）产业多采用科层组织方式，确保人员稳定和上传下达，从而保证产品生产与供应的稳定性；最终需求型（基础）产业多采用水平结构的组织方式，基于消费者的个性化需求划分工作小组，并根据市场环境不断调整小组活动（奥斯特洛夫，2006）。由此可见，面对复杂的市场需求环境，中间产品型（基础）产业比最终需求型（基础）产业更具应变能力。因此要考察南北方的经济差距，就必须进一步考察南北方产业布局的特点。

二、南北产业布局的历史形成

中国南北产业布局受到国家一系列经济政策的形塑。新中国成立之后，共产党选择重工业优先发展战略，编制实施第一个五年计划，以苏联援助的“156 项”建设项目为中心，以限额以上 921 个大中型建设项目为重点，开启大规模工业化浪潮。至 1969 年，“156 项”建设项目全部建成投产，加上陆续投产的限额以上建设项目，中国逐步形成自主、完整的工业体系雏形（赵学军，2021）。在实际完成的150项中，有147个项目属于重工业，其中北方地区有128项，而南方地区只有22项（董志凯和吴江，2004）。“156项”建设项目中，有88项分布在当时的18个重点城市中，而18个重点城市有15个位于北方省份，有项目77个；只有3个重点城市位于南方省份，只有项目11个（何一民和周明长，2007）。在这些工业基地的基础上，北方地区形成了东北、华北、山西、郑洛汴（郑州、洛阳、开封）、陕西等5个工业区，南方地区形成了湖北、川南2个工业区。之后国家通过多个五年计划的实施，引导资源要素不断向工业区聚集，客观上进一步形塑和巩固了重工业多分布在北方地区的产业分布格局，同时抑制了轻工业的发展。

1978年改革开放吹响了调整国民经济的号角，国家开启重构工业化战略。一方面，着重调整轻、重工业比例，鼓励发展与民生相关的工业部门，发展引进食品、纺织、家电等消费品生产线，释放计划经济体制下被抑制的国民日常消费潜能；允许和鼓励各种新的工业主体的出现，个体经营户、乡镇企业、合资企业、外资企业不断涌现，在原有重工业区以外的区域特别是南方地区发展出许多轻工业生产基地（工业和信息化部工业文化发展中心和北京三达经济技术合作开发中心，2020）。另一方面，加快对外开放，充分利用沿海地区的有利条件，逐步设立一系列经济特区（5个全在南方省份）、沿海开放城市（9个在南方省份，5个在北方省份）、沿海经济开放区（先南后北），形成包括不同层次和功能的开放格局，吸引并指导外商投资进入民生领域，使外商投资符合我国产业调整的政策；主动融入世界市场，发挥邻近海外的区位优势，承接发达国家转移的劳动密集型产业，长三角、珠三角和闽三角地区大量接收海外订单，成为出口创汇的重点区域（汪海波和刘立峰，2017）。20世纪90年代，依托北方重工业完备的中间（基础）产品供应体系，南方地区消费品加工出口贸易数额不断增长，轻工业快速发展，至20世纪90年代末，中国初步形成了“北重南轻”（北方多重工业，南方多轻工业）的南北产业分工格局。由表2可知，北方地区重工业企业个数、资产数额和从业人员数量分别是轻工业的1.19倍、3.06倍和1.98倍，而南方地区这三项指标都比较小，分别是0.87、1.80和1.04。可见，北方地区重工业色彩十分浓厚，而南方地区轻工业更为发达。

表2 1999年和2007年南北方轻重工业对比

1999年			2007年		
企业单位个数/个			企业单位个数/个		
	北方	南方		北方	南方
重工业	34 189.00	50 362.00	重工业	70 953.00	119 203.00
轻工业	28 748.00	57 957.00	轻工业	41 882.00	104 730.00
重工业/轻工业	1.19	0.87	重工业/轻工业	1.69	1.14
资产合计/亿元			资产合计/亿元		
	北方	南方		北方	南方
重工业	44 847.05	48 470.71	重工业	123 275.54	141 684.30

续表

1999 年			2007 年		
轻工业	14 632.00	26 964.22	轻工业	27 505.96	60 571.56
重工业/轻工业	3.06	1.80	重工业/轻工业	4.48	2.34
从业人员年均人数/万人			从业人员年均人数/万人		
	北方	南方		北方	南方
重工业	1 639.12	1 516.91	重工业	1 991.45	2 603.68
轻工业	826.65	1 458.75	轻工业	940.04	2 340.03
重工业/轻工业	1.98	1.04	重工业/轻工业	2.12	1.11

注：数据来源于《中国工业经济统计年鉴》。如果将产业分为上游产业和下游产业，对南北方上下游产业进行比较后，发现也可以得到类似的结果

2000 年至 2007 年，“北重南轻”的产业分工格局在“出口积累体系”（Rolf，2021）下得到进一步强化。经过新中国成立前 30 年重工业的积淀和改革开放以来轻工业的发展，中国形成了行业类别齐全、上下游协调的强大供应能力。2001 年中国成功加入世界贸易组织，带来了世界各地源源不断的订单，南北方地区发挥各自比较优势，垂直分工互补，积极参与到出口型经济中，形成了出口积累体系。北方重工业资本和南方轻工业资本有效配合，快速完成购买、生产和销售阶段的循环过程，所生产商品的交换价值不断增大，各产业部门实现快速资本积累与扩大再生产，中国经济也在这个时期实现快速增长。由表 2 可知，至 2007 年，北方地区重工业企业个数、资产数额和从业人员数量分别是轻工业的 1.69 倍、4.48 倍和 2.12 倍，而南方地区这三项指标分别为 1.14 倍、2.34 倍和 1.11 倍。与 1999 年类似，北方地区这三项指标都比南方地区大，但是不论北方地区还是南方地区，2007 年这 3 项指标都比 1999 年显著增大，说明“北重南轻”的产业格局经过 8 年的发展得到了进一步强化。

三、南北差距扩大的动态进程及多层次原因

前述在完成对资本运动、产业类型、产业地理空间布局及其内在关系的阐述后，南北差距扩大的运动和成因才能被适当地叙述出来。2007 年尤其是 2012 年以来，中国南北方经济差距明显扩大。经济系统在时间和空间上具有连续性，南北经济系统出现特征性变化具有特定的机制和原因。本节在描述南北经济差距演进的基础上，按从一般到特殊再到具体的分析方法，系统研究南北差距扩大的一般原因、深层次原因和直接原因。

（一）南北差距扩大的动态进程

根据图 1 所示的 2000 年至 2020 年中国南北方地区生产总值和增长率情况，可以以 2007 年和 2012 年为界划分为三个阶段。

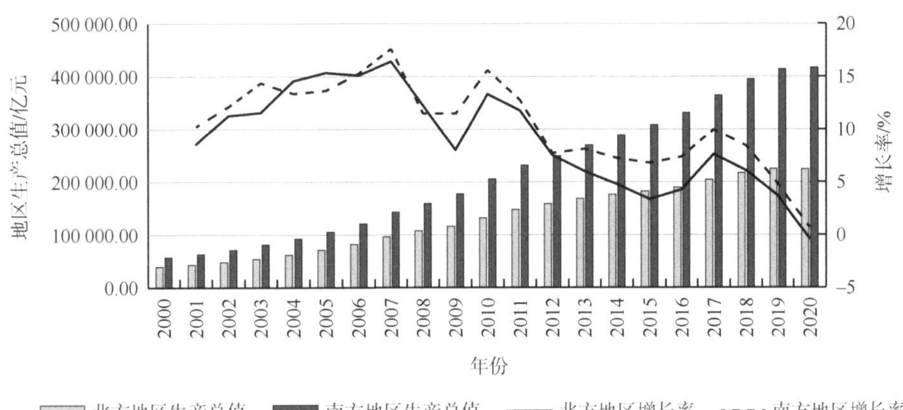

图 1　2000～2020 年南北方真实地区生产总值及增长率

2000 年至 2007 年，中国南北方经济呈现协调高速增长趋势。从地区生产总值来看，如图 1 所示，2000 年北方地区生产总值为 40 268.80 亿元，占全国比重为 41.03%，2007 年北方地区生产总值为 96 126.24 亿元，占全国比重为 40.22%，南北方地区生产总值快速增长，占比趋于稳定。从地区生产总值增长率来看，南北方均趋于上升，其中有 5 个年份南方地区快于北方，但总体上南北方呈现协调增长态势。从省份地区生产总值比重看，南北方均有省份地区生产总值占全国比重增加或减少，15 个北方省份中有 6 个省份地区生产总值占比上升，16 个南方省份中也有 6 个省份地区生产总值占比上升，比重变化较为均衡。从省份地区生产总值增长率看，全国地区生产总值增长率后 10 名的省份中，南北方各有 5 个，尚未出现明显的南北差距扩大现象。

2007 年至 2012 年，中国南北方经济差距开始扩大。从地区生产总值总额来看，如图 1 所示，北方地区生产总值占比由 40.22%下降到 38.90%，南北方经济增速波动下降且北方经济增速普遍低于南方。从省份地区生产总值比重看，15 个北方省份中有 5 个省份地区生产总值占比上升，16 个南方省份中有 12 个省份地区生产总值占比上升；地区生产总值比重上升超过 0.2%的省份，北方只有 1 个（陕西），南方有 8 个（江苏、安徽、福建、江西、湖北、湖南、重庆、四川），地区生产总值比重下降超过 0.2%的省份，北方有 6 个，南方有 3 个，可见南方省份的经济普遍表现更好。从省份地区生产总值增长率看，全国地区生产总值增长率后 10 名的省份中，北方由 5 个增加到 7 个。可见，南北经济发展差距开始扩大。

2012 年至 2020 年，中国南北方经济差距加速扩大。从地区生产总值总额来看，如图 1 所示，北方地区生产总值占比由 38.90%进一步下降至 34.94%，南北方经济增速趋于下降且北方经济增速均低于南方。从省份地区生产总值比重看，15 个北方省份中有 5 个省份地区生产总值占比上升，16 个南方省份中有 12 个省份地区生产总值占比上升；地区生产总值比重上升超过 0.2%的省份，北方没有，8 个全都集中在南方（安徽、福建、湖南、广东、重庆、四川、贵州、云南），地区生产总值比重下降超过 0.2%的省份，南方没有，7 个全都集中在北方，可见南方省份的经济普遍表现更好。从省份地区生产总值增长率看，全国地区生产总值增长率后 10 名的省份中，北方由 7 个增加到 9 个。可见，南北经济发展差距加速扩大。

由上述分析可知，中国南北方经济差距扩大现象是从 2007 年开始的。2000 年至 2007 年，中国南北方经济呈现协调高速增长趋势。随着 2007 年至 2012 年中国整体经济增速由 18%大幅波动下降至 8%，北方省份的经济增速下降幅度更大，南北差距明显扩大。2012 年后，中国整体经济增速进一步下降，北方多数省份经济增速持续大幅下滑，南方多数省份经济增速维持在中高位，南北经济发展差距持续扩大。经济系统在时间和空间上具有连续性，经济系统出现特征性变化需要有一定的动因和条件。那么，是什么因素导致南北经济协调发展的局面发生转变，使得出现南北差距扩大的情况并在时间上具有持续性？经过前文对理论范畴、历史发展和现实情况的阐释，我们可以从基本范畴的矛盾运动出发，加入空间和时间因素，多个层次探讨中国南北差距扩大的原因。

（二）南北差距扩大的多层次原因

2007 年以来的南北经济发展差距扩大具有多层次原因。如图 2 所示，南北经济发展差距扩大的一般原因是商品内部矛盾，商品的使用价值和价值的矛盾推动价值形态的演变和资本循环，产生了南北发展差距扩大的可能性。南北经济发展差距扩大的深层次原因是产业空间布局，资本运动的空间属性和区域产业的历史形塑形成了中国特定的南北产业分工格局，成为南北发展差距扩大的空间介质条件。南北经济发展差距扩大的直接原因是外需冲击，2007 年全球金融危机爆发导致的外需锐减直接冲击中国的出口积累体系，成为南北发展差距扩大的导火索。

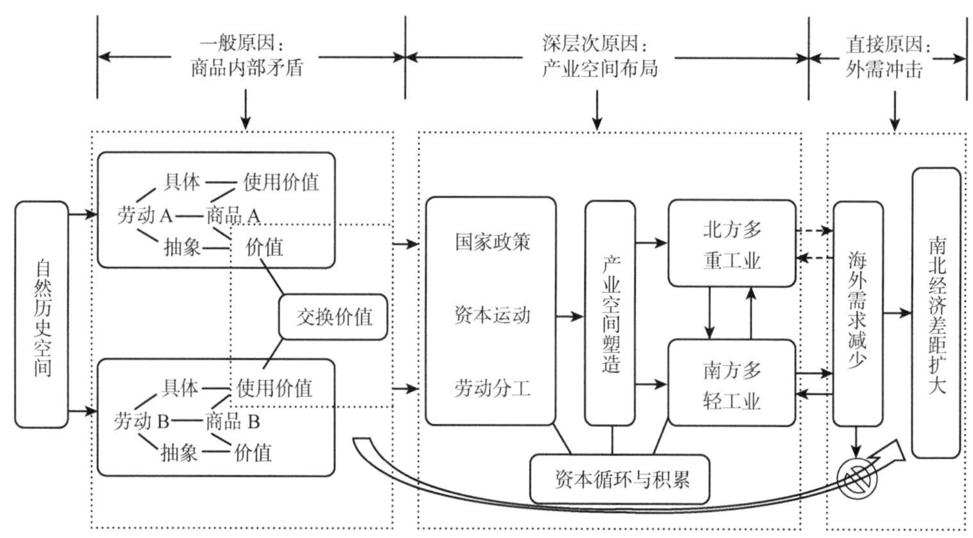

图 2　南北经济发展差距扩大的多层次原因理论框架

1. 南北差距扩大的一般原因：商品内部矛盾

价值形态的演变和资本循环产生了中国南北发展差距扩大的可能性。如图 2 所示，劳动分工最初是建立在地球表面具有差异的自然空间上，劳动的社会分工形成了劳动在地理上的分工。不同空间中劳动都是抽象劳动和具体劳动的统一，抽象劳动创造商品价值，具体劳动创造商品的使用价值。商品内部使用价值和价值不断进行矛盾运动，通过价值形式变化分离出充当等价物的货币。货币成为物与物交换的媒介，使得商品交换成为商品流通：W-G-W，从而打破了物物交换的时间和空间限制。一方面，买和卖的时空分离扩大了商品交换的范围。另一方面，货币的职能蕴含着使商品流通中断的可能性：一是货币的价值尺度和贮藏手段的职能，使得商品流通中供给和需求可能出现不平衡；二是货币的支付手段职能使得经济主体形成债权和债务关系，使得为偿还债务的商品流通具有时间约束性和强制性，一个经济主体违约可能引起连锁反应（Crotty，2017）。货币在为卖而买的流通中成为资本，资本只有不断从购买阶段进入到生产阶段，再到销售阶段，循环才能顺利完成。资本在不同阶段形成货币资本、生产资本和商品资本，资本循环运动要持续进行，就要求各种形式的资本在特定空间上按比例并存。随着社会发展和分工的细化，许多新的细分行业不断出现，行业之间要维持或扩大再生产，就要求所生产商品实现的交换价值量要达到一定的量。但是在市场经济中，并不存在交换价值自动足额实现的机制，社会不可能使各产业部门保持一定比例。市场机制本身也具有不稳定性，一方面，市场调节是事后调节，不能保持供求平衡；另一方面，人们的购买和销售行为受到对未来价格预期的影响，市场价格的不稳定可能导致资本循环运动受到影响。因此，价值形态的演变和资本循环产生了中国南北发展差距扩大的可能性。但是，假定过程发生是不能说明这个过程的。南方地区和北方地区是特定的区域空间，为什么 2007 年以来区域经济差距扩大现象没有在其他区域空间如沿海—内陆、东部—中部—西部凸显？这就需要纳入南北方特定的产业空间布局加以考虑。

2. 南北差距扩大的深层次原因：产业空间布局

特定历史条件下形塑的中国“北重南轻”的产业空间布局是南北发展差距扩大的空间介质条件。资本运动和劳动分工天然具有空间属性，随着社会分工的细化，各区域空间不断发展出新的行业。新中国成立以来，受到国家政策、资本运动和劳动分工等多种力量的历史形塑，逐步形成“北重南轻”的产业分工格局，并在出口积累体系中得到进一步强化。面对市场的不稳定性，首先受到冲击的是处于中下游的轻工业部门，南方地区轻工业部门的资本循环受到影响，并经由产业链传导到北方重工业部门，导致北方地区基础工业产品积压，价格下降，旧的发展和积累模式难以持续。而且从动态空间演变视角看，资本循环中聚集与分散、固定与移动、地区利益与全球利益等存在着某些难以调和的矛盾。南方地区逐步发展起来的综合性工业园区和区域性国际贸易中心成为全国各地参与经济全球化分工、资源分享与配置的高地和枢纽。南方地区相比北方地区更靠近海外原料、基础工业品产地，通过海运能以更低的价格获取优质基础工业要素，形成了对北方上游工业品的竞争和替代。南北方地区的产业在某种程度上由相互补充关系转变为相互竞争关系。北方重工业部门由于资本有机构成较高、创新方式专注于“效率式”提高、科层制组织架构等因素，不能快速根据市场变动调整生产，畅通资本循环，导致该地区资本积累进程减速甚至中断，在宏观上表现为北方经济发展速度下滑。南方地区轻工业能较为灵活调整生产资料，具有多元化的创新角度，多采用水平结构的组织方式，能根据市场快速做出调整，重新畅通资本循环，从而推动区域资本持续积累，保持南方地区经济较快发展。因此，资本运动的空间属性和区域产业的历史形塑形成了中国特定的南北产业分工格局，成为南北发展差距扩大的深层次原因。

3. 南北差距扩大的直接原因：外需冲击

2007 年全球金融危机爆发导致的外需锐减直接冲击中国的出口积累体系，成为南北发展差距扩大的导火索。金融危机重创世界经济，导致世界市场大幅萎缩，为了保护本国经济，欧美国家纷纷采取“本国优先”策略，贸易保护主义抬头。海外市场萎缩严重冲击了中国“两头在外，大进大出”的出口积累体系，来自海外的产品订单大幅减少，南方轻工业产品销售停滞，库存积压，南方地区产业资本循环遭遇困难，如图 1 所示，南方的真实地区生产总值增长率由 2007 年的 17.59%骤降至 2008 年的 11.50%。外需冲击经由南方下游轻工业传导到北方上游重工业，导致北方重工业产品积压，价格下降，商品资本无法转变成货币资本，北方的真实地区生产总值增长率由 2007 年的 16.41%骤降至 2008 年的 12.24%，2009 年进一步下降至 8.02%。为应对全球金融危机带来的外需冲击，一方面，南方消费型（基础）产业纷纷寻求拓展国内市场，以应对海外需求疲软；另一方面，从 2008 年底至 2010 年，国家陆续出台一揽子投资计划以扩大内需（俗称 4 万亿计划）。2010 年和 2011 年，南北方地区生产总值增长率均短暂回升到 11%以上，但 2012 年又迅速下滑到 8%以下，说明产业结构由外需结构型转向内需结构型尚未成功，南北方经济进入深度调整期。在 2007 年至 2012 年期间，南方地区除了在刚受到国际金融危机冲击的 2008 年之外，其他年份的增长率均高于北方地区，南北经济差距开始扩大。这是因为南方消费型（基础）产业相比北方中间产品型（基础）产业更能灵活做出调整，以应对市场需求的变化。外需转内需的最大困难就是原有生产体系与国内市场需求不相匹配的问题，出口积累体系下的大规模标准化生产模式无法满足国内市场标准化需求与个性化需求并存的多层次动态需求结构（谢富胜等，2019），导致 2012 年以后经济进入增长速度换档期、结构调整阵痛期和前期刺激政策消化期“三期叠加”阶段。正是由于南北方地区产业特性及应变能力不同，2012 年至 2020 年，南方地区的地区生产总值增长率在所有年份均高于北方地区，导致南北经济差距加速扩大。

四、南北差距扩大的实证分析

针对南北差距扩大的多层次原因构建相应的实证分析策略。首先，基于交换价值量模型，考察不同类型部门交换价值量的变化趋势。其次，聚焦北方地区经济下滑最大的 7 个省份，测量其 15 个优势产业，并对这些产业的类型进行定位。最后，进一步测算这些优势产业的后向及前向关联产业，考察需求冲击的产业传导特征。实证结果有力印证了上述的多层次原因分析。

（一）不同产业部门交换价值量差异与变动

商品要使自身价值由商品体跳到货币上，就必须完成“惊险的跳跃”。在市场经济中，社会产品的分配经由市场中的交换而实现。交换价值既是价值的转化形式，又是价格的直接基础。某行业要维持或扩大再生产规模，所生产商品实现的交换价值量要达到一定的值，才能够补偿成本、维持或扩大再生产及其他非必要生活消费。如果某行业商品实现的交换价值量低于正常水平，就可能导致该行业无法维持原有规模的再生产，甚至补偿不了当期生产成本，引起企业停工倒闭浪潮。在市场收缩时期，企业间将进行激烈的竞争，以争夺各自在市场上的份额，“这个份额同产品的便宜程度成正比”（马克思，2004：522）。利用前述交换价值量公式考察不同产业部门变动情况，加入代表行业部门的下标 i，可得行业交换价值量公式：

$$W_i^{\mathrm{T}} = C_i + \eta\sum S_{i1} + \Delta\eta(\sum K_i + \sum S_{i1}) + \mu\sum S_{i2} \tag{4}$$

考察生产资料部门和生活资料部门的出厂价格指数变化情况。由图 3 可知，总体上可以看出，生产资料工业生产者出厂价格指数曲线的形状与图 1 中北方地区生产总值增长率曲线的形状相似，生活资料工业生产者出厂价格指数曲线的形状与南方地区生产总值增长率曲线的形状相似，说明部门价格指标能基本反映中国区域经济情况。分具体时段看，全球金融危机爆发后，由于海外订单的延时性，2008 年生产资料和生活资料部门出厂价格仍呈现上升趋势，但是处于下游的生活资料部门首先受到影响，出厂价格增幅明显低于生产资料部门。2009 年，受到外需冲击的影响，两类工业部门出厂价格指数均大幅下降至 100 以下，需求冲击经由产业链传导至上游生产资料部门，导致生产资料部门出厂价格指数骤降至 93.3。后来经过生活资料部门企业寻求拓展国内市场，国家出台一系列措施重点支持生产资料部门，2010 年和 2011 年两类部门的出厂价格指数均有显著回升。但国内工业部门始终面临大规模标准化生产体系与多层次动态需求的矛盾。2012 年之后，

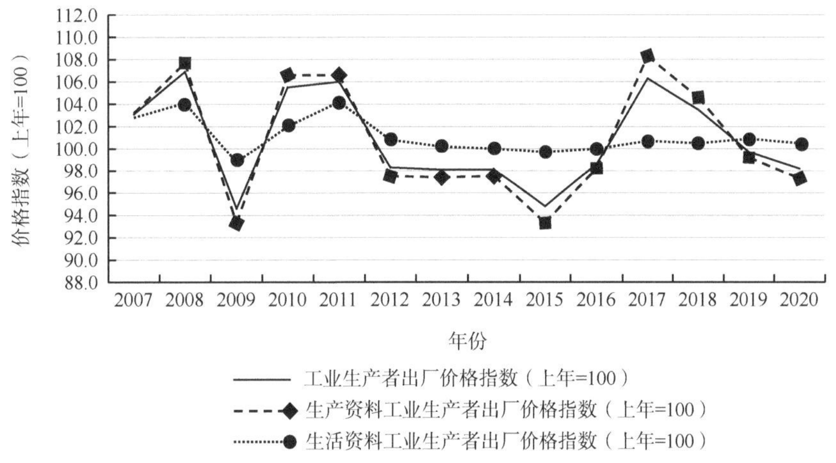

图 3　2007～2020 年生产资料和生活资料工业生产者出厂价格指数

由于不同类型生产部门的特性和应变能力不同，生活资料部门的出厂价格指数基本维持在 100，即同上一年相当的水平；而生产资料部门的出厂价格指数呈现波动状态，2012 年至 2016 年生产资料部门的出厂价格指数均低于 100，价格连续多年走低，生产资料部门产品不能换回足额的价值量，导致资本循环不畅，产品滞销，一批生产资料部门企业倒闭或成为僵尸企业（施佰发和陈伟雄，2018），这一时期也是南北差距扩大最快的时期。2015 年后，国家提出供给侧结构性改革，以提高供给结构对需求变化的适应性和灵活性。2017 年和 2018 年，生产资料部门的出厂价格指数回升，但 2019 年又降至 100 以下。

可见，不同部门交换价值量的变化趋势，与南北方地区经济增速的变化情况基本吻合。这印证了交换价值量作为资本循环运动关键指标的正确性，以及前文商品内部矛盾和南北差距扩大一般原因的论述。但是，北方不同区域的轻重工业比重是不同的，北方地区经济增速下滑最明显的省份，是否就是重工业占主导的省份？这就需要对北方地区分省份、分产业进行考察。

（二）北方地区优势产业定位

对 2013 年至 2020 年地区生产总值增速最慢的后 7 个省区市进行考察。首先设置指标衡量出这些省区市的优势产业，其次对这些优势产业的类型进行定位，考察这些省区市的优势产业是否都集中在上游重工业部门。数据来源于国家统计局编制的 42 部门中国投入产出表（2018 年）和各省份投入产出表（2017 年）。借鉴王德利和方创琳（2010）的做法，分别测算黑龙江、吉林、辽宁、天津、山西、河北、内蒙古的优势产业。在这 7 个省区市的优势产业中，建筑业，批发和零售业，信息传输、软件和信息技术服务业是 7 个省区市都共同拥有的优势产业。农林牧渔产品和服务业、化学产品业是 6 个地区共同拥有的优势产业。水的生产和供应业、金属冶炼和压延加工品业是 5 个地区共同拥有的优势产业。石油和天然气开采产品业，金属制品、机械和设备修理服务业，交通运输设备业是 3 个地区共同拥有的优势产业。食品和烟草业，交通运输、仓储和邮政业，居民服务、修理和其他服务业，石油、炼焦产品和核燃料加工品业，煤炭采选产品业是 2 个地区共同拥有的优势产业。选择上述至少有 2 个地区共同拥有的优势产业（共 15 个），对其进行产业类型定位，根据式（2）和式（3）以及表 1 的标准得到表 3。

表 3　北方 7 个省区市优势产业类型定位

项目	建筑	批发和零售	信息传输、软件和信息技术服务	农林牧渔产品和服务	化学产品
中间投入率/%	34.48	54.61	43.60	38.67	76.48
中间需求率/%	66.98	78.89	75.13	74.90	95.55
产业类型	中间产品型基础产业	中间产品型产业	中间产品型基础产业	中间产品型基础产业	中间产品型产业
项目	水的生产和供应	金属冶炼和压延加工品	石油和天然气开采产品	金属制品、机械和设备修理服务	交通运输设备
中间投入率/%	75.70	75.96	30.36	68.37	78.94

续表

项目	水的生产和供应	金属冶炼和压延加工品	石油和天然气开采产品	金属制品、机械和设备修理服务	交通运输设备
中间需求率/%	5.17	102.68	231.64	90.81	50.30
产业类型	最终需求型产业	中间产品型产业	中间产品型基础产业	中间产品型产业	中间产品型产业
项目	食品和烟草	交通运输、仓储和邮政	居民服务、修理和其他服务	石油、炼焦产品和核燃料加工品	煤炭采选产品
中间投入率/%	76.39	64.54	47.27	75.74	48.59
中间需求率/%	53.77	63.06	47.90	91.54	106.77
产业类型	中间产品型产业	中间产品型产业	最终需求型基础产业	中间产品型产业	中间产品型基础产业

根据表 3 和图 4 可知，北方 7 个省区市的 15 个优势产业中，属于中间产品型产业的有 8 种，分别是：批发和零售业，化学产品业，金属冶炼和压延加工品业，金属制品、机械和设备修理服务业，交通运输设备业，食品和烟草业，交通运输、仓储和邮政业，石油、炼焦产品和核燃料加工品业。属于中间产品型基础产业的有 5 种，分别是：建筑业，信息传输、软件和信息技术服务业，农林牧渔产品和服务业，石油和天然气开采产品业，煤炭采选产品业。属于最终需求型产业和最终需求型基础产业的各只有 1 种，分别是：水的生产和供应业，居民服务、修理和其他服务业。可见，北方经济增速最慢的 7 个省区市的优势产业集中在中上游的中间产品型（基础）产业，有力印证了"北重南轻"产业分工布局和南北差异扩大深层次原因的论述。但是，当这些优势产业在遭遇需求冲击时，会产生怎样的传导途径和特征？为了回答这个问题，需要进一步对这些优势产业的产业关联进行分析。

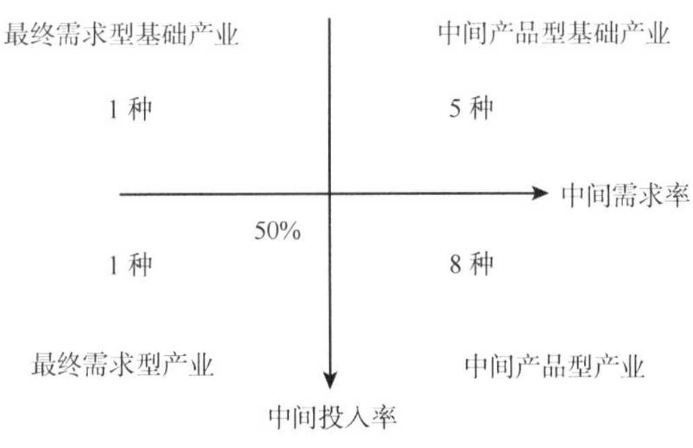

图 4　产业类型定位象限图

（三）北方地区优势产业关联度

产业的关联情况可分为后向关联和前向关联两种。某个产业的后向关联产业属于该产业的上游产业，某个产业的前向关联产业属于该产业的下游产业。当该产业遭遇需求冲击时，受到影响最大的产业是与该产业联系最密切的产业，下面考察北方地区 15 个优势产业的后向和前向关联产业。

1. 产业后向关联度

产业后向关联系数是指某产业和向本产业提供产品或服务的产业的经济技术联系的密切程度。行业的后向关联度可以采用完全消耗系数进行分析。完全消耗系数衡量某部门对为其提供要素的部门的直接和间接需求程度。完全消耗系数可通过下面公式计算得到。

$$a_{ij} = \frac{x_{ij}}{X_j}(i, j = 1, 2, 3, \cdots, n) \tag{5}$$

$$B = (I - A)^{-1} - I \tag{6}$$

根据完全消耗系数计算得到北方地区15个优势产业的后向关联产业。如表4所示，可以发现两个特点。一是后向关联产业具有鲜明的重工业色彩。这15个优势产业后向关联密切度前5名的产业很大比例也是中间产品型（基础）产业。二是这些优势产业具有较强的自我后向关联性。15个优势产业中，后向关联密切度前5名的产业中包含自身产业的有8个优势产业，分别是：建筑业，农林牧渔产品和服务业，化学产品业，金属冶炼和压延加工品业，金属制品、机械和设备修理服务业，食品和烟草业，石油、炼焦产品和核燃料加工品业，煤炭采选产品业。说明这些产业同时较多依赖本产业提供的中间品。

表4　北方15个优势产业后向关联密切度前5名产业

标号	优势产业	后向关联密切度前5名产业
1	建筑	交通运输设备，建筑，通信设备、计算机和其他电子设备，交通运输、仓储和邮政，信息传输、软件和信息技术服务
2	批发和零售	农林牧渔产品和服务，食品和烟草，信息传输、软件和信息技术服务，化学产品，建筑
3	信息传输、软件和信息技术服务	交通运输设备，通信设备、计算机和其他电子设备，交通运输、仓储和邮政，住宿和餐饮，房地产
4	农林牧渔产品和服务	农林牧渔产品和服务，信息传输、软件和信息技术服务，食品和烟草，建筑，化学产品
5	化学产品	信息传输、软件和信息技术服务，建筑，化学产品，金属制品、机械和设备修理服务，石油、炼焦产品和核燃料加工品
6	水的生产和供应	金属冶炼和压延加工品，非金属矿物制品，信息传输、软件和信息技术服务，化学产品，建筑
7	金属冶炼和压延加工品	金属冶炼和压延加工品，金属矿采选产品，金属制品、机械和设备修理服务，石油、炼焦产品和核燃料加工品，信息传输、软件和信息技术服务
8	石油和天然气开采产品	非金属矿和其他矿采选产品，信息传输、软件和信息技术服务，金属制品、机械和设备修理服务，通信设备、计算机和其他电子设备，金属冶炼和压延加工品
9	金属制品、机械和设备修理服务	金属制品、机械和设备修理服务，煤炭采选产品，电气机械和器材，通信设备、计算机和其他电子设备，金属冶炼和压延加工品
10	交通运输设备	批发和零售，金属冶炼和压延加工品，信息传输、软件和信息技术服务，化学产品，建筑

续表

标号	优势产业	后向关联密切度前5名产业
11	食品和烟草	农林牧渔产品和服务，食品和烟草，信息传输、软件和信息技术服务，化学产品，建筑
12	交通运输、仓储和邮政	食品和烟草，农林牧渔产品和服务，化学产品，信息传输、软件和信息技术服务，建筑
13	居民服务、修理和其他服务	信息传输、软件和信息技术服务，交通运输、仓储和邮政，造纸印刷和文教体育用品，批发和零售，建筑
14	石油、炼焦产品和核燃料加工品	石油和天然气开采产品，信息传输、软件和信息技术服务，煤炭采选产品，石油、炼焦产品和核燃料加工品，金属制品、机械和设备修理服务
15	煤炭采选产品	煤炭采选产品，通信设备、计算机和其他电子设备，金属冶炼和压延加工品，金属制品、机械和设备修理服务，信息传输、软件和信息技术服务

2. 产业前向关联度

产业前向关联度是指某产业和需求本产业产品或服务的产业的经济技术联系的密切程度。行业的前向关联度可以采用完全分配系数进行分析。完全分配系数衡量产品或服务的完全去向，包括产品或服务的直接去向和间接去向。完全分配系数可通过下面公式计算得到。

$$r_{ij} = \frac{x_{ij}}{X_i}(i, j = 1, 2, 3, \cdots, n) \tag{7}$$

$$H = (I - R)^{-1} - I \tag{8}$$

根据完全分配系数计算得到北方地区15个优势产业前向关联产业。如表5所示，与后向关联相似，15个优势产业前向关联产业也具有类似的两个特点。一是前向关联产业具有鲜明的重工业色彩。这15个优势产业前向关联密切度前5名的产业很大比例也是中间产品型（基础）产业。二是这些优势产业具有较强的前向自我关联性。15个优势产业中，前向关联密切度前5名的产业中包含自身产业的有11个优势产业，分别是：批发和零售业，信息传输、软件和信息技术服务业，农林牧渔产品和服务业，化学产品业，金属冶炼和压延加工品业，石油和天然气开采产品业，金属制品、机械和设备修理服务业，交通运输设备业，食品和烟草业，石油、炼焦产品和核燃料加工品业，煤炭采选产品业。说明这些产业同时为本产业提供较多的中间品。

表5 北方15个优势产业前向关联密切度前5名产业

标号	优势产业	前向关联密切度前5名产业
1	建筑	房地产，石油和天然气开采产品，金融，批发和零售，信息传输、软件和信息技术服务
2	批发和零售	石油和天然气开采产品，电力、热力的生产和供应，石油、炼焦产品和核燃料加工品，批发和零售，废品废料
3	信息传输、软件和信息技术服务	房地产，造纸印刷和文教体育用品，金融，信息传输、软件和信息技术服务，交通运输、仓储和邮政
4	农林牧渔产品和服务	农林牧渔产品和服务，石油和天然气开采产品，食品和烟草，化学产品，石油、炼焦产品和核燃料加工品

续表

标号	优势产业	前向关联密切度前 5 名产业
5	化学产品	石油和天然气开采产品，化学产品，煤炭采选产品，石油、炼焦产品和核燃料加工品，非金属矿和其他矿采选产品
6	水的生产和供应	金属矿采选产品，石油和天然气开采产品，非金属矿物制品，非金属矿和其他矿采选产品，科学研究和技术服务
7	金属冶炼和压延加工品	金属矿采选产品，其他制造产品，石油和天然气开采产品，金属冶炼和压延加工品，煤炭采选产品
8	石油和天然气开采产品	非金属矿和其他矿采选产品，石油和天然气开采产品，仪器仪表，金属制品、机械和设备修理服务，专用设备
9	金属制品、机械和设备修理服务	煤炭采选产品，金属制品、机械和设备修理服务，仪器仪表，石油和天然气开采产品，废品废料
10	交通运输设备	交通运输设备，金属矿采选产品，石油和天然气开采产品，金属冶炼和压延加工品，通用设备
11	食品和烟草	农林牧渔产品和服务，食品和烟草，信息传输、软件和信息技术服务，化学产品，建筑
12	交通运输、仓储和邮政	食品和烟草，农林牧渔产品和服务，电力、热力的生产和供应，石油和天然气开采产品，燃气生产和供应
13	居民服务、修理和其他服务	石油和天然气开采产品，金融，电力、热力的生产和供应，其他制造产品，通信设备、计算机和其他电子设备
14	石油、炼焦产品和核燃料加工品	石油和天然气开采产品，非金属矿和其他矿采选产品，煤炭采选产品，石油、炼焦产品和核燃料加工品，金属制品、机械和设备修理服务
15	煤炭采选产品	煤炭采选产品，金属矿采选产品，石油和天然气开采产品，金属制品、机械和设备修理服务，木材加工品和家具

因此，当北方优势产业受到外需冲击时，由于这些优势产业的后向和前向关联产业也具有鲜明的重工业色彩，所以这些优势产业会将冲击首先传导到同是中间产品型（基础）产业，导致价值实现危机在相似类型的产业间弥散开来，造成区域经济整体性下滑。同时这些产业具有高度的自我后向和前向关联，会导致相同产业内处于相对上游或下游的企业受到影响，造成产业整体陷入困境。优势产业后向和前向关联的两个特点决定了 2007 年全球金融危机对北方经济下滑影响的广度和深度，反映了外需冲击对北方产业的大范围持久性影响。

五、结论及政策建议

本文构建南北差距多层次统一的理论和实证分析框架。首先，从商品的内部矛盾出发，考察商品流通中价值的实现问题，分析资本运动和劳动分工形成不同类型的产业及其特点。其次，从较长的历史角度考察中国南北方产业布局形成的自然和人为因素。再次，具体分析 2007 年以来国内外宏观经济环境的变化及其对南北经济增速的影响。最后，进行实证分析，构建交换价值模型，测量特定区域的优势产业及其产业类型，考察外部经济条件变化对北方优势产业冲击的传导途径和特征。研究发现：南北经济发展差距扩大的一般原因是商品内部的矛盾，商品的使用价值和价值的矛盾推动价值形态的演变和资本循环，产生了南北发展差距扩大的可能性。南北经济发展差距扩大的深层次原因是产业的空间布局，资本运动的空间属性和区域产业的历史形塑形成了中国特定的南北产业分工格局，成为南北发展差距扩大的空间介质条件。南北经济发展差距扩大的直接原因是国外需求的冲击，2007 年全球金融危机爆发导致的外需锐减直接冲击中国的出口积累体系，成为南北发展差距扩大的导火索。实证结果有力印证了上述的多层次原因分析。首先，2007 年至 2020 年不同部门交换价值量的变化趋势与南北方地区经济增速的变化情况基本吻合，印证了交换价值量作为资本循环运动关键指标的正确性，以及商品内部矛盾和南北差距扩大一般原因的论述。其次，聚焦北方地区经济下滑最大的 7 个省区市，找出其 15 个优势产业，发现这些优势产业集中在中上游的中间产品型（基础）产业，有力印证了“北重南轻”产业分工布局和南北差异扩大深层次原因的论述。最后，北方 15 个优势产业的后向和前向关联产业均具有两个特点：一是后向和前向关联产业具有鲜明的重工业色彩，二是这些优势产业具有较强的后向和前向自我关联性。这两个特点决定了全球金融危机对北方经济下滑影响的广度和深度，反映了外需冲击对北方产业的大范围持久性影响。文章为研究南北差距扩大的原因和实证策略提供一个思路，在具体的指标选取与计算，不同类型产业的应变能力等方面还需要进一步探讨。

基于上述结论，可以得出如下政策建议：第一，要持续推进供给侧结构性改革。当前南北差距扩大的症结在于北方地区中间产品型（基础）产业的生产体系难以满足国内市场标准化需求与个性化需求并存的多层次动态需求结构，要巩固“三去一降一补”（去产能、去库存、去杠杆、降成本、补短板）成果，继续出清更多产能过剩行业，淘汰低效率、低质量、高能耗的企业，支持北方重工业企业投资升级生产资料，瞄准突破关键技术，进行个性化、多样化创新，优化生产组织结构，扩大中高端供给。以扩大内需为基点消化过剩产能，可以以乡村振兴战略为依托，在核心城市群周围长期投资乡村建成环境，重点建设地下网管设施，将过剩产能投入农村供水、排水、燃气、电力、通信等建设中，畅通城乡供给需求连接通道。继续推进减税降费政策，规范各类涉企收费，降低企业负担。第二，要进一步优化国内产业分工布局。根据南北地区的经济社会及历史条件，充分发挥各地比较优势和已有的建设成果，走优化产业结构、合理化分工的道路。遵循产业发展及区位选择规律，调整完善区域产业政策体系，重视发挥各地的动态比较优势，可以以 19 个国家级城市群为基本依托，将其作为资金筹集、人才聚集、科技研发的中心，在全国整体协调统筹规划的前提下，合理打造城市群内部全产业链条，引导单一结构城市向综合性城市发展，构建主体功能区内企业有序协作、共同发展的产业分工布局。第三，要着力构建国内国际双循环相互促进的新发展格局。积极用好国际国内两个市场、两种资源，积极扩大内需、稳定外需，充分利用国内国际技术、人才、管理等各方面资源，用以提升南北方轻重工业产业体系。坚持扩大内需，加快建设国内统一大市场，加强交通基础设施、商贸物流基础设施和数字信息基础设施建设，构建高效、顺畅的流通体系，发展服务消费，培育智慧零售、智慧旅游等新业态，促进重点领域消费加快恢复，培育壮大完整的内需体系，消化过剩产能。深化高水平对外开放，推进自由贸易试验区、自由贸易港建设，充分发挥对外开放前沿高地的作用，推动共建“一带一路”高质量发展，加强与共建“一带一路”国家的产能合作，推进中欧班列稳定畅通运行，支持跨境电商、海外仓等发展，拓展海外市场，畅通国内国际生产、分配、流通、消费各个环节，最终推进南北区域经济协调发展。

参 考 文 献

安虎森，周江涛. 2021. 影响我国南北经济差距的主要因素分析[J]. 经济纵横，（7）：28-38.
奥斯特洛夫 F. 2006. 水平组织：一种简约有效、最具竞争力的组织模式[M]. 陶宇辰，译. 海口：南方出版社，三环出版社.
白暴力. 2005. 交换价值与自然价格[J]. 当代经济研究，（3）：3-7，72.
白暴力，方凤玲. 2002. 资本主义经济与社会主义市场经济中有效需求不足的原因与特点[J]. 思想理论教育导刊，（1）：12-16，43.
白瑞雪，白暴力. 2012. 马克思经济理论研究[M]. 北京：经济科学出版社.
曹曼，叶文虎. 2004. 产业体系划分的理论探讨[J]. 经济学动态，（6）：20-23.
邓忠奇，高廷帆，朱峰. 2020. 地区差距与供给侧结构性改革：“三期叠加”下的内生增长[J]. 经济研究，55（10）：22-37.
董志凯，吴江. 2004. 新中国工业的奠基石：156 项建设研究[M]. 广州：广东经济出版社.
付清松. 2015. 不平衡发展：从马克思到尼尔·史密斯[M]. 北京：人民出版社.
工业和信息化部工业文化发展中心，北京三达经济技术合作开发中心. 2020. 中国工业掠影[M]. 北京：中国三峡出版社.
哈维 D. 2017. 资本的限度[M]. 张寅，译. 北京：中信出版社.
何一民，周明长. 2007. 156项工程与新中国工业城市发展（1949—1957年）[J]. 当代中国史研究，（2）：70-77，127.
侯永志，何建武，贾珅. 2021. 缩小中国南北差距须加速改革开放创新[J]. 中国经济报告，（3）：105-108.
黄少安，王维，白彩全. 2023. 非正式制度与中国南北经济差距：基于儒家文化的解释[J]. 学术月刊，55（3）：45-57.
李培林. 2022. 理解与应对：我国新发展阶段的南北差距[J]. 社会发展研究，9（1）：1-13，242.
李善同，何建武，唐泽地. 2019. 从价值链分工看中国经济发展南北差距的扩大[J]. 中国经济报告，（2）：16-21.
马克思. 2004. 资本论（第一卷）[M]. 2 版. 中共中央马克思恩格斯列宁斯大林著作编译局，译. 北京：人民出版社.
盛来运，郑鑫，周平，等. 2018. 我国经济发展南北差距扩大的原因分析[J]. 管理世界，34（9）：16-24.
施佰发，陈伟雄. 2018. 僵尸企业的形成逻辑与治理对策：基于中国特色社会主义政治经济学的视角[J]. 改革与战略，34（12）：13-21.
汪海波，刘立峰. 2017. 新中国工业经济史[M]. 3 版. 北京：经济管理出版社.
王德利，方创琳. 2010. 中国跨区域产业分工与联动特征[J]. 地理研究，29（8）：1392-1406.
习近平. 2020. 习近平谈治国理政（第三卷）[M].北京：外文出版社.
夏成，潘彪，黄征学，等. 2021. 南北协调发展现状、趋势及风险防范[J]. 区域经济评论，（6）：40-49.
肖金成，沈体雁，左万水. 2022. 中国经济南北差距扩大的原因与趋势分析：中国区域经济 50 人论坛第二十次专题研讨会综述[J]. 经济与管理，36（1）：40-47.
谢富胜，高岭，谢佩瑜. 2019. 全球生产网络视角的供给侧结构性改革：基于政治经济学的理论逻辑和经验证据[J]. 管理世界，35（11）：89-101，118.
谢富胜，黄盛. 2015. 全球生产网络的政治经济学分析[J]. 教学与研究，（8）：49-58.
谢富胜，匡晓璐. 2022. 以问题为导向构建新发展格局[J]. 中国社会科学，（6）：161-180，208.

许宪春，雷泽坤，窦园园，等. 2021. 中国南北平衡发展差距研究：基于“中国平衡发展指数”的综合分析[J]. 中国工业经济，（2）：5-22.
杨多贵，刘开迪，周志田. 2018. 我国南北地区经济发展差距及演变分析[J]. 中国科学院院刊，33（10）：1083-1092.
杨明洪，黄平. 2020. 南北差距中的结构效应及空间差异性测度[J]. 经济问题探索，（5）：1-13.
张梧. 2017. 资本空间化与空间资本化[J]. 中国人民大学学报，31（1）：62-70.
赵峰，赵翌辰，李帮喜. 2017. 马克思两大部类模型与中国经济的宏观结构：一个经验研究[J]. 中国人民大学学报，31（2）：73-81.
赵学军. 2021. “156 项”建设项目对中国工业化的历史贡献[J]. 中国经济史研究，（4）：26-37.
郑艳婷，杨慧丹，孟大虎. 2021. 我国南北经济增速差距扩大的机理分析[J]. 经济纵横，（3）：100-106.
中共中央马克思恩格斯列宁斯大林著作编译局. 1995a. 马克思恩格斯全集（第一卷）[M]. 2 版. 中共中央马克思恩格斯列宁斯大林著作编译局，译. 北京：人民出版社.
中共中央马克思恩格斯列宁斯大林著作编译局. 1995b. 马克思恩格斯全集（第三十卷）[M]. 2 版. 中共中央马克思恩格斯列宁斯大林著作编译局，译. 北京：人民出版社.
中共中央马克思恩格斯列宁斯大林著作编译局. 2003. 马克思恩格斯全集（第四十五卷）[M]. 中共中央马克思恩格斯列宁斯大林著作编译局，译. 北京：人民出版社.
Basu D. 2014. Comparative growth dynamics in a discrete-time Marxian circuit of capital model[J]. Review of Radical Political Economics，46（2）：162-183.
Crotty J R. 1993. Rethinking Marxian investment theory：Keynes-Minsky instability，competitive regime shifts and coerced investment[J]. Review of Radical Political Economics，25（1）：1-26.
Crotty J R. 2017. Capitalism，Macroeconomics and Reality：Understanding Globalization，Financialization，Competition and Crisis[M]. Cheltenham：Edward Elgar Publishing.
Lapavitsas C. 2000. Money and the analysis of capitalism：the significance of commodity money[J]. Review of Radical Political Economics，32（4）：631-656.
Rolf S. 2021. China's Uneven and Combined Development[M]. New York：Springer International Publishing.
Smith N. 1990. Uneven Development：Nature Capital and the Production of Space[M]. Oxford：Basil Blackwell Publishe.

演化经济学视野下的行业史：对中国矿山机械工业的分析

严　鹏

摘要：演化经济学对于行业史的研究是一种具有优势的工具，但运用于后发展国家行业史的研究尚不多见。本文拟以演化经济学为视角分析中国矿山机械工业的历史。中国的矿山机械工业是新中国成立后利用计划经济手段创造的产业，诞生之初缺乏比较优势，但经过长期积累，能够初步实现进口替代并满足中国的能源开发需求。改革开放后，矿山机械工业受市场经济支配，波动起伏明显，但依托强劲的需求实现了发展。1949年以来中国矿山机械工业的历史是一个连续的演化过程，环境与制度因素对产业发展施加了不同影响，产业则进行了从无到有式的创新。中国矿山机械工业的历史表明，新中国的工业发展是一个企业长期积累能力的演化过程，市场因素与非市场因素均起到了不可或缺的积极作用。

关键词：演化经济学　行业史　工业创新　重大技术装备　156项工程

中图分类号：F429　K27

一、引　言

演化经济学因为具有亲历史（history friendly）的属性，是研究行业史的极佳工具，并可使行业史研究反过来为演化经济学的理论建构提供支撑案例。但目前为止，演化经济学及与之相关联的创新经济学多聚焦发达国家的成功案例，包括已经成功实现工业追赶的日韩经验，对正在追赶而尚未完全成功的后发展国家的行业史则缺乏关注。工业史是新中国史的重要内容，在中国庞大且完整的工业体系中，不同行业的发展存在着不同的逻辑，适宜专门研究。经济史学界对行业史的研究少于对宏观经济史及单个企业史的研究（朱荫贵，2016），其中关于新中国行业史的研究成果数量更少。然而，新中国的行业史在世界经济发展史上极为重要，是一个正在进行中的关于追赶的复杂故事，也是中国式现代化的重要体现。运用演化经济学来研究新中国的行业史，能够获取纵深视角，看到时间与积累对于工业追赶的意义，同时能够将视线集中于知识、能力和学习，

作者简介：严鹏，男，历史学博士，华中师范大学中国工业文化研究中心教授，研究方向：演化发展经济学、企业史、工业文化。

将行业发展看成一个具体的动态演化的过程，分析其影响因素。本文将以矿山机械工业这一在中国诞生于1949年后的行业为案例，展示其演化过程，分析其特有的工业创新机制，以期从经济史和演化经济学的角度深入理解中国式现代化在特定行业里的呈现。

矿物是现代经济所赖以运转的能源的基础，制造采集与加工矿物所需装备的矿山机械工业，遂成为能源供应的重要环节。矿山机械工业是装备制造业的细分行业。1949年前，中国的装备制造业整体发展水平较低，专业化程度不高，对资本需求量大而技术较复杂的矿山机械工业尚未成为独立的行业。1949年后的计划经济时代，国家以强大的干预力量，将资源导向缺乏比较优势的重工业部门，矿山机械行业得以正式建立并快速发展。1978年后，随着市场化改革的启动与深入，矿山机械工业亦经历了转型，并由此产生分化。以后发展国家的标准来衡量，从无到有建立起来的中国矿山机械工业实现了一定程度的工业创新（严鹏，2022a），取得了成功研制千万吨级大型露天矿用成套设备的成绩，而这一历史过程延续数十年，跨越了计划经济与改革开放两个时代。本文拟将1949年以来的中国矿山机械工业的历史视为一个连续的演化过程，分析国家计划与市场转型对产业发展施加的不同影响，指出中国工业的发展是一个长期积累的过程，高端产业的成长既依靠国家逆比较优势的政策，又离不开企业利用市场机制的创新，中国的工业化是一个复杂的动态过程，无法用单一因素解释。下文将以时序为脉络，叙述不同制度背景下中国矿山机械工业的发展历程，突出其能力的演化，并专门以一个从无到有式创新的案例来分析行业能力提升的机制。

二、国家启动演化进程：中国矿山机械工业的创生

矿山机械是各种有用矿物开采和加工过程中使用的机械设备，这些设备和采矿、选矿工艺有密切关系（《当代中国的重型矿山机械工业》编辑委员会，1986a），制造此类设备的行业即为矿山机械工业。从定义上看，举凡制造矿物开采与加工装备的企业皆应隶属于矿山机械工业，但在1949年后的中国，由于政府长期实行归口管理的体制，故情况远为复杂。一方面，1952年成立的第一机械工业部（以下简称一机部）负责管理大部分民用机械工业，当年12月该部设立的第三机器工业管理局（以下简称第三局）是专门对口管理全国重型矿山机械工业的机构，因此，官方界定的矿山机械工业一般是指一机部第三局所辖企业；另一方面，除一机部外，各矿山机械的使用单位，如煤炭部、地质部等也办有自己的装备制造企业，这些企业在管理体制上并不被纳入矿山机械工业，但从经济性质上看隶属于该业无疑。此外，矿山机械企业兼造其他产品，其他行业的企业制造矿山机械，这两种情况在实际经济发展过程中亦不可避免。因此，在考察1949年后的矿山机械工业时，不应被归口管理体制所局限。

现代经济发展需要矿物能源，矿物的大规模开采与利用需要现代工业装备，因此，中国自19世纪60年代开启工业化进程后，就一直存在着对矿山机械的市场需求。满足装备市场需求的手段有两种，一为进口，二为制造，制造的难度要远远大于进口。进口装备需要大量资金，但制造装备除了同样巨大的资金需求外，还需要知识、技术、合适的

劳动力等要素。后发展国家之所以被认为“后发展”，正是因为在此类国家，资金、知识、技术、工业劳动力都属于稀缺资源。而当后发展国家启动工业化进程后，直接面向市场的纺织、食品等消费品工业因更加具有比较优势，也就更容易发展，机械、冶金等资本品工业因缺乏比较优势，会面临更大的困难。是故，尽管 1949 年前的中国存在着对于矿山机械的市场需求，但市场在比较优势机制的自发调节下，倾向于更容易的进口行为而非更困难的制造行为（严鹏，2015）。于是，除了部分企业零星制造一些简单的矿山设备外，矿山机械工业作为一个独立的行业，在 1949 年前的中国并未发育成型。

中国矿山机械工业的演化进程是由国家启动的。1949 年后，我国逐步推行重工业优先的发展战略，并采取计划经济体制作为实现该战略的手段。重工业优先发展，从经济角度看，实际上意味着资本品的创造与供给，本质上属于一种增强初期投资的战略（巴兰，2000）。然而，对落后国家来说，依靠市场的自发调节，不易将资源导向重工业部门，计划经济遂成为扭曲市场信号、将资源强行注入缺乏比较优势领域的必要手段。可以说，计划经济体制下的工业发展具有进口替代特征，并体现了一种供给面主导的投资逻辑。也是在这种逻辑的支配下，原本在市场经济中不具备发育条件的矿山机械工业等资本品行业被国家建立起来了。目前可以辨识出中国矿山机械工业创立的 3 条路径：①新中国成立初期，中央人民政府将接收的部分具备一定条件的企业划归矿山机械行业。例如，沈阳矿山机器厂始建于 1921 年，原为奉系军阀的大亨公司铁工厂，伪满时期易名为株式会社满洲工厂，沈阳解放后，由于资金不足，该厂的恢复工作被迫停止，直到 1952 年才重新建设，作为东北机械局第五厂的南分厂，1953 年 8 月，一机部第三局令该厂改名为沈阳矿山机器厂，确定专业方向产品为各种洗选机械、运输机械和煤气发生炉，该厂遂成为中国第一批生产矿山机械的专业厂家之一（《当代中国的重型矿山机械工业》编辑委员会，1988）。②由政府引进苏联等社会主义国家技术，投资新建专业化的矿山机械企业。该类型的代表为洛阳矿山机器厂，该厂也是中国最大的矿山机械专业制造厂。洛阳矿山机器厂筹建于 1953 年，是“一五”计划时期的 156 个重点项目之一。工厂选址伊始，苏联专家即参与勘察。1954 年 1 月，国家计划委员会正式批准建厂。根据设计计划任务书，该厂产品方案为生产矿山机械设备，年产量 20 000 吨，其中起重设备 9251 吨、选矿设备 9006.2 吨、其他设备 1750 吨。工厂的初步设计交由苏联煤矿工业部乌克兰国立煤矿工业设计院编制（洛阳矿山机器厂志总编室，1986）。可见，洛阳矿山机器厂是新中国成立初期苏联技术大规模对华转移的产物。③随着经济发展，一些矿山机械的用户单位自行筹建了设备制造厂。例如，1955 年煤炭工业部成立后，与一机部进行了分工，属于通用机电设备的以一机部制造为主，属于煤矿专用机电设备的以煤炭工业部制造为主，由此诱发了此后郑州煤矿机械厂等企业的建立（郑煤机志编纂委员会，2008）。再如，“一五”后期，煤炭工业部根据对徐州煤炭开发的计划，决定在该市附近建一座生产煤矿专用设备的工厂。于是，华东煤炭基本建设局从安徽省淮南市迁至徐州市，该局所设安装处修理厂逐步发展成为徐州煤矿机械厂（徐州煤矿机械厂厂志编委会，1989）。此外，一些非专业矿山机械企业，如沈阳重型机器厂等，也兼造矿山机械。

中国矿山机械工业形成的上述 3 条路径，都离不开国家投资。以沈阳矿山机器厂这一老厂来说，新中国成立初期无法恢复，是由于缺乏资金，直到国家决定投资重建后，该厂才得以正式创立为矿山机械企业。1952～1959 年，国家投资是沈阳矿山机器厂唯一的资金来源，至1959年末，国家对该厂累计投资额达2353万元（《当代中国的重型矿山机械工业》编辑委员会，1988）。作为重点项目的洛阳矿山机器厂，更是获得了 13 272 万元的建设投资（洛阳矿山机器厂志总编室，1986）。规模小得多且不属于一机部的徐州煤矿机械厂，在1958年以前也获得了405.96万元的启动投资（徐州煤矿机械厂厂志编委会，1989）。根据 20 世纪 80 年代后期机械工业部的统计，1949～1984 年，国家用于建设矿山机械企业的累积投资额达 9.74 亿元，占重型矿山机械工业（含重型、矿山、起重、工程等细分行业）总累积投资额 47.71 亿元的 20.4%（《当代中国的重型矿山机械工业》编辑委员会，1986a）。自然，这一数据尚不包括用户部门所辖矿山机械企业。同样基于机械工业部门的统计，1953～1985 年，机械工业共完成基本建设投资 334.75 亿元，其中重型矿山行业 44.50 亿元，占总投资的 13.29%，在 12 个细分行业或部门中，排名第 4，仅次于农机、电工和汽车，高于机床工具、石化通用、轴承等（《当代中国》丛书编辑部，1990）。由此可以推测，在计划经济时代，中国政府对矿山机械工业是较为重视的。20 世纪 70 年代，中国经济领域曾掀起一场“大打矿山之仗”的运动，这场运动响应了毛泽东“开发矿业”的号召，在运动中被树为典型的经验包括金属矿山的快速掘进等（冶金工业出版社，1974）。“大打矿山之仗”运动催生了对矿山机械的需求，相应也刺激了投资。总之，国家投资解除了 1949 年前市场比较优势对资本品部门施加的瓶颈，使专门的矿山机械工业得以在中国创生。而在计划经济体制下，国家的持续投资也是产业维持发展的一大动力。

不过，在计划经济时代，中国政府的财政状况决定了国家不可能给每一家企业持续而充分的投资，企业的资金来源可能需要借助自筹等方式。以沈阳矿山机器厂为例，图 1 显示了该厂 1960～1978 年的资金来源状况。

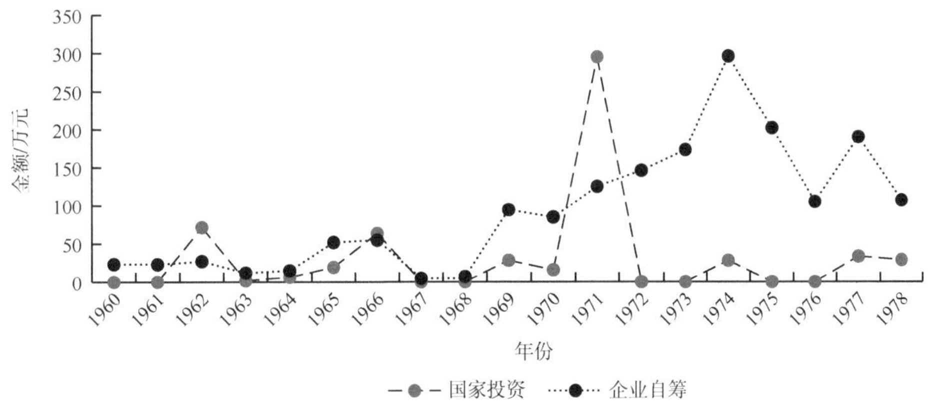

图 1　沈阳矿山机器厂资金来源（1960～1978 年）

资料来源：整理自《沈阳矿山机器厂厂史（1949—1985）》

1960～1978 年，沈阳矿山机器厂的资金来源只有国家投资与企业自筹两种形式，其中，国家投资累计592.58万元，企业自筹累计1742.34万元，企业自筹资金为国家投资的近 3 倍。实际上，从图中可以看出，在不少年份，国家根本没有对该厂进行投资。另外，在计划经济体制下，尽管总体而言企业的生产是靠国家指定的任务来维持的，但在一些特殊时期，国家财政困难会导致企业任务不足，企业亦不得不自寻出路。仍以沈阳矿山机器厂为例，1963年初，国家给该厂下达的任务指标为9020吨，但大部分任务没有落实。根据上级指示，任务须按合同生产，未签订合同不能组织生产，结果，到 2 月末，该厂已签订合同和上年转结的任务只有4200吨，企业面临着亏损。为此，该厂抽调了 24 人组成揽活组，分赴全国各地自行承揽任务，接到了其他厂家无力生产的产品订单，包括暖气锅炉等非主业而为国家急需的短线产品。当年，沈阳矿山机器厂自行承揽的任务计4984吨，占全年任务量的42%，依靠这些任务，该厂不仅避免了亏损，还给国家上缴了 294 万元利润（《当代中国的重型矿山机械工业》编辑委员会，1988）。这个例子只是特殊时期的特殊情况，但它仍然表明了计划经济体制存在着非计划性，未能实现理论上的资源合理配置。进一步说，在计划经济体制下，国家虽然依靠政府投资和指令性生产任务替代了市场的功能，维系着企业的生存与发展，但国家的替代行为本身包含着较大的不稳定性。

在中国的特殊情况下，这种不稳定性还体现为政治运动对产业发展的冲击。图 2 择取了 3 家主要的矿山机械企业，展示了 1958～1978 年企业的产量变化。

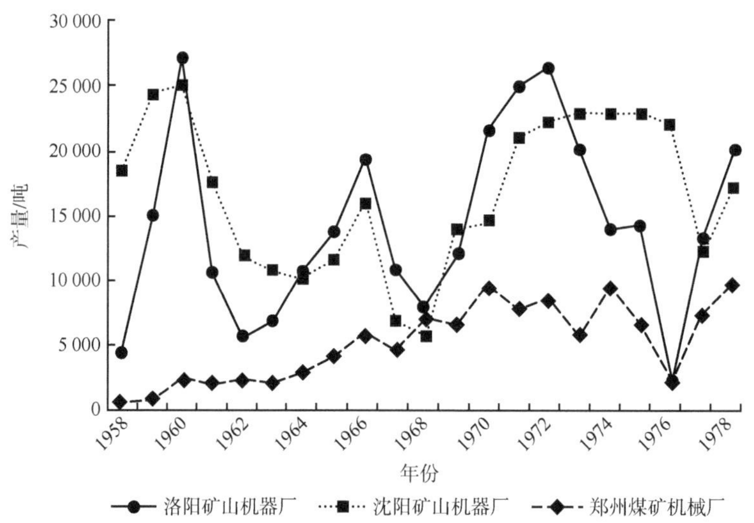

图 2　典型矿山机械企业的产量（1958～1978 年）

资料来源：整理自《洛阳矿山机器厂志》《沈阳矿山机器厂厂史（1949—1985）》《郑煤机志（1958—2008）》

图2中的3家企业，分别代表了中国矿山机械企业3种不同的创生路径，且在各自所代表的类型中具有较大规模或较强实力。值得注意的是，1958～1978 年，3 家企业的产量均呈现波动状态，其中 2 家大型企业的波动极为剧烈。进一步说，一些政治色彩强烈的年份，如1960年、1966年等，是几家企业产量跌落共同的拐点，显而易见的是，这些年份整个中国的宏观政治、经济环境，给全行业带来了很大的冲击。这些冲击虽然外生于矿山机械工业的发展，却是影响产业演化的举足轻重的变量，也是计划经济时代产业成长展现出的基本现象之一。

如前所述，国家以计划的手段创造矿山机械工业，是为了解除市场对资本技术密集型产业施加的限制，从而实现资本品供给的进口替代。因此，中国矿山机械工业从诞生之初，其发展过程也就是技术学习与追赶的过程。在计划经济时代，企业内部极为强调一线生产中的经验积累，对制造业企业而言，这也不失为一种重要的技术能力生成路径。洛阳矿山机器厂的一位副厂长回忆他在该厂工作的一年称："我走出厂部，直接下到车间，与工人在一起，参加生产劳动。"（洛阳矿山机器厂志总编室，1986）这种重视一线生产劳动的企业文化，是新中国工业文化的一部分（严鹏，2022b），有可能是计划经济时代中国矿山机械工业逐渐掌握复杂产品制造能力的微观动力机制。毕竟，在计划经济体制下，中国矿山机械工业的产品设计模式到20世纪60年代中期，仍盛行测绘仿制，直到20世纪70年代中期，亦未完全摆脱类比设计。测绘仿制一如其字面含义，类比设计亦"参照外来已有图纸"而"不作根本性改动"（《当代中国的重型矿山机械工业》编辑委员会，1986a）。这两种设计模式，皆更注重制造而非研发。因此，在相当长的时期内，中国矿山机械工业处于仿制进口产品并结合国情局部改良的阶段，直到20世纪70年代初才逐步过渡到自行设计产品，企业的技术能力主要体现于生产制造而非设计环节。

尽管存在诸多问题，但在计划经济时代，中国的矿山机械工业仍然取得了突破性的发展，部分地实现了进口替代的目标。据1974年调查，抚顺红透山铜矿、河北铜矿、云南锡矿、中条山有色金属公司、大庙铁矿、弓长岭铁矿、田庄选煤厂、介休选煤厂和攀枝花选矿厂等单位的装备全为国产。另据1981年对全国8省67个选煤厂的调查，9种主要设备的国产设备数达到了88.1%。解放前遗留下来的抚顺龙凤矿、开滦林西矿这2个老矿的设备构成也发生了很大变化，国产设备分别占71%和80%（《当代中国的重型矿山机械工业》编辑委员会，1986a）。相较于1949年前的装备完全依赖进口，中国矿山机械的自行供应能力有了跨越性的提升（《当代中国的重型矿山机械工业》编辑委员会，1986b）。此外，国家统计局编有《中国工业经济统计资料（1949—1984）》，内含1949—1978年原煤产量与矿山设备产量的连续性数据（国家统计局工业交通物资统计司，1985）。经利用CORREL函数计算得两者的相关系数为0.905 590 426，换言之，原煤产量与矿山设备产量之间有极强的正相关性。由此可以推测，1949～1978年中国矿山机械工业的发展，提高了原煤等矿物的产出，扩大了中国的能源供应。换言之，政府利用计划经济手段培育了一个缺乏比较优势的产业，而该产业对整个国民经济体系产生了正面的反馈作用。从演化角度看，矿山机械工业对于中国来说属于一种新事象（novelty），但这一新事象并非由市场孕育而是通过国家政策创造的，由此反映了现实世界中的经济演化具有历史特殊性。

三、市场化对演化的重构：中国矿山机械工业的重组

1978年后，中国实行改革开放政策，开启了一个由计划经济向市场经济转型的历史进程，各个行业受到越来越强大的市场化逻辑的支配。1978年至今，由于产业管理体制出现了巨变，中国矿山机械工业的整体性数据反而不易获取，但通过分析若干代表性企

业的发展历程，仍能对产业的演变脉络得一总体印象。大体而言，改革开放之后，中国矿山机械工业的演化经历了 20 世纪 80 年代、20 世纪 90 年代与 21 世纪初这 3 个阶段，每一个阶段的市场需求状况成为左右行业发展的重要因素。市场化进程重构了中国矿山机械工业的演化逻辑。

中国的市场化改革是渐进式的，因此，在相当长的一段时间内，计划经济因素与市场经济因素是并存的。对矿山机械企业来说，在市场化中面临的首要问题，实际上仍是在计划体制下遇到过的“任务不足”。在计划经济时代，国家以下达任务的形式替代了企业的产品市场，“任务不足”反映的正是国家与经济脱嵌时，替代功能减弱，被逐步释放出来的市场具有指令经济所没有的更大的不确定性。以沈阳矿山机器厂来说，该厂从 1979 年下半年起，生产任务开始减少，1980 年的任务不足使企业处于亏损边缘。该厂自我总结称，其主导产品面向冶金、矿山、煤炭等，“服务领域过于狭窄”，“没有为农业、轻工业及其他部门服务的产品”，且该厂能制造的产品是国内很多单位都能制造的，市场竞争压力大。为此，该厂于 1981 年成立销售科，积极承揽业务，自揽订货合同比重由 1980 年的 52.1%上升到 1981 年的 77%，至 1981 年底实现了不亏损并略有盈余。企业认为，这一转变属于从过去以生产为中心转变到以经营为中心（《当代中国的重型矿山机械工业》编辑委员会，1988）。洛阳矿山机器厂 1981～1982 年的生产任务 80%以上靠所谓“找米下锅”（洛阳矿山机器厂志总编室，1986）。徐州煤矿机械厂亦自称其于 1981 年后“由生产型转为生产经营开发型”（徐州煤矿机械厂厂志编委会，1989）。郑州煤矿机械厂也于 1980 年实行供、销职能分离，成立了专门负责商品销售的销售科（郑煤机志编纂委员会，2008）。因此，20 世纪 70 年代末开始的市场化，促使矿山机械企业由计划体制下执行国家任务的生产机构，转变为真正的具有完整生产经营职能的市场主体。在这一过程中，企业组织的重构势所难免，而在一个供过于求的市场上参与竞争，则开始成为行业演化的基本动力。

实际上，尽管从 20 世纪 80 年代初开始，中国的矿山机械企业就感受到了市场化的压力，但相对而言，不少企业在改革初期的发展还是比较顺利的。随着国家与经济脱嵌的程度越来越大，以及市场竞争日益激烈，越来越只能依靠自己的矿山机械企业逐渐感受到了更大的冲击。至为重要的是，中国的市场化改革具有遵循比较优势的导向，对轻纺等消费品工业的崛起极为有利，而对矿山机械工业来说，该行业本身属于缺乏比较优势的资本品部门，所面向的煤炭、冶金等用户部门同样缺乏比较优势，这就使 1949 年后一度被计划体制强行扭曲的比较优势力量，在改革开放后重新成为矿山机械工业的发展瓶颈。矿山机械工业的困境，在 20 世纪 90 年代臻于顶点。图 3 是 2 家典型企业的产量变化。

1986～2005 年，洛阳矿山机器厂（后改名中信重型机械公司）的产量直到 2000 年为止，变动较为平稳，没有显著地扩大，但也没有剧烈波动。同一时期的郑州煤矿机械厂（后改为郑州煤矿机械集团股份有限公司），产量变动趋势大体相仿，且从 1992 年至 1999 年间，大体呈走低的态势。在同一时间段内，根据可获取的数据，2 家企业的利润状况则如图 4 所示。

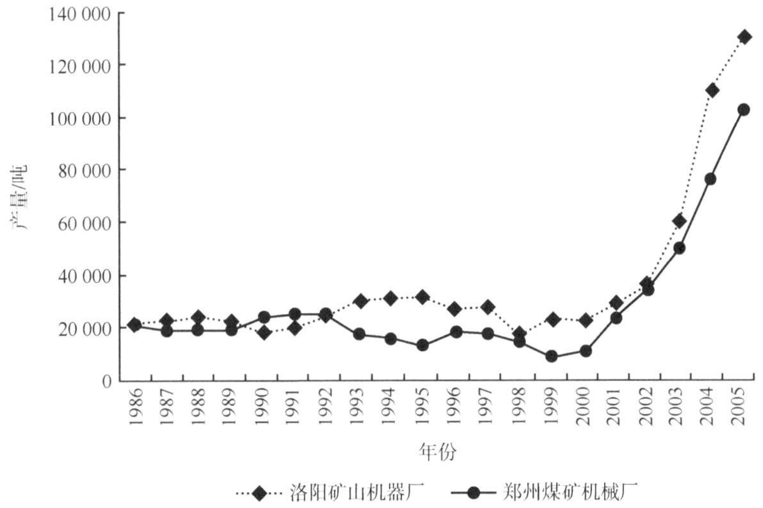

图 3 典型矿山机械企业产量（1986～2005 年）

资料来源：整理自《中信重型机械公司志（1986—2005）》《郑煤机志（1958—2008）》

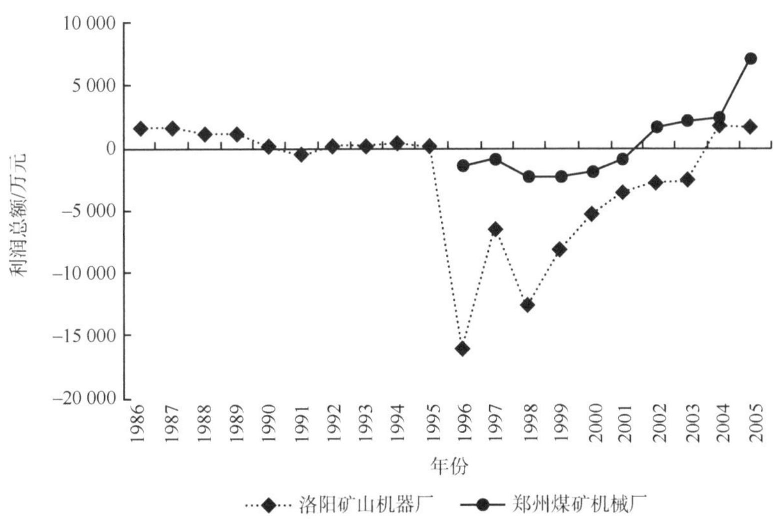

图 4 典型矿山机械企业利润总额（1986～2005 年）

资料来源：整理自《中信重型机械公司志（1986—2005）》《郑煤机志（1958—2008）》

很明显的是，洛阳矿山机器厂作为中国矿山机械制造的主力企业，1986～1995 年尽管基本能实现盈利，但从 1990 年开始，可以说获取的是微利。而 1996～2003 年的 8 年间，该企业利润总额严重为负，最高值曾达到–16 068.9 万元。由图 3 可知，从 2000 年开始，该企业产量持续上升，2002 年以后更是可以用陡增来形容，但直到 2004 年，企业利润总额才恢复为正值。由于数据缺失，图 4 仅展示了 1996～2005 年郑州煤矿机械厂的利润总额变动情形。与洛阳矿山机器厂相似的是，20 世纪 90 年代后期，郑州煤矿机械厂的利润总额亦为负值，直到 2002 年才开始好转。图 3 和图 4 所选取的 2 家典型企业，在产量及利润总额的变动趋势方面，具有很大的相似性，当能代表行业的一般情形。因此，有理由认为，在 20 世纪 90 年代，中国的矿山机械工业陷入了极大的困境，直到 21 世纪初才有所好转。

中国矿山机械工业在 20 世纪 90 年代遭遇的巨大困难，在很大程度上是由市场导致的，是20世纪80年代以比较优势为导向的改革政策的逻辑产物。而在行业挣扎求存的时刻，国营企业体制改革得到了深化。例如，洛阳矿山机器厂这一行业名厂，于 1993 年 12 月 13 日被并入中国国际信托投资公司，作为全资子公司，定名为中信重型机械公司（中信重型机械公司志编委会，2006）。近代就已建立的老企业沈阳矿山机器厂，则最终与另一老厂沈阳重型机器厂，联合演变为北方重工集团。实际上，由于中国的市场化改革具有对全球市场的开放性，因此，在国企改革的大潮中，外资对中国矿山机械企业的兼并亦不鲜见，而这是以进口替代为目标的计划经济时代完全无法想象之事。例如，鸡西煤矿机械有限公司与佳木斯煤矿机械有限公司，被中介企业国际煤机集团纳入囊中，2011 年，国际煤机集团又被美国煤机巨头久益环球（Joy Global）公司收购。总之，20 世纪 90 年代以来，中国的矿山机械企业以各种形式，在市场化大潮中实现了重组。

一般认为，20 世纪 90 年代的改革增强了部分中国企业的活力，使它们进入 21 世纪后获得了较强的市场竞争力。从理论上说，这种论点有其道理。不过，也有理由相信，中信重型机械公司、郑州煤矿机械厂等企业在 21 世纪最初几年的起死回生，得益于中国经济高速增长对能源产生的巨大需求。实际上，21 世纪初中国经济的高速增长，又被称为第二轮重化工业化，与20世纪50年代的重化工业化不同的是，此轮重工业发展并非国家逆比较优势强行为之，而在很大程度上内生于中国市场经济的阶段性成长，是改革开放时代产业升级的体现。例如，中信重型机械公司 2001～2003 年来自建材行业的订货增幅明显，尤其是日产 5000 吨以上的水泥主机设备市场需求旺盛，仅与安徽海螺水泥股份有限公司连续 3 年的订单就分别为 1.05 亿元、1.93 亿元和 3.09 亿元，建材设备订货产值分别为当年订货产值的 45%、64%和 70%（中信重型机械公司志编委会，2006）。这一现象的背后，是中国政府大规模的基础建设投资与中国房地产市场的急速成长。

从 1980 年到 2008 年，中国以万吨标准煤为计量单位的一次能源生产量如图 5 所示。

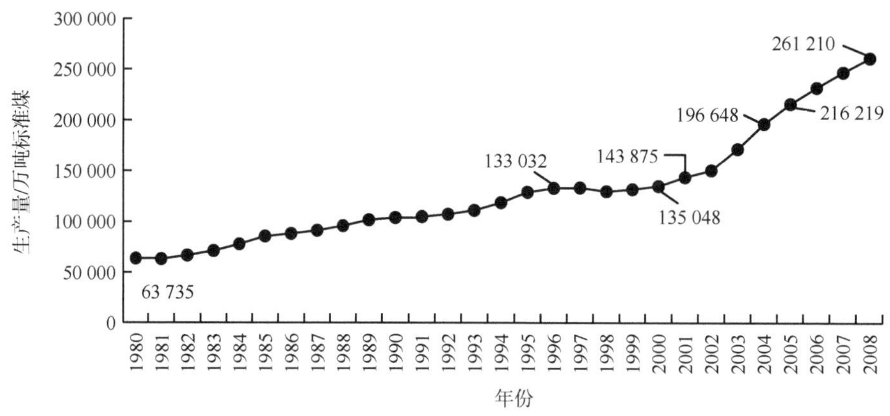

图 5　中国一次能源生产量（1980～2008 年）

资料来源：整理自《中国能源统计年鉴 2009》，中国统计出版社 2010 年出版

一次能源包括原煤、原油、天然气、水电、核电与其他动力能发电。其中，原煤产量在1980～2008年中国一次能源生产量的构成中，最低比重为1980年的69.4%，最高比重为2006年、2007年两年的77.8%，其余年份均在71%以上（国家统计局能源统计司，2010）。因此，原煤产量占了改革开放以来中国一次能源生产量的最大份额，图 5 可以反映中国一次能源生产量的变动趋势。由图5可见，尽管1980～2008年中国一次能源生产量整体呈上升趋势，但在整个20世纪90年代，其增长较为平缓，甚至还略有起伏，直到2001年后，产量提升幅度才显著变大。以原煤为最主要构成的中国一次能源生产量在21 世纪初的大幅增长，必然依托于矿山机械的大量投入使用，这可以解释中国矿山机械企业在21世纪初的发展。因此，改革开放后，中国矿山机械工业确实受市场需求的周期左右。2005～2010年，中国冶金矿山机械行业的发展情形如表1所示。

表1　中国冶金矿山机械行业的发展（2005～2010年）

项目	2005年	2006年	2007年	2008年	2009年	2010年
企业数/家	931	1131	1386	2073	2238	2384
工业总产值（当年价）/亿元	784.18	1098.62	1520.89	2204.50	2579.80	3207.58
主营业务收入/亿元	765.17	1019.42	1385.24	2101.12	2505.33	3111.30
利润总额/亿元	30.32	54.51	100.38	152.64	167.87	249.70
主营业务收入利润总额率/%	3.96	5.35	7.25	7.26	6.70	8.03
从业人员平均人数/万人	28.41	30.14	32.37	39.22	43.17	45.30

资料来源：整理自该书编委会：《中国机械工业年鉴2012》，机械工业出版社2012年出版

表 1 呈现的是冶金矿山机械行业的整体数据，但 2011 年冶金设备行业企业仅 453家，而矿山机械行业企业多达1433家，两者占比差距较大，故通过表1数据大体上还能推测矿山机械工业在2005～2010年实现了规模扩张。2011年，中国矿山机械行业工业总产值2965.92亿元，工业销售产值2886.96亿元，出口交货值90.59亿元，主营业务收入2881.07亿元，利润总额212.30亿元，其中矿山专业设备厂家351家，产量444.13万吨，居冶金矿山机械行业之首（中国机械工业年鉴编辑委员会，2012）。因此，中国矿山机械工业可被视为一个主要满足国内能源市场需求的产业。2005～2008 年中国人均能源消费总量分别为1810、1973、2128、2200千克标准煤（国家统计局能源统计司，2010），经利用CORREL函数与表1中同一时期中国冶金矿山机械行业总产值进行相关性计算，得相关系数为0.943 283 849，具有高度的相关性。故可以认为，进入21世纪后，中国矿山机械工业的规模扩张的确满足了中国的能源需求，并促进了中国的能源消费。

截至2014年，中国的采矿、冶金、建筑专用设备制造业合计有大中型企业746家，平均用工人数78.10万人，工业销售产值9259.91亿元，其中出口交货值1018.89亿元，占比11%，产业发展仍立足于国内市场需求。在这些企业中，国家资本为498.13亿元，占实收资本1813.31亿元的27.5%，体现了市场化改革后，国家从产业中的后撤。当年，三类产业的投资收益合计为42.05亿元，营业利润412.37亿元，利润总额445.11亿元，亏损企业亏损额 146.34 亿元（国家统计局工业统计司，2015）。尽管上述统计数据并未单列矿山专用设备制造业，但管中窥豹，对于中国矿山机械工业的发展现状，仍可得一

大致的认识。总体而言，改革开放后，中国矿山机械工业的发展深受宏观经济的影响，是一种强周期性行业。改革开放使计划体制打造的矿山机械工厂不得不在生产制造能力之外发展出市场经营能力，成为真正的企业，这就重构了行业的微观基础。而行业在市场机制的支配下出现的波动起伏，也表明一个新的演化系统出现了。问题在于，这一新的系统是否具有以创新为基础的竞争力？本文将选择矿用自卸车这一案例进行分析，该案例表明，行业的创新是一个跨越两个经济体制的长期演化进程。

四、从无到有式创新的案例：矿用自卸车的研制

矿用自卸车是一种汽车，更是一种矿山专用装备。据测算，露天采矿使用重型自卸汽车运输，可使矿山建设投资减少 1/3，运输设备的金属用量减少 3/4～5/6，线路保养费减少 1/3，同时还可使挖掘机生产效率提高，缩短矿山企业建设周期，乃至减少矿山工人数量。因此，从20世纪60年代中期起，中国也开始采用自卸汽车从事矿山运输（《当代中国的重型矿山机械工业》编辑委员会，1986b）。由于矿用自卸车乃至一般自卸汽车起初均无中国企业可以制造，而进口面临诸多困难，故该种装备在计划经济时代称得上一种紧俏物资。随着经济发展，矿用自卸车的有限供给越来越成为中国能源开发与工业建设的瓶颈。例如，上海市冶金、机电工业生产需用的耐火材料白云石，历年来均由江苏省镇江地区青龙山白云石矿定点供应，1974年3月，该矿因只有自卸载重卡车4吨7辆，影响了石料的运输。①1975 年 9 月，上海市冶金工业局向主管机构提交了急需 2 吨、4 吨自卸汽车各 6 辆的报告，称如无此项装备会影响当年生产计划的完成。②故而，矿用自卸车的研发与制造，有着非常实际的需求。

为了满足经济建设需求，中国政府很早就展开了制造载重自卸汽车的规划。1959年，在主管汽车工业的一机部第六局的指示下，长春汽车研究所承担了15吨、25吨级重型自卸汽车的设计，当年 7 月 29 日至 8 月 29 日，该所与南京汽车厂共同组织了赴兰州白银铜矿、三门峡水利工程及武钢的调研。调研结果认为，露天矿山需要的汽车吨位在 15 吨到 25 吨之间，对车厢、车架、悬挂和轮胎的要求很高，要能抗冲击负荷，升降机构要求能迅速升降，要求装置辅助制动以满足上下坡多的山区条件。调查人员比较了从苏联、捷克和法国进口的 10 种车型的性能，倾向于采用捷克式功率较大、扭矩较大的发动机，以求磨损减少，并建议自卸车及其部件应该尽量做成系列产品或通用，以合乎经济原则（长春汽车研究所，1959）。此后，在“大打矿山之仗”的号召下，全国各系统均有企业尝试制造矿用自卸汽车。例如，上海汽车工业系统制造了上海牌 32 吨自卸汽车，青岛汽车制配厂生产了黄河牌 QD351 型 7 吨自卸汽车，甘肃白银有色金属公司设计制造了东方红-20 型 42 吨电动轮自卸汽车。值得注意的是，当时的政治气氛要求打破专业藩篱，不使矿山装备局限于专门矿山机械企业制造（第一机械工业部长春汽车研究所《汽

① 《（74）沪物革后字第 92 号》，1974 年 3 月 23 日，上海市档案馆藏档 B112-5-895。

② 《冶革（75）第 322 号》，1975 年 9 月 29 日，上海市档案馆藏档 B112-5-1007。

车技术》编辑组，1971）。这实际上突破了计划经济体制原本的产业管理模式，也表明即使在计划经济体制下，现实经济需求的压力也会催生多元化的新事象生成路径。

作为后发展国家，中国除了可以选择自制矿用自卸车外，还可以选择进口，然而，重型矿用自卸车价格不菲，在后期维护过程中，也存在诸多不便。例如，20 世纪 60 年代，从法国进口 1 辆 T25 车需 43 万元人民币，从苏联进口 1 辆贝拉斯-540 车需 21 万元人民币。并且，进口整车附带的配件很少。白银矿每年需进口大小配件 800 多项，但苏联只供应次要配件 90 项，交货日期也无法保障。更有甚者，矿区在用车过程中，发现进口的贝拉斯-540 车有的发动机经过大修，有的轮胎经过翻新。这些情况给了进口替代充分的动力（上海市农业机械制造公司，1969）。来自使用单位的迫切需求对于各地试制矿用自卸车起了极大的推动作用。到20世纪70年代中后期，中国共有十多个厂家设计制造（含试制）矿用自卸汽车，吨位从 7 吨至 100 吨以上不等。不过，20～30 吨矿用自卸车产量不高，仍较依赖进口，吨位更重的车型自不待言，导致国家花费了本就紧张的巨额外汇进口该类装备。例如，1984 年，冶金工业部从意大利进口 31 辆 50 吨矿用自卸车花了 589 万美元，平均每辆车 19 万美元；铁道部和铁道建设指挥部从英国进口 102 辆 RD025 型 23 吨矿用自卸车花了 925 万美元，平均每辆车 9 万美元（《当代中国的重型矿山机械工业》编辑委员会，1986b）。故而，直到改革开放初期，中国亦未有效完成矿用自卸车的进口替代，满足不了国内市场需求。不过，值得一提的是，在计划经济体制下，中国开启了大型电动轮矿用自卸车的研制与制造，并延续至今，实现了矿山机械工业的从无到有式创新。

与传统矿用自卸车相比，大型电动轮矿用自卸车已经不属于普通汽车，而是真正在非公路条件下行驶的矿山专用装备。在计划经济时代，中国有若干家企业试制电动轮矿用自卸车，成绩最突出者为湖南的湘潭电机厂（以下简称湘电）（《千万吨级大型露天矿用成套设备研制》编辑委员会，2012；范多富，2011）。湘电的前身系国民政府资源委员会中央电工器材厂。新中国成立后，该厂部分车间也被列入 156 项工程进行重点建设。1968 年，该厂参与了白银有色金属公司 42 吨电动轮自卸车的研制，积累了经验。1974 年初，一机部给湘电下达了研制大型电动轮自卸车的科研任务，当年冬，鞍钢大孤山矿派人到湘电，要求研制 100 吨电动轮自卸车，并表示试制车可在大孤山矿进行工业运行试验，这就使研制工作找到了工程依托。同时，湘电还与第一汽车制造厂（以下简称一汽）合作，由一汽承担车辆全部机械部分设计和总体施工设计，湘电则负责全部电传动系统设计和整车制造。值得一提的是，出任湘电试制 100 吨电动轮自卸车项目技术总负责人的工程师黄祖干，1941 年即进入中央电工器材厂工作。这既体现了中国工业演化的历史延续性，也表明大型电动轮自卸车的研制实际上是由非专门矿山机械企业及其技术人员主导完成的。起初，一机部、冶金工业部在 1976 年 6 月 7 日下发的《关于开展一百吨电传动自卸车测绘、联合设计工作的通知》中，要求“采取以仿制为主”，但黄祖干提出了不同的意见，认为“我们要自力更生，联合开发，自行研制”。1975 年、1976 年，本钢南芬铁矿分两批引进了 10 台美国伟步公司（WABCO，现译威伯科）120C 型电动轮自卸车，总价值 2400 万元，系中国矿山进口的第一批百吨级电动轮自卸车。这型自卸车即指定的仿制对象。黄祖干却认为：首先，在爬坡能力上，中国要求上 9%坡道能走

3 公里，而 120C 车只能走 1.47 公里，如仿制美车不做大的变动，将不能完全满足中国矿山的需求；其次，1975 年中国派赴美国的 120C 车实习小组报告称，该车主传动齿轮易断齿，经核实认为其齿形较小，故国内车型应选用较大模数的齿形；再次，如果采取先测绘、后设计的方法，将延长时间，陷入美制车的结构框框，难以达到部委尽快发展电传动自卸车的要求；最后，测绘的目的是满足今后维修进口车辆的需要，应以易损零件为主，没必要对全车搞一整套图纸，绝不能以测绘定为设计的基础（范多富，2011）。黄祖干的思路体现了鲜明的自主性。此时，南芬铁矿因缺少技术人员验收，遂邀请湘电派员参加车辆的试验验证工作。湘电抓住这一契机，在试验验收过程中，重点了解了车辆电控柜技术，而且向矿方要到了一张绘出了控制部分主要元件参数的整车电气原理图，作为第一手资料，为湘电 108 吨电动轮自卸车总体设计、施工图纸接近扫尾时提供了一次印证和完善的机遇。

确定施工方案后，湘电倾全厂之力开展了 108 吨电动轮自卸车大会战。在制造过程中，湘电的技术人员和工人克服了极大的困难。例如，由于湘电缺乏远红外预热设备，在焊接时，该厂只能采用土办法，在焊件的接口处烧木炭进行预热，在用了优质木炭的条件下才达到预热所需温度。再如，对于车架焊接后的检测，美国伟步公司的测试设备最齐全，日本小松制作所备有可进行动态试验的车架试验台架，而当时中国任何一家企业都不具备这样的条件，湘电只能靠设计人员和技术工人在实践中总结经验，参考国外工艺的样本，不停地研制并予以完善，最终达到了要求。实际上，在湘电员工对于电动轮自卸车很多零部件“以前连看都没看过”的情形下，整个制造过程确实体现了极强的探索性与创新性。而且，湘电在制造过程中，不仅体现了制造工艺上的创造性，还实现了设计创新。例如，在电机的定子装配过程中，发现接线布置有难关，电机车间的攻关小组就用纸板和铜排做成模型，进行各种试验，最后决定采用部分接线气焊，其他接线用螺钉紧固，这样不但克服了接线布置的困难，又达到了质量要求。而经设计人员的创新设计，辅助发电机采用中频电动机结构，既能励磁又能充电，一机两用，优于美制 120C 型车采用的 2 台直流发电机系统。经过数年努力，1977 年 4 月 29 日，湘电制造的第 1 台 108 吨电动轮自卸车宣告问世。该车被送往大孤山矿进行运行试验时，暴露了一些问题，湘电及时进行了修正，包括将一些部件运回厂里改制。到 1980 年 1 月 8 日止，改进后的 1 号车 3 个月累计载运 2695 车，运花岗岩量为 242 550 吨，柴油机工作 924 小时，走运 7425 公里。该车载运能力为 108 吨，可超载 10%，电机电器没有发现大问题，试运的实践证明是成功的。1978 年 12 月，第 2 台 108 吨电动轮自卸车也投入了工业性运行试验。当时，1 台美制 120C 型车合 246 万元，1 台 108 吨电动轮自卸车则为 200 万元，国产车显然具有价格优势。而在 1979 年大孤山矿生产紧张时期，试运阶段的 108 吨电动轮自卸车已经帮助该矿采运车间超额完成了鞍钢矿山公司下达的生产任务。必须指出的是，用户部门在电动轮自卸车研发过程中给予了湘电大力支持，这是湘电能够成功的重要原因（范多富，2011）。

108 吨电动轮自卸车的研制，系基于中国能源开发与工业建设的需求，有潜在的市场价值，但主要还是计划体制下国家意志渗透到企业层次的产物。企业在试制过程中解决技术问题的方式、方法，也具有20世纪50年代以后形成的社会主义研发模式的特征，即强调“土洋结合”与“群众路线”（严鹏，2015）。该车型试制成功之日，恰逢市场化改革开启之时，于是，本来应该对电动轮自卸车加以完善和改进的湘电，反而面临是否要继续研发该项装备的抉择。当时，企业资金高度紧张（范多富，2011），①而在进口国外装备日益具有正当性的新的时代氛围下，计划体制下用户部门支持资本品制造部门的良好关系开始发生变化，一些企业历尽艰辛研制出来的矿山装备，不受市场认可，连试验运行场地也无法确定（《千万吨级大型露天矿用成套设备研制》编辑委员会，2012）。在这种内外交困的形势下，湘电厂长范多富认为电动轮自卸车的研制绝不能停下来，还在职工代表大会上打出了“造争气车”的口号（范多富，2011）。以主流经济学的眼光看，“造争气车”这种口号大概不过是计划经济时代的余音，毫无市场理性可言。但正是这种特殊的工业文化，使湘电这家非矿山机械专业企业能在矿用自卸车领域坚持下来。同时，1983 年中国政府做出了《关于抓紧研制重大技术装备的决定》，并成立了由国务院领导担任组长、有 26 位部长参加的国务院重大技术装备领导小组统一负责组织这项工作，下设办公室（以下简称重大办）负责日常工作。这一政策的出台，实际上使国家在市场转型中没有完全与经济脱嵌，为缺乏比较优势的资本品工业部门保留了接受国家扶持的渠道。此后，在国家认定的重大技术装备中，包括年产千万吨级大型露天矿成套设备，电动轮自卸车正是该成套设备的组成部分。因此，在重大办的协调下，湘电生产的 4 辆电动轮自卸车与太原重型机器厂研制的 1 台 10 立方米电铲相配套，被称为“一铲四车”，安排在首钢水厂铁矿进行工业运行试验，最终于 1987 年通过了国家鉴定。实际上，“一铲四车”起初找不到买主，连试运场地都成问题，湘电的范多富、黄祖干找到了时任国家经济委员会副主任、重大办主任林宗棠请求帮助，林宗棠听完汇报后表示可以联系用户部门给予支持（范多富，2011）。于是，在市场转型初期，国家的不完全退出，以及企业所保留的自力更生型工业文化，成为中国能够摆脱市场瓶颈，继续研发大型电动轮矿用自卸车这一非比较优势产品的关键原因。此处要着重强调的是，自力更生型工业文化指向的是一种打破“卡脖子”问题的思想观念。湘电的王健回忆了 1985 年时的情形：“我到过许多矿山，那些进口车辆初期运行还是使人满意的，但是严酷的工作条件和环境下逐渐出现的各种问题使人们吃尽了苦头，特别是备品备件的问题，不但不能及时提供，价格还特别昂贵。一个小小的密封圈，美国市场几美分就可以买到，而给我们的价格则多出十几倍甚至更高，美国人不但在赚我们的钱，而且还在卡我们的脖子啊！”（范多富，2011）可以认为，防止外资“卡脖子”，一直是中国工业企业从事高技术产品研发的精神动力之一，而这种工业文化整体上来看是由国家培育的。

在完成“一铲四车”鉴定及获得国家各项奖励后，湘电继续研发电动轮自卸车，而其研发过程开始具有更多新时代的元素，如与外资企业合作等。②与矿山机械工业遭遇的市场周期相同的是，在 20 世纪 90 年代末，湘电的发展遇到了前所未有的困难，电动轮自

① 1984 年，为组织 108 吨 II 型车的生产，湘电前后动用流动资金 1400 多万元，每年由此负担的利息在 120 万元以上，银行来厂调研后表示，如不扭转局面，要抽走流动资金。当年，企业内部的宣传语“黎明前的黑暗”“明天的太阳将更加明亮”几乎成了厂内的口头禅。

② 例如，1985 年 6 月，经多次谈判，湘电与美国伟步公司在北京签订了 154 吨电动轮自卸车技术转让协议，伟步公司无偿向湘电转让车辆总装、车斗、举升、悬挂、转向、液压油箱、燃油箱以及驾驶室的制造技术。

卸车市场一度走低，订货逐年递减，近乎陷于停产。①在严峻的形势下，企业内部产生了意见分歧，不乏把担负自卸车研制的车辆分厂撤并、转产的主张。但是，湘电集团还是专门成立大车办，迅速启动了自卸车的生产工作。此后，宏观形势好转，电动轮自卸车迎来转机。而从 20 世纪 80 年代开始，湘电的产品也由 108 吨级进化到 154 吨、220 吨，直到 300 吨。湘电对 154 吨电动轮自卸车的研制，采取的是引进、消化的模式，于 1991 年初研制完成国产化率达 70%的 SF3150 型 154 吨电动轮自卸车。在制造过程中，面对技术困难，企业仍然经历了反复试验的摸索过程，而且积极与高校及科研院所合作。2007 年 7 月，湘电启动了 220 吨交流传动电动轮自卸车研制项目，利用原有技术积累，很快便于 2008 年 10 月试制成功，2009 年 8 月通过国家级鉴定，2012 年 5 月出口澳大利亚力拓公司。实际上，在 2008 年之前，中国矿山所需 200 吨以上大型电动轮自卸车还完全依赖进口，因此，湘电所取得的成绩是惊人的。然而，与研制 108 吨自卸车时纯粹的自力更生不同的是，研制 220 吨自卸车时，湘电可以选择国外企业作为合作者，如选定美国通用电气公司作为传动系统配套商，这自然能大大缩短整车研发进度。实际上，这是市场转型时代企业观念与策略的转变，即“从过去完全自己开发，转向系统集成；利用成熟的零部件将差距缩小，并逐步将关键零部件国产化”（《千万吨级大型露天矿用成套设备研制》编辑委员会，2012）。但是，湘电在与外企的合作过程中，保留了自主权，没有沦为外资的附庸（范多富，2011）。②在制造过程中，湘电亦同样出现了工艺上的改进。如对于动力缸的加工，以往系从缸体两端往中心进行加工，此次研制则改为采用自制深孔加工刀杆，从一端一次加工完成，减少了 10%以上的返工率。而在 220 吨自卸车问世后，国外厂家同规格产品在中国市场的销售价格 2 年内 3 次下调，累计降幅达 30%，配件价格也相应下调。因此，220 吨电动轮自卸车的研制仍然体现了中国装备工业进口替代的努力，也实际地为中国能源开发降低了成本。

220 吨自卸车成功研制的同时，湘电立即着手 300 吨级车的研发，而且未如国际一流企业那样先开发 290 吨级作为过渡。当时，按照市场预测，到 2015 年，中国大型露天煤矿对 300 吨自卸车的需求量在 200 台左右，故湘电预期，如能尽快造出 300 吨级车，有可能争取 30%的市场份额。2 台 300 吨级样车的研制预计投入 7000 万元，研发费用高昂。为此，2009 年，负责研发的湘电重型装备股份有限公司增资扩股 7500 万股，溢价私募发行每股价格 1.58 元，由 9 位自然人认购，募集外来资金 11 455 万元。2011 年 4 月，湘电重型装备股份有限公司又增资扩股 3000 万股，溢价私募发行每股价格 2.68 元，由天津信乐产业投资基金企业等 4 家法人认购，募集外来资金 8435 万元。因此，改革开放后中国不断发展的资本市场，支持了湘电的产品研发，市场对产业创新的正反馈作用开始发挥。而其前提，是湘电经数十年积累，在电动轮矿用自卸车领域已较为成熟，具备了一定的比较优势。在研发过程中，企业利用外部资源的特征也极为明显。例如，300 吨级车的液压转向系统的工作原理虽与 220 吨级车一致，但国内外市场没有满足 300 吨级车要

① 湘电自卸车的停产系 1996～2002 年，转机则出现在 2000 年。值得注意的是，这与图 4 所示周期亦相吻合。

② 湘电最初的设想是走合资合作的道路，以最快速度研发新型电动轮自卸车并迅速产业化，为此，湘电与小松制作所、利勃海尔等公司进行了接触，但由于国外对中国的技术封锁而无果。湘电与白俄罗斯的别拉斯工厂洽谈时间最长，但由于别拉斯仅仅只想湘电给自己配套旗下车型的电机电控，以此来降低成本，双方未能达成一致。

求的配件。为此，湘电的合作方中南大学液压转向系统研究课题组经多次研讨，认为可以利用Danfoss公司现有配件进行重新组合，后经多次与该公司沟通，最终确定了液压转向系统的选型与设计，满足了 300 吨电动轮自卸车的转向要求。在这一案例中，一方面，湘电利用了高校的科研资源解决技术难题，另一方面，又通过市场充分利用了国外企业的力量。实际上，当时湘电曾面临两种选择：要么整体上采用日企小松制作所的 930E 转向系统，但这就会使湘电将来的生产受制于人；要么自行研制，但耗时过长且风险巨大。中南大学的解决方案避免了两方面的困境。2011 年 5 月，湘电制造的第 1 台中国具有完全自主知识产权的 SF35100 型 300 吨交流传动电动轮自卸车成功下线。根据国务院《装备制造业调整和振兴规划》文件精神，早在2008年10月，湘电就与神华准格尔能源有限责任公司签订了2台300吨电动轮自卸车订货意向书，这为湘电的新产品解决了工业运行试验的后顾之忧。2011 年 11 月至 2012 年 5 月，SF35100 型 300 吨电动轮自卸车在神华准格尔能源有限责任公司的哈尔乌素露天煤矿完成了工业运行试验，满载试运行平均出动率为 95%，最高日产量达 12 327 立方米。试验的成功，标志着中国打破了 300 吨级电动轮矿用自卸车的国际垄断，而市场与国家在企业的创新过程中均起到了重要作用。

矿用自卸车的研制成功，是中国矿山机械工业从无到有式创新的一个具体案例。除了湘电外，尚有数家中国企业能够制造大型电动轮自卸车。以湘电为代表的矿用自卸车研制过程，是一个企业受国家和市场交互影响的能力长期积累过程。在这一过程中，对矿用自卸车的需求始终存在，但行业与企业满足需求的能力是演化形成的。计划经济体制为这一创新打下了不可或缺的基础，由政府灌注给企业的进口替代的工业文化和以行政手段安排新产品的用户，是该体制起到的最大的作用。在市场化改革进程中，企业在自力更生型工业文化影响下对进口替代观念的坚持，确保了创新行为的持续，对事实上由市场化造成的负面影响起到了克服作用。此外，中国政府也保留了干预产业的政策及其能力，在矿用自卸车研发这一案例中，对于企业创新活动不因市场转型的冲击而中断起到了重要作用。不过，这并不表明市场机制在该案例中无足轻重，相反，企业最终学会了利用市场手段来进行技术创新。因此，以矿用自卸车研发为代表的中国矿山机械工业的从无到有式创新，是一个诸多历史因素累积产生作用的演化过程。

五、小　　结

演化经济学认为，经济演化过程包含着持续的或周期性出现的新事象和创造性（霍奇逊，2017）。对于现代世界中后发展的农业国来说，工业发展本身就是一种新事象的出现，是具有创造性的经济演化过程。从这个角度说，中国矿山机械工业从无到有的诞生与迈向高端产业的发展及其所包含的从无到有式创新，是一个典型的演化故事。

在这个故事里，历史的重要性极为明显。历史的重要性，一方面体现于行业发展的长期积累性，另一方面则体现于历史特殊性塑造了行业的演化路径。毫无疑问，无论在何种经济体制下，中国经济对能源的持续性需求，都是矿山机械工业发展的根本动力。

但是，在新中国成立前，这一需求并未在市场经济条件下诱导矿山机械工业诞生。究其原因，该行业在一个后发展的农业国家属于缺乏比较优势的资本品部门，在市场需求之外，资本、知识与技术等稀缺要素同样不可或缺，但市场不会将这些要素导向缺乏比较优势的部门。进一步说，从国外进口装备实际上是在本土建立产业的可替代性选项。新中国成立后所采取的重工业优先发展战略，通过计划手段强制性地将资源导向资本品部门，人为地创造了缺乏比较优势的矿山机械工业。这一非市场的演化路径即为历史特殊性，它打断了原有的经济发展自然趋向，但确实创造了新的更高级的经济结构。因此，国家对于现代经济的演化，是不容忽视的重要变量。

不过，经济演化必须建立在一定的微观基础上，对行业演化来说，企业就是最重要的微观主体。演化经济学的企业理论是基于能力的理论而非以交易成本为核心的契约理论。换言之，演化经济学将企业的发展视为一个能力提升的过程，而能力的提升需要学习与积累。霍奇逊（Geoffrey Hodgson）指出："学习也是一个由解释、评价、试验、反馈和评估构成的过程，包括了社会性传递的认知框架和经常被视为当然的常规化的群体实践。"（霍奇逊，2017）这意味着时间对于演化有着特殊的重要意义，也可以由此解释为何工业发展通常是一个长期积累的过程。中国矿山机械工业的演化尤其是以矿用自卸车为代表的从无到有式创新，证实了该理论的合理性。在本文所举的湘电的创新案例中，该企业制造电动轮矿用自卸车的基本能力是在计划经济体制下积累形成的，市场化改革初期，这一缺乏短期经济效应的创新实际上面临着夭折的可能性，但企业与社会长期形成的工业文化即进口替代的强烈观念，在惯性作用下，驱使企业选择了坚持高端产品研发的路径，而国家的新政策也在一定程度上延续了旧体制中的合理成分，从制度层面为企业坚持创新提供了保障。于是，在一个创新事例中，历史因素反而彰显了强大的支撑力量，这凸显了从演化角度分析经济的重要性。

如果将矿山机械工业视为中国工业的一个缩影，则必须认识到，中国工业的发展壮大是一个长期积累的演化过程，在这一过程中，企业是从事创新的主体，而国家和市场都以各自的方式施加着重要影响。因此，中国工业的崛起是一个无法割裂时段与相关因素的复杂演化过程。这一结论具有潜在的政策含义，即与工业相关的政策必须具有长期战略视野，并同时利用市场机制与产业政策去激励与协助工业部门的创新。这是在演化经济学视野下研究行业史给予当下的启示。

参考文献

巴兰 P A. 2000. 增长的政治经济学[M]. 蔡中兴，等译. 北京：商务印书馆：379-380.

长春汽车研究所. 1959. 重型自卸汽车调查报告・一、整车[M]. 长春：长春汽车研究所：1-27.

《当代中国》丛书编辑部. 1990. 当代中国的机械工业（下）[M]. 北京：中国社会科学出版社：54.

《当代中国的重型矿山机械工业》编辑委员会. 1986a. 1949—1983 矿山机械行业发展简史（上）[M]. 北京：《当代中国的重型矿山机械工业》编辑委员会：1，43，101-105，291-292.

《当代中国的重型矿山机械工业》编辑委员会. 1986b. 1949—1983 矿山机械行业发展简史（下）[M]. 北京：《当代中国的重型矿山机械工业》编辑委员会：240，257.

《当代中国的重型矿山机械工业》编辑委员会. 1988. 1949—1985 沈阳矿山机器厂厂史[M]. 北京：《当代中国的重型矿山机械工业》编辑委员会：18-30，49-50，78-86，509，511.
第一机械工业部长春汽车研究所《汽车技术》编辑组. 1971. 矿用自卸汽车资料汇编[M]. 长春：第一机械工业部长春汽车研究所：1-3.
范多富. 2011. 金奖：国家重大技术装备：千万吨级露天矿用大型电动轮自卸车研发史话[M]. 北京：红旗出版社：25-26，28-29，67，74，96，138，140-141，202.
国家统计局工业交通物资统计司. 1985. 中国工业经济统计资料：1949—1984[M]. 北京：中国统计出版社：50，55.
国家统计局工业统计司. 2015. 中国工业统计年鉴 2015[M]. 北京：中国统计出版社.
国家统计局能源统计司. 2010. 中国能源统计年鉴 2009[M]. 北京：中国统计出版社：8，34.
霍奇逊 G M. 2017. 演化与制度：论演化经济学和经济学的演化[M]. 任荣华，等译. 北京：中国人民大学出版社：130.
洛阳矿山机器厂志总编室. 1986. 洛阳矿山机器厂志[M]. 合肥：安徽新华印刷厂：3，6，273-274.
《千万吨级大型露天矿用成套设备研制》编辑委员会. 2012. 中国重大技术装备史话：千万吨级大型露天矿用成套设备研制[M]. 北京：中国电力出版社：107-224.
上海市农业机械制造公司. 1969. 设计、生产矿用大吨位自卸汽车的调查报告[R]. 上海：上海市档案馆藏档 B116-2-39.
徐州煤矿机械厂厂志编委会. 1989. 徐州煤矿机械厂志 1957—1987[M]. 徐州：徐州煤矿机械厂：3，6-7，34.
严鹏. 2015. 战略性工业化的曲折展开：中国机械工业的演化 1900—1957[M]. 上海：上海人民出版社：358-365.
严鹏. 2022a. 从无到有式部门创新及其限制：对中国机床工具工业早期技术追赶的分析[J]. 演化与创新经济学评论，（2）：121-143.
严鹏. 2022b. 工业文化的学理基础：对经济学史的分析[J]. 华中师范大学学报（人文社会科学版），（6）：49-60.
冶金工业出版社. 1974. 大打矿山之仗的典型经验[M]. 北京：冶金工业出版社：21.
郑煤机志编纂委员会. 2008. 郑煤机志 1958—2008[M]. 郑州：中州古籍出版社：68，94，161，246.
中国机械工业年鉴编辑委员会. 2012. 中国机械工业年鉴 2012[M]. 北京：机械工业出版社：131-132.
中信重型机械公司志编委会. 2006. 中信重型机械公司志 1986—2005[M]. 郑州：中州古籍出版社：57-58，136，144-145，318.
朱荫贵. 2016. 关于行业史研究的笔谈[J]. 近代史学刊，（1）：1-11.

基于三重螺旋的芯片光刻关键核心技术创新网络结构演化研究*

王成军　王佳莲　张　凯　李　辉

（安徽财经大学工商管理学院，安徽　蚌埠 233030）

摘要：关键核心技术“卡脖子”是国家亟待解决的重要问题，研究芯片关键核心技术的创新网络结构演化对促进芯片光刻技术行业的发展意义重大。这里以 1997～2021 年中国芯片光刻行业官产学联合专利申请数据为样本，基于三重螺旋理论对官产学合作类型进行分类并运用社会网络分析法，分析了官产学创新合作关系时空演化过程中所呈现出的数量特征和网络结构特征。研究结果发现：①联合专利申请的创新主体呈现多元化趋势，双边合作关系始终处于主导地位，多边合作关系整体有所增长，企业在发展过程中占据主体地位，政府直属机构在合作关系中所占比重上升，官产学三者之间的合作在不断加深；②中国芯片光刻行业的创新合作网络结构特征变化幅度较大，网络密度不断降低，度数中心势呈现出波动式下降的趋势，网络规模不断扩大；③京东方科技集团股份有限公司、清华大学、大族激光科技产业集团股份有限公司是官产学创新合作网络中的最为核心的节点，在合作中处于主导地位；④中国城市间官产学创新合作网络在地理时空分布的不均衡特性显著。概而言之，这里从定性和定量的角度出发，分析不同发展阶段的演化特征，从而为芯片光刻技术企业良性成长与卓越发展提供一些引领性建议和可能性方案。

关键词：关键核心技术　三重螺旋　创新网络分析　芯片光刻技术

中图分类号：F124.3　F091　文献标识码：A

一、问题的提出

2022 年 9 月 29 日，世界知识产权组织发布的《2022 年全球创新指数报告》显示，中

*基金项目：安徽省哲学社会科学规划重点项目研究成果（AHSKZ2021D04）；安徽财经大学科研创新基金项目（ACYC2022024）。

作者简介：王成军（1972－），男（汉），安徽利辛人，教授，管理学博士，硕士生导师，安徽财经大学工商管理学院，研究方向：技术创新及管理、官产学三重螺旋、创新创业管理、统计计算数学。邮箱：994627740@qq.com。王佳莲（1997－），女（汉），安徽滁州人，硕士生，安徽财经大学工商管理学院，研究方向：技术创新及管理、官产学三重螺旋。张凯（2000－），男（汉），安徽阜阳人，硕士生，安徽财经大学工商管理学院，研究方向：创新创业管理。李辉（1999－），男（汉），安徽六安人，硕士生，安徽财经大学工商管理学院，研究方向：官产学三重螺旋。

国排名继续攀升，从2021年的12位升至全球第11位，与2012年相比跃升了23位（刘垠，2022）。党的十八大以来，以习近平同志为核心的党中央把创新作为引领发展的第一动力，摆在国家发展全局的核心位置，我国科技事业发生了历史性、整体性、格局性重大变化，我国成功进入创新型国家行列。党的二十大报告提出到2035年“实现高水平科技自立自强，进入创新型国家前列”的宏伟目标。一方面，无可置疑地看到我国的科技事业取得了长足进展；另一方面，也注意到我们面临着一些关键核心技术亟待有效突破的“卡脖子”重大而紧要议题。具体表现在，自中兴事件爆发以来，华为屡次遭遇“断供”风波，新冠疫情的暴发流行也充分暴露出我国在医药设备方面的短板，不难看出一些关键核心技术领域的“卡脖子”状况时有发生。

《全民科学素质行动规划纲要（2021—2035年）》着重强调大众创新意识的培养和创新思维的激发，政府、高校及企业各方都应潜心推动创新科技的发展，从而营造出重视科技创新的社会氛围。当前高水平、高质量的官产学协同创新成为突破关键核心技术“卡脖子”问题的重要路径。在新一轮科技创新的产业变革浪潮中争夺未来产业竞争的制高点，就需要通过技术推动产业变革，促进新旧动能的接续转换（叶琪，2017；易宇和周观平，2021）。需要着重强调的是，推动关键核心技术创新模式将从单主体推动发展向多主体协同创新和组织耦合方向逐步发展。在这种现实背景下，官产学协同创新就为我国关键核心技术的发展提供了一条切实可行的道路。

为此，这就亟待：一方面新兴技术产业中，部分关键核心技术具有前沿性、复杂性和高度的不确定性特点，官产学协同创新能够充分适应关键核心技术的发展特点；另一方面，官产学协同创新代表新兴技术产业发展的未来方向，在促进经济增长中发挥着关键作用。新兴技术的研发主体通过线性和非线性组合，以主动或被动的方式与其他组织交换各种创新资源，促进技术的广泛整合，进一步模糊技术边界，并加强了知识交流的频率。不同技术链之间的相互交叉融合很容易催生突破性的新技术和更多的创新链，从而对现有创新网络的结构特征产生了改变（曹兴等，2022）。探究芯片光刻行业的创新网络结构演化可以在一定程度上揭示其创新机理，从而为涉及关键核心技术的行业实现良性成长和卓越发展提供借鉴意义。

二、文献综述

（一）三重螺旋

三重螺旋首次见于Etzkowitz和Leydesdorff（1995）的文献中，文章提出大学和产业已经开始进入了对方的领域，并且融合出现了新的公司大学的组织模式，与此同时政府也超出文化保存和教育研究的职能范围，变得更加注重财富创造。基于此现象提出了三重螺旋的理论，认为三者的关系是在创新过程的各个阶段以联动键合螺旋模式逐渐协调在一起的。三重螺旋理论是在研究大学－产业－政府三者之间的动态螺旋结构关系，即分析官产学不同主体之间的主体地位的动态变化以及与之相伴随的信息资源流动和组织结构调整，以推动创新知识的生产、转化、应用、产业化以及升级（王成军，2006）。

该理论认为政府、产业、大学能够形成多种不同的互动方式，并且可以划分为三大范畴，分别是各创新主体内部、两两互动以及三种功能重叠形成的混合型组织（梁潇，2008；王成军等，2008）；这些主体在创新活动中不仅保持其原主体的独立性，而且在其与其他主体进行互动时形成交叉影响，形成了三种力量相互交织、螺旋上升的三重螺旋结构关系（王琳琳等，2023）。还有学者提出三重螺旋中大学、企业和政府的“交迭”才是创新体系的核心单元，其三者联动是推动知识产生以及扩散的重要动力。在知识转化为生产力的过程中，参与者相互作用，从而推动创新螺旋上升（涂俊和吴贵生，2006）。张艺和陈凯华（2020）关注到大学在教育与研究职能以外，逐渐发展其在经济中的作用，迈向创业型大学，与产业问题挂钩；企业在追逐利润的过程中，开始愈加重视公司科研活动以及员工教育培训乃至成立公司大学；政府从行政与主导地位向政策服务与风险资金支持角色转变；并给出了官产学创新的起源、进展与展望等国际研究。

三重螺旋为大学、企业和政府之间的协同发展提供了学术理论支持，同时也为现象揭示提供了有力的理论武器。陈理飞（2007）对三重螺旋模型理论进行了综述，并且运用三重螺旋模型详细阐述了区域创新系统的主体关系以及内在机制。邹波等（2013）从三重螺旋的视角分析协同创新的内在机制，并且提出了适应中国的三者协同的具体路径，即三者之间目标协同、组织结构协同和创新过程协同。王成军等（2016）基于三重螺旋建立了中国区域创新水平评价指标体系，给出了中国创新型国家建设诉求下的区域创新水平差异性研究分析，并且分析官产学模式互动及其中介组织对区域创新活动的支撑作用。王成军等（2017）给出了三重螺旋的研究述评及其最新进展。张健等（2017）探讨了在有限理性条件下，分析政府、企业和高校的协同创新系统。庄涛（2018）运用三重螺旋算法对 2002～2011 年中国发明专利授权量进行了基于行业分类的实证分析，并给出了相应的行业发展对策建议。邓志新（2021）从三重螺旋理论出发具体分析现代产业学院协同创新的困境根源，即政府、产业、学校三者螺旋的矛盾，探索性提出现代产业学院“三方螺旋、四链融合、五业联动”的协同创新逻辑机理。王成军等（2022）探讨了三重螺旋视角下合肥发展过程中的主体权变研究，从而为其他城市提供了发展路径的借鉴意义。王成军等（2023）给出了三重螺旋框架下的揭榜挂帅制度机理探析及其创新管理研究。

（二）创新网络

创新网络是企业之间通过交流获取知识、文件等而形成的正式及非正式联系（Nonaka and Takeuch，1995）。受“社会转向、制度转向和文化转向”思潮的影响，国内学者立足于本国问题较多关注特定区域创新研究。近年来，国内学者也越来越多地将社会网络分析方法应用于创新网络领域，主要围绕着以下四个方面展开：①创新网络结构的相关特征研究，如空间结构和网络拓扑结构特征（Choi et al.，2013；王璐璐等，2018）、关系强度（潘松挺，2009；刘学元等，2016）、网络聚类（陈伟等，2012）、创新合作网络结构和各个网络间的关联（史焱文等，2015）；②创新网络演化的研究

（Peng et al.，2019；程华等，2022）；③创新网络多维临近性的研究（韦文雯，2015；郭燕燕等，2017；曹霞和张鑫，2023）；④创新网络绩效的研究（Collins and Hitt，2006；庞瑞芝等，2013；Kapoor and Lee，2013）。

（三）文献评述

通过梳理有关于创新网络和三重螺旋的已有文献，可以发现创新网络多采用产学研理论来揭示所研究的创新网络，对于更加符合中国实际的"官产学"的概念运用得较少。韩增林等（2018）将官产学理论与社会网络分析方法进行了初步结合，并指出产学研合作各自都有不同的利益追求，若缺乏政府的有效指导和约束，极容易陷入零和博弈的陷阱（王成军和王德应，2008）。在产学研理论的基础上增加政府的调控，一方面适应中国芯片行业的具体发展特点，即由政府主导下创办的各类科研基金项目，如 863 计划等，以广泛集结不同社会主体的科学文化技术支持，从而在短时间内完成重大科学技术的创新突破，以解决当前更为急迫的"卡脖子"问题。另一方面，在产学研理论的基础上引入政府这一关键主体，对于建立一个完整的创新网络生态系统具有不可或缺的作用，解决因该主体所带来的成因缺失所造成分析不透彻、不深入的问题。

鉴于此，这里以 1997～2021 年中国芯片光刻行业的官产学联合专利申请数据为研究样本，基于三重螺旋理论对官产学合作类型进行分类，并应用社会网络分析法探索官产学创新合作关系在时空演化过程中的数量特征和网络结构特征。以期为优化中国芯片光刻行业的官产学合作提供决策参考。

三、研 究 设 计

（一）分析框架

对于关键核心技术行业发展问题的探讨，需要从整体系统的层次来进行分析，建立一个"关键主体识别—资源要素互动—网络机制匹配"的动态分析机制。首要任务是厘清关键核心技术涉及哪些具体的行业，对于各个行业发展中的关键核心技术是否被别人"卡脖子"的问题进行探讨。与此同时，申请人类型即各项发明的主要机构可以在一定程度上反映行业发展的主要力量，分析其潜在的发展方向。其次，资源要素互动是保证行业健康发展必不可少的因素。合作成员的数量和类型可以在一定程度上反映要素资源在不同机构之间流动所提升的协同发展程度和技术质量水平。最后，通过网络匹配机制的运行促进技术主体和资源要素之间的合理分配。研究芯片光刻行业在不同的发展期间所呈现出的主体和资源的匹配程度与相关程度，即动态分析行业发展过程中造成差异分化的主要原因，如个体节点的演化、区域资源的演化和整体网络的差异性（表 1）。

表 1　芯片光刻关键核心技术创新网络动态分析维度及其指标

筛选维度	衡量指标	指标分析
关键主体识别	同族专利数	同族专利数越多，说明专利在整个技术领域的认可度越高
	申请人类型	申请人类型不同，能甄别其所代表的行业发展方向的差别
资源要素互动	合作成员数量	参与专利合作研发的成员越多，说明其涉及的合作所需技术的复合性越高
	合作成员类型	参与合作成员的类型越多，产业间的官产学协同发展的程度越高
网络机制匹配	节点演化特征	基于社会网络演化结构，分析其关键主体的度数中心度、中间中心度和接近中心度
	整体演化特征	基于社会网络演化结构，分析整体网络的网络密度、度数中心势和平均最短路径
	时空演化特征	基于社会网络演化结构，分析各个区域之间的合作化程度

（二）研究方法

社会网络分析法是一种研究社会关系、交互和结构的方法。它基于图论和数学模型，通过分析和可视化个体之间的关联性，揭示社会系统中的模式、动态和特征（刘军，2009）。社会网络分析法的基本原理是将社会关系抽象为网络结构，通过节点（个体）和边（连接）来描述和表示关系。研究者可以使用各种指标和算法来分析网络中的节点、边和整体结构，以及节点之间的连通性、位置和中心性等特征。

社会网络分析法的起源可以追溯到20世纪的社会学领域。Moreno（1951）被认为是社会网络分析的先驱之一，提出了“社会人际地图”的概念和方法，用于图示化个体之间的社交关系。Granovetter（1973）的研究关注社会关系对信息传播和社会行动的影响。他在1973年发表了一篇具有重要影响力的论文——《弱关系的力量》，强调了社交网络中弱关系的重要性（王成军等，2019；王成军和方军，2020）。作为社会网络分析方法的重要推动者之一，Freeman（1979）提出并发展了许多社会网络分析中常用的概念和指标，如度中心性和介数中心性等。Burt（1992）关注个体在社交网络中的位置和角色，并提出“结构洞”概念，即在网络中连接两个或多个不同群体的个体或关系，为该领域的发展和应用做出了重要贡献。作为社会网络分析领域的重要参考书，Wasserman 和 Faust（1994）合著的《社会网络分析：方法与应用》，其框架和实证研究方法，推动着该领域的快速发展和广泛应用。

四、实证分析

（一）关键主体识别

1. 芯片光刻行业数据来源

联合申请发明专利可以在一定程度上反映基于创新网络的节点所形成的关系网络，从而被越来越多地运用到社会网络分析的实证研究中。这里的实证分析基于合作专利数据所构建的创新网络，芯片光刻行业专利数据主要来源于国家知识产权局中国专利信息中心。

考虑到我国专利从申请日到公开日需要 18 个月，检索的申请日时间跨度设置为 1997～2021 年，以中国芯片光刻行业为研究对象，申请者所在的国家、地区或组织为中国。

明确数据收集范围。鉴于芯片光刻技术所涉及的行业分类的复杂性，单独依据某几类 IPC（international patent classification，国际专利分类号）进行检索不可避免地会出现误差。故借鉴芯片光刻技术相关材料（田民波，2009；Liu et al.，2018；张贝贝等，2023）来设置关于在中国的芯片光刻行业的专利索引：IPC=（G03F7/ G03F/ G03B/ H04N3/ H04N-005/ B23K26/362 H01L21/027 H01L21/312 H01L21/47）AND 申请人所在国家/地区/组织=（CN）。着重研究官产学创新合作网络，因此要筛除专利权中包含个人的数据与非合作关系数据，并进行数据清洗、字段分割和去重，则剩余数即为官产学专利申请的合作创新数据。

2. 官产学创新合作网络构建

按照申请人将申请主体划分为官（政府）、产（企业）、学（大学）三类（表 2），再分别将官产学三者之间的关系进行组合，构成七种不同的合作关系：官—官（G）、产—产（I）、学—学（U）、官—产（GI）、官—学（GU）、产—学（IU）、官—产—学（GIU），再将与其他节点无关联的单独节点予以筛除，就可以形成由不同主体彼此关联的官产学创新合作网络。

表 2 申请人分类

申请人性质	字段
政府	政府、局、委员会、厅、署、部门、政府直属机构名称
企业	企业、公司、集团、厂、医院、矿
大学	学院、大学、学校、研究院、科研院、研究中心、研究所、实验室、设计院、工程院、基地、中心

（二）合作网络资源要素互动

1. 合作网络阶段演化情况分析

从图 1 可以看出 1997～2021 年全国芯片光刻合作专利申请数量的变动，专利申请量从 1997 年的 2 件增长到 2021 年的 3382 件，整体呈现波动上升趋势。相比之下，官产学合作专利增速较为缓慢，总体占比较低，近 25 年平均占比只有 4.7%，最高不超过 10%。这一变化趋势反映了社会对芯片光刻技术创新的日益重视，官产学联合创新已成为组织创新的重要模式之一。然而，官产学不同机构主体之间的合作创新比例并未随合作创新总量的增加而显著提高，政府、企业和大学之间的合作创新仍存在一定的难题。

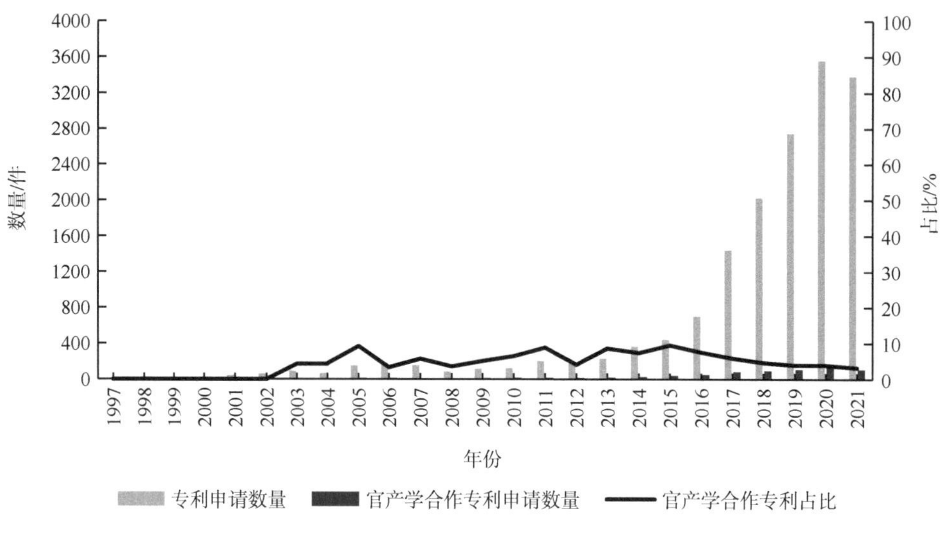

图 1　1997～2021 年专利申请分析

伴随着区域经济发展以及国家政策支持等多项因素影响，中国芯片光刻技术经历了不同发展阶段，呈现出相应的阶段性特征。2003 年和 2016 年是发展的显著分界点，据此将中国芯片光刻行业的发展划分为三个阶段，分别是起步探索期、缓慢发展期、快速发展期。

1997～2003 年为起步探索阶段，我国开始能查到集中专利申请数据是在 1997 年左右。这主要是由于中国通过改革开放逐步积累了一定的物质基础，开始探寻高质量科学技术的发展，实施“909 工程”，吸收引进西方先进芯片光刻技术。在这一时期专利申请数量较少且年均专利申请数量少于 20 项，以单个主体自发研发为主，不同主体间缺乏研发合作。

2004～2016 年为缓慢发展阶段，中国芯片光刻行业开始走上自主研发道路。2004 年中芯国际开始崭露头角，社会整体重视芯片光刻行业的发展。在这一阶段芯片行业专利申请数量缓慢上升，由 2004 年的 68 件上升到 2016 年的 702 件，开始强调不同官产学主体之间的联合研发。截至 2016 年当年，联合研发专利申请量为 53 件，占比为 8%，随着专利申请数量的增加，联合研发专利申请数量有所增加且呈现出不断上升的自然发展趋势。

2017～2021 年为快速发展阶段，这主要是由于 2016 年发布了《信息产业发展指南》，着力提升集成电路研发技术，健全集成电路产业发展体系。上海微电子 SSX600 系列的量产也极大地推动了芯片光刻技术的发展。这一时期实现了芯片光刻行业的跨越式发展，专利申请数量从 2017 年的 1443 件到 2021 年的 3382 件，增幅达 134%。联合研发的数量有所增加，但合作专利占比呈现出平缓下降的趋势，由 2017 年的 6%下降至 2021 年的 3%，与专利申请量相比，官产学联合申请量增速较低，说明我国的官产学联合研发仍有改进空间。

2. 合作网络主体演化情况分析

本文选取 2003 年、2016 年和 2021 年三个时间点运用 NetDraw 软件绘制关于不同创新主体演变趋势的网络拓扑图（图 2）。1997～2021 年芯片光刻行业联合专利申请的主体数量不断增加，创新主体呈现多元化趋势，网络结构向“多核心”模式接近。在图 2 中，网络连线越粗代表彼此之间进行创新合作的次数越多，在市场创新主体中的重要性就越高。

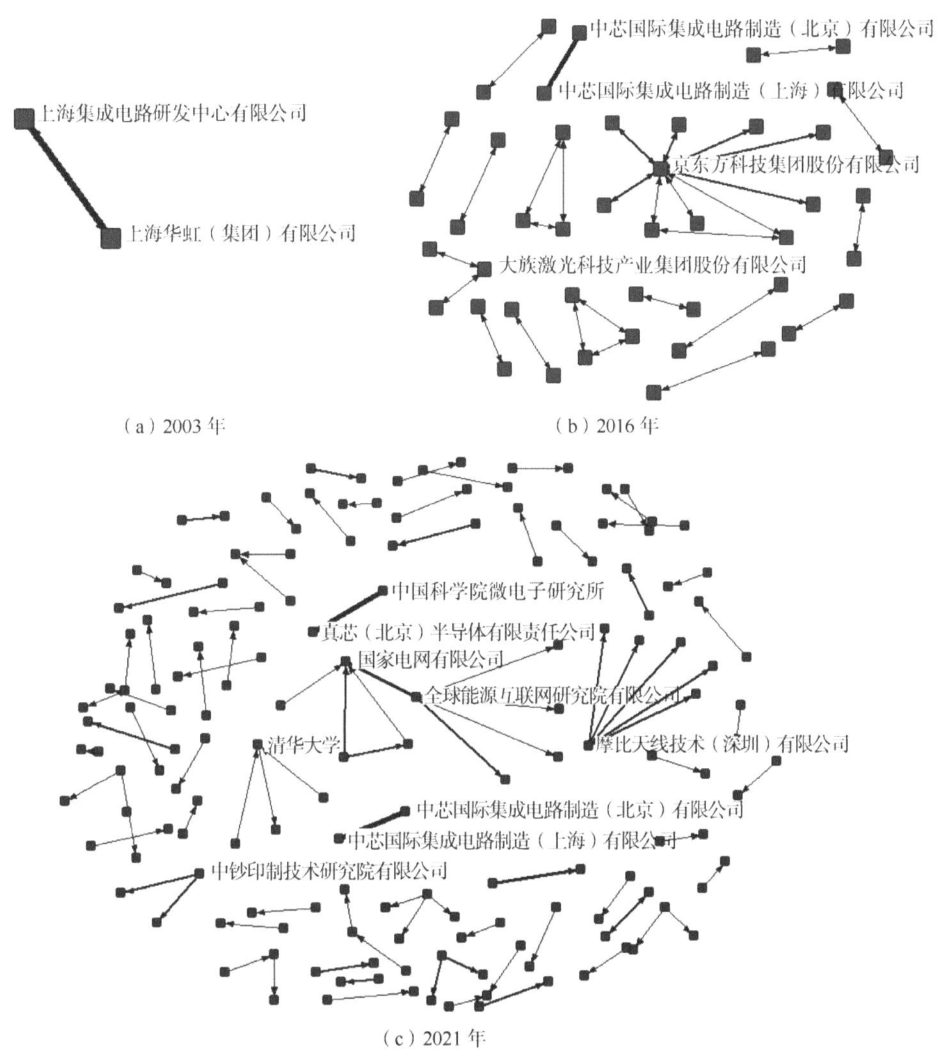

图 2　不同时间点芯片光刻行业官产学创新合作网络拓扑图

2003 年的联合专利申请总量较少，共有 2 个联合创新主体，4 项联合专利申请。其中，上海华虹（集团）有限公司与上海集成电路研发中心有限公司之间的合作次数最多，共有 4 次联合专利申请，这两家公司是当时最重要的联合创新主体，表明起步探索阶段的芯片技术创新合作以企业之间联合研发为主要形式，无大规模子网形成。2016 年的联合申请专利数量不断增多，共有 53 项联合专利申请。京东方科技集团股份有限公司、中芯国际集成电路制造有限公司、大族激光科技产业集团股份有限公司成为重要的创新主体。而且京东方科技集团股份有限公司与其他公司开展合作次数最多，成为一个重要的网络创新中心点，并以此中心点形成规模化的网络结构。在此期间，联合创新主体仍以企业为主，但是研究院和大学等为代表的学术主体也更多地参与到技术联合研发中。

2021 年联合专利申请呈现出快速增长趋势，联合申请专利达到 110 项。其中，国家电网有限公司、全球能源互联网研究院有限公司、中国科学院微电子研究所、真芯（北京）半导体有限责任公司是这一时期重要的创新主体。而且创新主体所属机构呈现出多元化趋势，网络中更多的中心节点逐渐演变为核心节点，并衍生出相互连接的子网，子网之间的连接逐渐复杂多样化，整体网络正朝着“多核心”结构的趋势不断接近。在此快速发展阶段，企业间的合作仍然是技术创新合作的主要形式，但必须指出，尽管企业间合作频次很高，但是合作程度不深，且侧重于固定对象间的合作。与此同时，政府直属机构、市场主体及科研机构等多方参与的深入技术合作正逐步成为重要的创新合作中心点。大学和研究所也正在成为企业重要的技术研发合作对象，如中国科学院微电子研究所与真芯（北京）半导体有限责任公司联合申请专利数量较多，促进了产学合作，加速了知识研发传播点向生产与商业化产品直接扩散的进程。不同创新主体间的合作增多，官产学协同创新的程度和规模不断加深。

3. 合作网络关系演化情况分析

从官产学合作关系所涉及的成员数量来看，双边合作关系始终处于主导地位，多边合作关系整体有所增长（图 3）。从 1997～2021 年芯片光刻行业的联合申请专利来看，双边合作由 1997 年的 0 件增长到 2021 年的 95 件，不仅实现了由无到有的突破式发展，同时还呈现出波动式增长，即快速增长期的联合申请量是缓慢增长期的 2 倍左右。多边合作共同申请的专利数量从 1997 年的 0 件增长到 2021 年的 15 件，总体也呈现出波动式上升；从 2016 年的 4 件上升到 2021 年的 15 件，其增速远高于同期双边合作的 2 倍。这一趋势表明随着官产学多主体协同发展理念的社会化发展，多边合作在创新领域展现出巨大的发展潜力。从总体来看，多边合作专利申请数量占比稳定波动增长，这表明虽然双边合作仍为创新主体的首选，但越来越多的创新主体意识到多主体联合创新的重要性，并愿意寻求更多的创新合作伙伴。

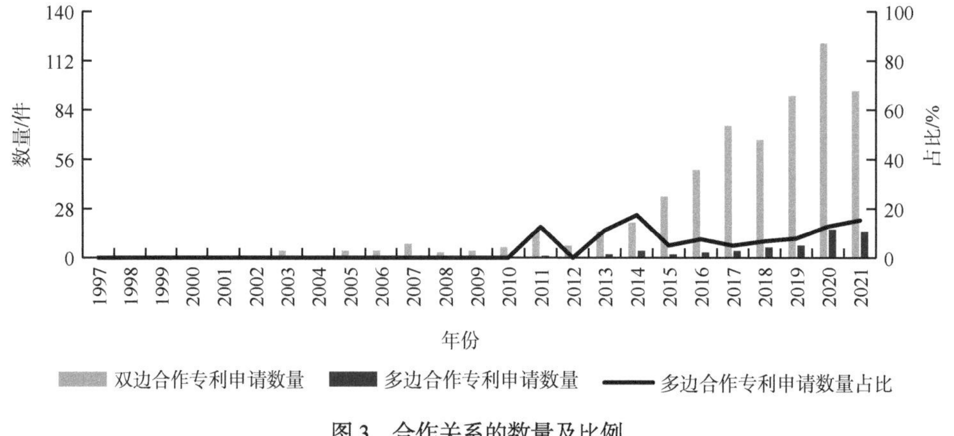

图 3　合作关系的数量及比例

从官产学合作关系所涉及的成员的成分来看，企业在发展过程中一直占据主体地位，政府及其直属机构在合作关系中所占比重不断上升，官产学三者之间的合作在不断加深（图 4）。1997～2021 年芯片光刻行业发展过程中，政府及其直属机构的联合专利申请从 2 件上升到 32 件，呈现出逐步上升的趋势；不同的政府部门及其直属机构内部联合研发占比为 23%，政府及其直属机构重视与其他的机构主体进行联合研发，其占比高达 77%。作为三重螺旋理论的重要一方，政府可以深化合作联系、强化研发程度，成为沟通企业和大学的重要桥梁，从而可以有计划、有组织地引导科学技术的发展和进步，促进芯片光刻行业的蓬勃发展。企业一直是联合专利申请的重要主体部分，参与联合专利申请高达 95%。其中，企业与其他企业进行联合研发比重高达 83%，企业倾向于与其他企业进行合作研发是基于相同的制度文化环境，更容易进行知识的理解、传播和扩散。

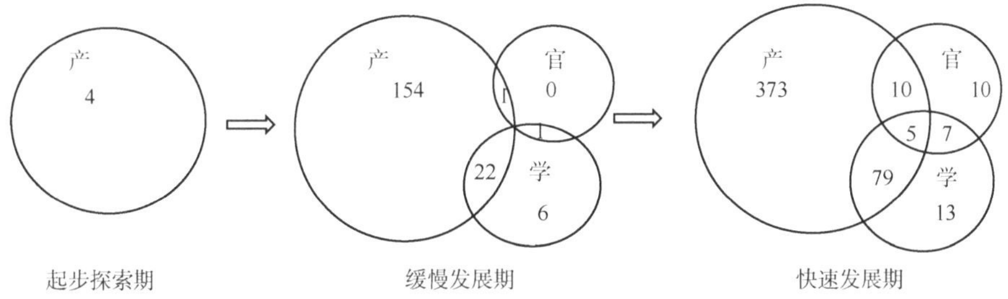

图 4　1997～2021 年官产学合作专利三重螺旋分布图

作为三重螺旋理论的重要一方，企业以市场需求为导向，通过技术创新不断推陈出新，提升产品研发和服务质量，从而占据市场份额，取得盈利，一直是芯片光刻行业发展过程中必不可少的活跃主体。大学和科研机构在联合研发过程中的相对比重变动较小，一直保持平稳发展。大学与企业的联合研发占比最高，为 78%，与其他大学机构的联合研发次之，与政府及其所属机构的联合研发最少。大学倾向于与企业进行联合研发，可以推动"研究—传播—扩散—商业化—反馈"的知识循环更新流动，促进知识的交汇融合，从而更快、更好地形成新的知识。大学作为三重螺旋理论的重要一方，研究科学知识的内在逻辑和要素，具有丰富的理论基础，可促进科学技术的突破式发展，成为知识和信息传播、发散的始发地。

（三）官产学合作网络匹配机制演化

1. 合作网络节点特征演化

本文选取度数中心度、中间中心度以及接近中心度这三个中心度指标，测度官产学合作网络中节点的地位权力、对资源的控制能力以及自主能力。计算出各个节点的中心度数值，选取中心度排名前 5 的创新主体进行分析，得到表 3。2003 年仅有两个联合申请主体，故只选取排名前 2 的创新主体。

表 3　1997～2021 年中国芯片光刻行业创新合作网络中心度

时期	创新主体	度数中心度	中间中心度	接近中心度
起步探索期（1997～2003 年）	上海集成电路研发中心有限公司	100	100	100
	上海华虹（集团）有限公司	100	100	100
缓慢发展期（2004～2016 年）	京东方科技集团股份有限公司	6.897	0.917	0.405
	上海微电子装备有限公司	3.448	0.901	0.18
	华中科技大学	2.586	0.901	0.135
	大族激光科技产业集团股份有限公司	2.586	0.877	0.045
	清华大学	2.586	0.877	0.03
快速发展期（2017～2021 年）	京东方科技集团股份有限公司	2.597	0.266	0.061
	全球能源互联网研究院有限公司	1.818	0.267	0.069
	大族激光科技产业集团股份有限公司	1.818	0.264	0.028
	国家电网有限公司	1.558	0.267	0.06
	清华大学	1.299	0.265	0.032

从度数中心度看，各个创新主体的度数中心度随着时间的推移在不断减小，新增创新主体数量不断增多，主体集中度在不断下降。京东方科技集团股份有限公司、清华大学、大族激光科技产业集团股份有限公司在合作创新网络中排名靠前，表明它们是官产学创新合作网络的核心节点。这三个节点具有较强的资源控制能力，在合作关系中处于主导地位，并在连接其他子网络方面发挥重要的桥梁作用。此外，全球能源互联网研究院有限公司、国家电网有限公司等成为新晋创新的主体，其创新合作能力有明显的提高；上海微电子装备有限公司、华中科技大学等主体的中心性地位有所下降。在各个阶段排名前 5 的创新主体中，企业在整体中占比较高，大学和研究所次之，政府及其直属机构出现次数最少，表明 2003～2021 年中国芯片光刻行业联合专利申请中，企业居于核心主体部分。从中间中心度看，中间中心度整体呈现出下降趋势，核心主体对于整体创新合作网络的控制能力降低。从接近中心度看，接近中心度也呈现出下降的趋势，即创新主体的自主控制能力出现上升趋势，表现出创新关系多元化趋势。

2. 合作网络整体特征演化

采用 Ucinet 软件对整体网络演化的结构特征进行分析，可知 2003～2021 年中国芯片光刻行业的创新合作网络结构特征整体变化幅度较大，网络密度不断降低，度数中心势呈现出波动式下降的趋势，平均最短路径波动较为平稳且整体较小（表 4）。因 1997～2002 年芯片光刻领域各机构主体尚未对合作数据提出申请，故这里的分析将 2003 年作为芯片光刻领域联合主体的专利申请数量的基准年份。

表 4　2003～2021 年中国芯片光刻行业创新合作网络结构特征变化

年份	网络密度	度数中心势	平均最短路径
2003	0.333	1	1
2004	0.500	0.333	1

续表

年份	网络密度	度数中心势	平均最短路径
2005	0.150	0.333	1
2006	0.100	0	1
2007	0.053	0.091	1.222
2008	0.100	0	1
2009	0.150	0.333	1
2010	0.071	0	1
2011	0.033	0.067	1
2012	0.089	0	1
2013	0.038	0.108	1.294
2014	0.027	0.169	1.167
2015	0.021	0.155	1.294
2016	0.019	0.169	1
2017	0.014	0.150	1.031
2018	0.011	0.098	1.241
2019	0.006	0.029	1.169
2020	0.005	0.040	1.026
2021	0.004	0.027	1.011

从网络密度看，2003年网络密度为0.333，网络密度较大，表明芯片光刻行业联合研发初期，主体较少，彼此之间的合作联系较深，网络成员间的连通效率较高。2004～2016年，网络密度从2004年的0.500下降到2016年的0.019，呈现出波动式下降趋势，下降幅度较大，表明伴随着创新主体的快速增多，网络密度呈现出快速下降的趋势。2017～2021年的网络密度整体较小，一直维系在0.007左右，表明官产学创新网络的联系稀疏，网络成员间的连通效率不高。可以看出，创新主体的增速超过创新合作关系的增速。合作次数的增加，并非源于已有创新主体之间合作关系的加深，而是由于新的创新主体不断加入创新网络（袁莹莹，2018）。这在一定程度上反映了创新合作网络之间的组织结构趋向于松散，需要进一步加强彼此之间的合作联系。

从度数中心势看，2003年度数中心势为1，说明合作网络中存在着绝对的权力中心点，网络关系单一且集中，明显属于网络发展初期的特征。2004～2016年出现度数中心势为0的情况，表明网络无中心位置，除此之外，度数中心势出现波动式变化，基本维持在0.2左右。2017～2021年度数中心势显著降低，由2017年的0.150下降到2021年的0.027，且度数中心势整体呈现出较小的特征。说明在快速发展期间涌现出更多的微型核心节点，网络结构也变得更加错综复杂，呈现出显著的多核心的发展趋势。从平均最短路径来看，2003～2021年平均最短距离呈现出波动式增加的现状，且其平均最短路径维持在1.077左右，表明平均每个主体只需要通过1.077个节点就可以联系到其他主体，网络的“小世界”特性显著，说明在合作网络中，创新要素如资源、信息等在各节点间流动迅速，大幅提升了创新效率，增添了创新主体的活力和创造力。

3. 合作网络时空演化

为了更好地分析不同城市之间官产学合作联系的强度和空间分布格局，我们可以进一步对网络合作层级进行分析。依据自然断裂法将城市间的创新合作联系划分为不同的等级，然后分析中国城市的官产学创新合作关系的地区演化特征。

中国城市间官产学创新合作网络在地理时空分布的不均衡特性显著。空间总体上呈现出东强西弱的空间分布格局。中国的东部地区以及中部地区都建立了较强的合作创新关系，而西部地区只有重庆、四川、陕西、内蒙古等发展出一些较弱的合作创新关系。这反映了中国官产学合作网络符合中国方向性的经济地理特征（毕鹏翔和唐子来，2022）；时间总体上呈现出集聚效应显著的特点。伴随时间变化，东部地区官产学合作网络的辐射范围不断扩大，由上海、北京等核心地区逐渐向广东、江苏、安徽、浙江、福建等地区进行扩散，明显形成了长三角、珠三角、长江中游、成渝城市群间“小团体”现象，与当前中国创新网络的菱形空间结构特征（杨亮洁等，2021）形成鲜明的对比。

具体来说，2003 年创新主体城市的数量较少，城市间的交流合作较少。上海是一个芯片光刻行业发展的重要节点城市，通过引入最新科学技术加以研究，开始重视芯片专利的研发申请；2016 年创新主体城市的数量缓慢增多，城市间的交流合作随之增多。上海的重要地位开始下降，北京成为一个新兴的芯片光刻研发中心，并且广东、安徽、江苏、四川等地区的芯片光刻行业也开始发展；2021 年创新主体城市的数量快速增加，彼此间的联系有所增加，同时形成了较为明显的以北京、上海、广东等地区为中心向周边城市合作次数依次递减的分布格局，形成了不同的小团体发展格局。以上海为单中心转变为以北京、广东为双中心的放射状空间联系特征明显，中国芯片光刻行业的重心城市发生了明显的转移。创新合作网络中的北京、上海是全国重要知识溢出地区，创新能力在全国占据核心地位。同时，合作创新网络伴随时空演化，得益于交通快速发展、信息网络快速流通，地理距离的限制条件越来越少，空间网络规模越来越大。

五、结论与启示

（一）研究结论

基于 1997～2021 年中国芯片光刻行业官产学联合专利申请数据选取样本，并应用三重螺旋理论对官产学合作类型进行分类，运用定量研究方法分析官产学创新合作关系的数量特征和网络结构特征，以揭示其时空演化过程。得出以下四个结论。

（1）从官产学合作网络关系分析，将 1997～2021 年的中国芯片光刻行业的发展划分为三个阶段，分别是起步探索期、缓慢发展期、快速发展期，联合专利申请的创新主体呈现多元化趋势，创新合作网络规模越来越大，网络发展向多核心靠拢。从官产学合作关系所涉及的成员数量看，双边合作关系始终处于主导地位，多边合作关系整体有所增长。从官产学合作关系所涉及的成员的身份看，企业在发展过程中一直占据主体地位，政府及其直属机构在合作关系中所占比重不断上升，官产学三者间的合作不断加深。

（2）从合作网络整体特征演化分析，中国芯片光刻行业的创新合作网络结构特征变化幅度较大，网络密度不断降低，度数中心势呈现出波动式下降的趋势，网络规模不断扩大，呈现出“小世界”的特性。创新主体的增速远超创新合作关系的增速，合作次数的增加并非源自现有创新主体间合作关系的加深，而是受新创新主体持续加入创新网络的影响。这在一定程度上反映了产业结构发展的多元化趋势，产业发展规模不断增大，但是官产学创新主体之间的合作研发需要不断加强。

（3）从合作网络节点特征演化分析，京东方科技集团股份有限公司、清华大学、大族激光科技产业集团股份有限公司是官产学创新合作网络中的最为核心的节点，对整体资源具有强大的控制能力，并在合作关系中居于主导地位，是连接其他子网络的重要桥梁。全球能源互联网研究院有限公司、国家电网有限公司等成为新晋创新的主体，其创新合作能力有明显的提高，政府及其所属机构在芯片光刻行业中不断增加投资研发比重；三种中心度在发展过程中也呈现出波动式下降的趋势，创新主体快速增加，集中度相应有所下降。

（4）从合作网络时空演化分析，中国城市间官产学创新合作网络在地理时空分布的不均衡特性显著；空间总体上呈现出东强西弱的空间分布格局，符合中国方向性的经济地理特征，时间总体上呈现出集聚效应显著的特点，东部地区官产学合作网络的辐射范围不断扩大，城市群之间形成明显“小团体”特性；北京、上海是全国的重要知识溢出地区，由以上海为单中心转变为以北京、广东为双中心的放射状空间联系特征明显。

（二）政策建议

根据上述结论，为进一步推动中国官产学联合创新能力的增强，提出如下政策建议。

（1）明晰网络定位，优化资源组合。分析行业的整体发展阶段以及各个阶段的网络规模及构成，以明确当前企业在发展过程中所处的外部环境，有意识地制订发展规划和战略，提升掌握关键核心技术的能力；同时，寻找符合自身战略需求的异质性的资源，主动、有意识地与目标主体建立联系，提升协同创新的能力。多角度分析芯片光刻行业的官产学合作网络关系，明确发展过程中的处境，参与官产学协同创新活动，积极寻求满足自身需求的互补性资源。

（2）增强官产学协同创新能力，优化产业发展结构。芯片光刻行业发展的关键在于众多关键核心技术知识的融合与创新、实践与发展，需要重视知识的产生、转化、应用、产业化以及升级，促使整个系统在官产学三者相互作用的动态过程中不断提升。知识传播的过程中，大学作为科学知识的发祥地和传播地，推动科学技术知识的突破性发展；政府作为大学和企业的宏观协调控制者，促进科学知识向生产技术的转变；企业作为生产技术知识的执行者，促进行业规模扩大以及产业结构转型升级。加深官产学的协同创新程度，可以增强科学技术的合作深度，推动产业规模的不断扩大，促进产业结构的转型升级。

（3）分析重点主体，发挥重要节点的引领作用。京东方科技集团股份有限公司、清华大学、大族激光科技产业集团股份有限公司等核心节点主体在创新合作关系中占据主导地位。应充分发挥核心节点主体的“涓滴效应”，尽量降低“虹吸效应”对于边缘节点主体的不利影响。通过人才、资金、产业等流动载体，推动核心节点主体的优势知识、先进技术等向边缘节点主体的扩散传播，引导并推动周边边缘主体的发展，从而全面提升芯片光刻技术创新合作水平。

（4）建设西部创新合作中心，提升整体创新水平。根据合作网络的时空演化趋势，绝大部分核心城市位于东部沿海发达城市和中部省会城市。而由于经济或地理因素的限制，西部城市大多处于创新合作网络的边缘，与外界联系较少。我们应致力于培育西部的创新中心，如成都、重庆等地，以增加边缘城市与外界创新合作的机会。通过建立本地“蜂鸣效应”，加强地方城市与创新中心之间的连接，促进东部、中部和西部城市的官产学创新合作。从而有助于整体发展，提升创新合作的能力，实现地区间的协同发展。

参考文献

毕鹏翔，唐子来. 2022. 基于新视角的区域城市创新网络空间特征再研究：以长三角地区为例[J]. 城市发展研究，29（2）：48-55.

曹霞，张鑫. 2023. 新能源汽车产学研创新网络演化及邻近性机理[J]. 科学学研究，41（9）：1678-1689.

曹兴，朱晶莹，杨春白雪. 2022. 新兴技术创新网络“液态化”机理及实证分析[J]. 科研管理，43（2）：55-64.

陈理飞. 2007. 区域创新系统的三重螺旋模型分析[J]. 统计与决策，（10）：122-124.

陈伟，张永超，马一博，等. 2012. 区域装备制造业产学研创新网络的实证研究：基于网络结构和网络聚类的视角[J]. 科学学研究，30（4）：600-607.

程华，文弈，徐瑶怡. 2022. 浙江省企业融入长三角产学研合作网络演化研究：基于联合申请专利视角[J]. 科学与管理，42（4）：16-24，95.

邓志新. 2021. 三螺旋理论下现代产业学院协同创新：困境根源、逻辑机理与实践路径[J]. 中国职业技术教育，（31）：45-52.

郭燕燕，杨朝峰，封颖. 2017. 网络位置、地理临近性对创新产出影响的实证研究[J]. 中国科技论坛，（2）：127-134.

韩增林，袁莹莹，彭飞. 2018. 东北地区装备制造业官产学创新合作网络发展演变[J]. 经济地理，38（1）：103-111.

梁潇. 2008. 三螺旋创新模式中信息流主体研究：以信息论加权的社会网络分析法[J]. 情报科学，26（1）：115-119.

刘军. 2009. 整体网分析讲义：UCINET 软件实用指南[M]. 上海：格致出版社：7-10.

刘学元，丁雯婧，赵先德. 2016. 企业创新网络中关系强度、吸收能力与创新绩效的关系研究[J]. 南开管理评论，19（1）：30-42.

刘垠. 2022-09-30. 我国创新能力持续提升 推动力从何而来[N]. 科技日报（1）.

潘松挺. 2009. 网络关系强度与技术创新模式的耦合及其协同演化[D]. 杭州：浙江大学.

庞瑞芝，李鹏，李爽，等. 2013. 区域技术创新网络绩效评价：基于长三角、环渤海技术创新网络的三层次分析[J]. 产业经济研究，（1）：70-78.

史焱文，李二玲，李小建，等. 2015. 基于 SNA 的农业产业集群创新网络与知识流动分析：以寿光蔬菜产业集群、鄢陵花木产业集群为例[J]. 经济地理，35（8）：114-122.
田民波. 2009. 集成电路（IC）制程简论[M]. 北京：清华大学出版社：60-73.
涂俊，吴贵生. 2006. 三重螺旋模型及其在我国的应用初探[J]. 科研管理，（3）：75-80.
王成军. 2006. 中外三重螺旋计量比较研究[J]. 科研管理，6：19-27.
王成军，陈忠卫，许理存. 2008. 基于三重螺旋的中国自主创新问题研究[J]. 中国科技论坛，（11）：8-10，20.
王成军，方军. 2020. 知识管理：基于四重螺旋的创新创业研究[M]. 北京：社会科学文献出版社：223.
王成军，王德应. 2008. 从"产学研"到"产学官"[J]. 科技与管理，（5）：115-119，122.
王成军，王晓旭，焦晓波. 2023. 基于三重螺旋的揭榜挂帅制度机理探析及其创新管理研究[J]. 中国科技论坛，（11）：1-12.
王成军，王肖肖，秦素. 2019. 基于前员工联盟的离职员工关系管理研究[J]. 太原师范学院学报（社会科学版），18（4）：80-86.
王成军，王永慧，胡登峰. 2017. 三重螺旋研究述评及其最新进展[J]. 演化与创新经济学评论，（2）：72-85.
王成军，徐雅琴，方明，等. 2022. 三重螺旋视角下合肥创新发展的建设主体研究[J]. 中国科技论坛，（1）：112-121.
王成军，余晓芳，陈忠卫. 2016. 三重螺旋视域下中国区域创新水平差异性研究[J]. 科技进步与对策，33（7）：36-41.
王琳琳，王光辉，陈刚. 2023. 基于三螺旋理论的中国城市间产学研创新合作网络结构特征分析[J]. 科技管理研究，43（12）：101-110.
王璐璐，张卓，刘一新. 2018. 江苏省产学研合作创新网络结构特征及其优化策略[J]. 科技管理研究，38（8）：94-99.
韦文雯. 2015. 多维临近性对产学研合作创新绩效的影响研究[D]. 广州：华南理工大学.
杨亮洁，任娇杨，杨永春，等. 2021. 尺度重构视角下中国城市多元网络结构研究[J]. 经济地理，41（9）：48-58.
叶琪. 2017. 我国技术创新与制造业结构调整互动的机理与实证[J]. 技术经济与管理研究，（8）：105-109.
易宇，周观平. 2021. 全球产业链重构背景下中国制造业竞争优势分析[J]. 宏观经济研究，（6）：34-49.
袁莹莹. 2018. 东北三省装备制造业官产学创新合作网络研究[D]. 大连：辽宁师范大学.
张贝贝，李存金，尹西明. 2023. 关键核心技术产学研协同创新机理研究：以芯片光刻技术为例[J]. 科技进步与对策，40（1）：1-11.
张健，张威，吴均. 2017. 战略性新兴产业共性技术协同创新的演化博弈：三重螺旋视阈下的研究[J]. 企业经济，36（1）：41-48.
张艺，陈凯华. 2020. 官产学三螺旋创新的国际研究：起源、进展与展望[J]. 科学学与科学技术管理，41（5）：116-139.
庄涛. 2018. 资源整合视角下官产学研三螺旋关系[M]. 北京：中国社会科学出版社：127-145.
邹波，郭峰，王晓红，等. 2013. 三螺旋协同创新的机制与路径[J]. 自然辩证法研究，29（7）：49-54.
Burt R S. 1992. Structural Holes：the Social Structure of Competition[M]. Cambridge：Harvard University Press.
Choi J，Ahn H S，Cha M S. 2013. The effects of network characteristics on performance of innovation clusters[J]. Expert Systems with Applications，40（11）：4511-4518.
Collins J D，Hitt M A. 2006. Leveraging tacit knowledge in alliances：the importance of using relational capabilities to build and leverage relational capital[J]. Journal of Engineering and Technology Management，23（3）：147-167.
Etzkowitz H，Leydesdorff L. 1995. The triple helix of university-industry-government relations：a laboratory for knowledge-based economic development[J]. Glycoconjugate Journal，14（1）：14-19.
Freeman L C. 1979. Centrality in social networks：conceptual clarification[J]. Social Networks，1（3）：215-239.

Granovetter M S. 1973. The strength of weak ties[J]. American Journal of Sociology，78（6）：1360-1380.

Kapoor R，Lee J M. 2013. Coordinating and competing in ecosystems：how organizational forms shape new technology investments[J]. Strategic Management Journal，34（3）：274-296.

Liu Y，Yan Z，Cheng Y J，et al. 2018. Exploring the technological collaboration characteristics of the global integrated circuit manufacturing industry[J]. Sustainability，10（1）：196.

Moreno J L. 1951. Sociometry，experimental method and the science of society[J]. The American Catholic Sociological Review，12（3）：123-145.

Nonaka I，Takeuch I. 1995. The Knowledge-Creating Company：How Japanese Companies Create the Dynamics of Innovation [M]. Oxford：Oxford University Press：59-64.

Peng F，Zhang Q Q，Han Z L，et al. 2019. Evolution characteristics of government-industry-university cooperative innovation network of electronic information industry in Liaoning province，China[J]. Chinese Geographical Science，29（3）：528-540.

Wasserman S，Faust K. 1994. Social Network Analysis：Methods and Applications[M]. Cambridge：Cambridge University Press.

中美技术摩擦对中国高技术企业的影响：数字化转型与新型工业化的实践与挑战*

何瀚玮

摘要：在全球经济大背景下，中美技术摩擦不仅是技术上的挑战，更对中国数字化转型与新型工业化发展造成实质性挑战，并对中国高技术产业产生显著影响。本文以 2009 年至 2022 年 A 股上市的高技术企业为研究对象，从技术创新、数字化治理、战略合作、财务管理和市场拓展等五大维度和十一个细分因素入手，通过全要素生产率指标，以及面板回归模型和机器学习方法进行预测与分析，研究发现核心技术国产化、数字化治理提升以及与国企进行战略合作是高技术企业实现高质量发展的关键因素。最后，本文结合实证和理论，提出关于高技术企业高质量发展的政策建议，包括科研人才培育、激励机制和考虑上市资本市场表现等方面。

关键词：中美技术摩擦　数字化转型　新型工业化　高技术企业

中图分类号：F091　D07　D09

一、引　　言

在全球经济的宏观背景下，中美技术摩擦已经成为当代最为关键的议题之一，尤其是对中国高技术产业的深远影响。这种摩擦，特别是美国对中国部分高技术领域和关键技术的广泛结构性封锁，不仅限制了中国在关键技术领域的获取能力，还对全球半导体销售市场产生了重大影响，特别是中国市场销量的显著下降。这种封锁对中国数字化转型和新型工业化的发展路径构成了实质性的挑战。习近平同志指出，新时代新征程，以中国式现代化全面推进强国建设、民族复兴伟业，实现新型工业化是关键任务。要完整、准确、全面贯彻新发展理念，统筹发展和安全，深刻把握新时代新征程推进新型工业化的基本规律，积极主动适应和引领新一轮科技革命和产业变革，把高质量发展的要求贯穿新型工业化全过程，把建设制造强国同发展数字经济、产业信息化等有机结合，

---

*基金项目：教育部人文社会科学研究规划基金项目“动态能力视角下企业数字创新绩效的影响机理研究”（21YJAZH034）。广东省教育厅青年创新人才类项目，项目名称：中国制造业上市企业高质量发展的决定性因素研究，项目编号：2023WQNCX227。

作者简介：何瀚玮（1990—），女，东莞职业技术学院经济与管理学院专任讲师，中国社会科学院工业经济研究所博士生，主要研究方向为产业经济创新活动及创新绩效。

为中国式现代化构筑强大物质技术基础。①

本文旨在深入探讨中美技术摩擦对我国高技术产业和企业的影响，尤其是在数字化转型与新型工业化领域的实践与挑战。在全球化和信息化的大背景下，中国高技术产业的发展不仅是国家战略的重要组成部分，也是应对国际技术摩擦、实现自主创新和产业升级的关键。我们将讨论如何在新的经济格局下，迅速调整策略，推动技术自主创新，以确保中国高技术产业在数字化转型的浪潮中取得更为可持续和稳定的发展。

二、文献综述

（一）数字化转型视角创新理论的建构

数字化转型与创新研究主要集中在几个关键领域，包括探索数字创新的意义和特征、数字创新的驱动力、数字创新过程以及数字创新对组织绩效的影响。首先，数字创新包括三种类型的创新，即数字产品和服务创新、流程创新和商业模式创新（Yoo et al.，2010；Nambisan et al.，2017；谢卫红等，2020；王毅，2020；刘洋等，2020）。数字化创新的内涵由原来的“数字化产品创新”扩展到“数字化产品与服务创新”“流程与商业模式创新”三种类型。数字技术的特征包括可扩展性、同质性、可移植性和自我参考（Yoo et al.，2010；Hinings et al.，2018）。一方面，学者正在研究数字技术在创新过程中的作用机制，这包括Ferreira等（2019）和余江等（2017）的研究。他们致力于探索数字技术如何在创新过程中发挥作用，例如推动知识创新、加速产品开发、提高生产效率、更好地接触客户或降低运营成本等。另一方面，学者们也在研究创新过程的数字化。这种数字化可以分为四个阶段，即发现、开发、扩散和影响，如Fichman等（2014）所述。此外，学者也关注数字创新生态系统中的数字参与者，这些参与者通过数字化的创新过程（例如建立数字平台）实现跨界创新或价值共创。最后是关于组织绩效的研究，目前的研究主要集中于数字创新的特征、驱动因素、创新过程、价值创造方式以及对组织绩效的影响。例如，魏泽龙等（2019）研究了数字创新特征对市场绩效的影响，而谢卫红等（2020）则总结了数字创新价值创造的效率、融合和生成三种方式。

（二）数字化转型视角创新理论的模铸

现有研究多集中于数字创新的特征、驱动因素、创新过程、价值创造方式与组织绩效，综上所述，数字化转型是从物理世界中收集数据，通过对数据进行加工和处理，提炼出有用的信息，进一步转化为知识，并通过知识的聚合和智慧的应用，为组织创造价值和提升绩效。研究者关注数字创新的方方面面，以更好地理解其特征、驱动因素、创新过程和价值创造方式，并探究其对组织绩效的影响。安家骥等（2022）在《组织变革视角下制

---

①《习近平就推进新型工业化作出重要指示强调：把高质量发展的要求贯穿新型工业化全过程 为中国式现代化构筑强大物质技术基础》，https://www.gov.cn/yaowen/liebiao/202309/content_6905885.htm。

造业企业数字化转型的典型模式及路径》一文中，提出了数字化转型对制造业企业变革的影响和作用。文章分析了数字化转型对制造业企业变革的影响机制，提出了数字化转型对制造业企业变革的重要意义。李雪灵项目团队（2023）在《国际竞争力视角下的我国制造业数智化转型研究述评》一文中，提出了制造业数智化转型的路径和模式。文章分析了制造业数智化转型的典型模式和企业数字化转型的路径选择原则，提出了数字化转型的三个阶段和五个路径模式。由此可见，国内外学者对数字化转型的研究主要集中在数字化转型对制造业企业变革、路径和模式的影响以及数字化转型背景下制造业企业经营模式的创新方面。

（三）新型工业化与企业数字化转型理论研究现状

中国社会科学院工业经济研究所课题组等（2023）认为新型工业化代表着中国在吸取国内外工业化经验的基础上的理论革新。在内涵方面，该研究从多个角度概括了新型工业化的特征。其中，强调以人为本、质量优先、自主创新、绿色低碳、数实融合、开放循环等方面为新型工业化的基本内涵，凸显了其相对于过去工业化模式的创新之处。Vial（2021）的研究对数字化转型进行了全面的综述，提出了新的研究议题，为企业在数字化转型过程中面临的挑战和机遇提供了深刻洞察，作者强调数字化转型是一个跨学科的主题，需要综合运用管理、技术、社会学等多个领域的知识，并在文中提倡从多角度综合研究数字化转型现象。

任保平（2024）认为中国需要通过强化自主创新，打破原有的全球价值链局限，构建更为独立和具有核心竞争力的产业体系。为解决当前的发展困境，文章提出我国需要继续实施多边主义，构筑制造业升级的机遇。研究提出了构建四大体系的策略，包括自立自强的科技体系、高端先进的制造体系、低碳循环的绿色体系和内外循环的分工体系，这些体系相辅相成，为新型工业化的全面推进提供了有力支持。程恩富和宋宪萍（2023）则认为数字经济与制造业深度融合在技术、产业、企业和生态四个层面，呈现出推动新型工业化的逻辑。在技术层面，数字技术深入制造业全产业链，推动制造业数字化转型；在产业层面，产业内部数字化转型是关键；在企业层面，智能化管理成为发展趋势；在生态层面，数字经济与制造业的融合进一步促进了产业生态的优化与重构，构建了一个共生共荣、协同发展的新型生态系统。实现数字经济与制造业深度融合推动新型工业化的途径主要包括：稳步实施制造业产业数字化，积极推进数字产业化，充分利用工业互联网全方位完善支撑体系。余东华和马路萌（2023）探讨了新质生产力与新型工业化之间的多种相互作用路径，包括科技创新、制度变革、产业转型、要素集聚、多元融合、瓶颈突破和设施承载。这些路径为中国高质量发展提供了多角度的途径。

（四）中美技术摩擦研究现状

中美技术摩擦的研究是当下的另一重要议题。中美技术摩擦对全球经济，尤其是对中国高技术产业的影响是多方面的。一些研究关注了技术封锁和限制措施对中国高技术产业，特别是半导体和人工智能领域的影响。此外，研究还涉及了中美技术摩擦对全球供应链，尤其是对中国企业在全球市场中的地位和策略的影响。学者王宏伟等（2023）分析了中美技术摩擦对中国高技术产业和企业所带来的风险。针对这一问题，文章提出了一些建设性的政策建议，以解决技术经济安全方面的重大问题。其中，包括建立科技风险监测预警机制，强化原始创新和战略性技术攻关能力，推动产业价值链的高质量升级，培育和发展具备核心竞争力的企业主体和产业集群，完善科技人才培养和引进机制，积极拓展国际合作等方面的政策建议。

黄宏斌等（2023）以 2018 年美国对华贸易战为背景，通过广义双重差分模型，探讨了贸易政策不确定性对企业协同创新的影响及其作用渠道与经济后果。研究结果显示，贸易政策不确定性通过加剧融资约束和降低风险承担能力的途径，推动了中国企业选择“抱团取暖”，即通过协同创新方式应对外部风险。夏芸等（2023）以 2011 年至 2020 年 A 股上市公司为研究对象，从研发投入、技术产出、技术来源以及研发内部资金配置四个方面，采用固定面板模型，基于中美贸易摩擦的背景，探究了贸易政策不确定性对企业技术创新投融资决策的影响。研究认为贸易政策不确定性提高了企业技术研发投入，同时强化了企业自主研发倾向，进一步弱化了技术引进并提高了企业内源研发资金配置水平。周冬华等（2023）以2016～2019年沪深A股上市公司为研究样本，利用2018年中美贸易冲突爆发这一外生事件，从企业创新的角度检验了中美贸易摩擦的微观影响，研究发现：一是中美贸易摩擦抑制了企业的技术创新水平，二是通过多个路径降低了创新水平。表 1 按照时间线的顺序详细罗列了美国政府对中国芯片产业的制裁事件。

表 1　美国政府对中国芯片产业的制裁事件一览表

时间	制裁政策及措施
2016 年	美国正式干涉中国半导体产业发展
2017 年	白宫发布报告称中国芯片产业发展已威胁到美国国家安全
2018 年	美国颁布《2019 年国防授权法案》、《外国投资风险审查现代化法案》和《出口管制改革法案》，限制新兴技术和基础技术出口
2020 年	美国先后多次将 170 余个中国实体列入了实体清单
2021 年	美国对中国共发起 23 起 337 调查，涉及电子设备及组件、光学组件、光伏电池、通信设备等
2022 年以来，美国对华打压极为密集	
2022 年 8 月 19 日	企图建立“芯片四方联盟”，寻求供应链安全以对抗中国
2022 年 8 月 25 日	美国成立了“芯片实施指导委员会”，以协调《芯片和科学法案》资助的半导体激励计划的实施
2022 年 8 月 31 日	美国官员命令英伟达停止向中国销售顶级人工智能芯片
2022 年 9 月	美国先后多次将 510 余个中国实体列入了实体清单
2022 年 10 月 5 日	美国国防部将 13 家中国企业列入“中国军方企业名单”
2022 年 10 月 7 日	美国商务部工业和安全局公布《对向中国出口的先进计算和半导体制造物项实施新的出口管制》，美国商务部将 31 家中国实体加入“未经验证清单”
2022 年 10 月 8 日	美国商务部工业和安全局公布了更全面的出口管制新规，欲限制中国获得先进计算芯片、开发和维护超级计算机以及制造先进半导体的能力
2022 年 10 月 10 日	美国再强化出口管制措施，实施更广泛的半导体出口限制

续表

时间	制裁政策及措施
2022 年 10 月 13 日	美国在新版《国家安全战略报告》中，将我国定位为“优先考虑的、唯一的全球竞争对手”
2022 年 12 月 15 日	美国政府将长江存储科技有限责任公司、中科寒武纪科技股份有限公司、上海微电子装备（集团）股份有限公司等在内的 36 家中国科技公司列入了“实体清单”，进一步阻挠中国科技行业的发展
2023 年 4 月 12 日	美国将三合成半导体(香港)有限公司、维科电子(香港)有限公司、亿商网络（深圳）有限公司、永利电子元器件（深圳）有限公司以及深圳市新三泰(香港）电子有限公司等 12 个位于中国的芯片贸易公司加入出口管制“实体清单”
2023 年 5 月 7 日	欧盟拟提议对两家中国的电子元器件分销商三合成半导体(香港)有限公司和深圳市金派信息科技有限公司，以及信诺电子科技有限公司、希玛科技有限公司、Asia Pacific Links Limited（亚太链接有限公司）、Tordan Industry Limited（钛钽实业有限公司）、Alpha Trading Investments（阿尔法国际贸易有限公司）等 7 家公司实施制裁

资料来源：摘录及翻译自美国商务部工业和安全局官方网站相关条款

三、高技术企业的国产创新路径与核心技术发展

高技术企业作为经济社会发展的主要推动力，其实现高质量发展的理论内涵需要在全面贯彻“创新、协调、绿色、开放、共享”的新发展理念的基础上，深入研究国产创新路径和核心技术发展。本文将从五个方面对高技术企业的国产创新路径和核心技术发展进行详细探讨，以全面理解其在新时代发展中的关键角色和挑战。

（一）核心技术国产创新

核心技术国产创新包括关键核心技术国产化及产业链自主可控能力两大方面。关键核心技术国产化是本文用以衡量高技术上市公司“创新”理念的关键指标。但目前学术界关于关键核心技术的定义还未形成统一的结论，结合国外技术封锁和高技术企业研发的特点，本文将高技术企业参与突破的关键核心技术定义为：处于行业或领域核心地位，具有高度复杂性和相互依赖性，受到国外巨头或政府的严格封锁，被极少数领先企业垄断掌控并且很难被模仿替代的“卡脖子”的技术。具体特征为：①技术具有高度复杂性，对其他关联技术依赖性强；②技术被国外极少数龙头企业严格封锁，该产品高度依赖进口。基于上述关键核心技术的定义和特征，本文以关键核心技术相关产品或功能实现国产替代作为判定关键核心技术国产化突破的标准，相应的判定路径如下。

首先，明确高技术企业参与的关键核心技术国产化的技术范围。为了打破进口依赖，加快推动经济高质量发展，我们需要识别那些可以打破进口依赖的产品和技术。在确定关键核心技术范围为大型清洁高效发电装备、特高压输变电设备、大型石油及石化装备、海洋及船舶工程装备、电子信息及生物医疗、民用飞机和发动机等领域的基础上，还需要关注新一代信息技术的发展对产业变革和创新的影响。因此，本文将高技术企业创新国产化的核心技术定义为：国家支持发展的重大技术装备和产品目录中所列的

技术，以及包括移动互联网、智能终端、大数据、云计算、高端芯片等在内的新一代信息技术领域的核心技术和相关产品。其次，筛选出中国进口的重大技术装备和产品关键零部件商品目录，并识别那些可以打破进口依赖的产品和技术。最后，识别打破进口依赖的产品和技术，并确立企业目录。第一，将进口和国内高技术上市公司主要研发内容进行方向匹配，筛选出过去完全依赖进口，但现在已经由中国本土企业自主研发并成功推向市场的设备。通过这样的方式，我们可以得到一个打破进口依赖、实现技术国产化的产品目录及对应的企业名录。为了得到打破进口依赖的技术目录，本文将进口设备产品名称进行整理，保留产品名称关键词。第二，在中国专利信息服务平台中，以处理后的产品名称为关键词检索国内企业在该领域中的发明专利，得到以往被封锁导致设备依赖进口、现在被中国企业攻破的技术目录，以及对应的企业目录，再从上述企业目录中筛选出高技术上市公司。产业链自主可控能力的衡量方面，本文参考郑江淮和冉征（2021）等的度量方式，其具体计算方法为：各高技术上市公司当年产业链中国内市场供给的中间投入品占总产值的比重。

（二）数字化水平提升

数字化水平的提升涉及数字化投入和公司对数字化转型的重视程度两个方面。以投入产出表为基础的文献较多，用直接消耗系数和完全消耗系数等绝对性指标来衡量数字化投入。然而，绝对性指标难以反映数字化投入在总投入中的相对重要性。因此，本文参考谢靖和王少红（2022）的方法，对直接消耗系数进行改进，使用直接依赖度这个相对指标来衡量数字化投入的产业链。鉴于此，本文在使用文本分析法的基础上借鉴了袁淳等（2021）的做法，以文本分析法统计了企业“管理层讨论与分析”部分企业数字化术语的出现次数，并除以“管理层讨论与分析”部分的总词数，得到企业数字化相关词频。

（三）把握“双碳”发展机遇

为了更好地与“双碳”目标相匹配，人们对绿色创新寄予厚望，希望通过新知识和新技术来减少对环境的污染，并在此基础上获得一定的经济利益。要想实现绿色创新，其核心就是要提升创新资源的使用效率，降低经济增长对环境造成的损害，而这一过程的关键就在于各个高技术上市公司的绿色创新能力。一是加大技术研发和投入。企业需加大在绿色技术领域的研发投入，积极探索高效、低污染的新技术，如清洁能源、节能减排技术等。二是增强企业的竞争力，提升企业的绿色创新效率。本文中绿色投资效率的计算框架基于吕岩威等（2023）的研究，利用基于松弛值测算的数据包络分析（slack-based measure data envelopment analysis，SBM-DEA）模型及给定：绿色投资投入、期望产出和非期望产出衡量高技术上市公司的绿色投资效率。具体的计算方式为，利用SBM-DEA 模型，给定：绿色投资投入、期望产出和非期望产出衡量高技术上市公司的绿色创新效率。其中，期望产出指标为发明专利申请数，非期望产出指标为所在区域的商业银行不良贷款金额同比比率，所在地区工业废水排放量以及工业废气排放量。上市公司绿色专利申请数据也可以作为高技术上市公司把握“双碳”发展机遇的衡量指标。

（四）拓展国际市场

衡量高技术上市公司拓展国际市场的能力，本文借鉴郭春（2023）的相关研究，选用大客户/供应商中海外公司占比与应收/应付账款海外公司额度占比作为衡量指标。

（五）携手国企战略合作

衡量高技术上市公司携手国企战略合作的能力，本文借鉴吴争程和陈金龙（2016）的相关研究，选用大客户/供应商中国企占比与应收/应付账款国企额度占比作为衡量指标，具体五大评价维度如表 2 所示。

表 2　高技术上市企业高质量发展五大评价维度及详细指标

评价维度	评价指标	指标测量
核心技术国产创新（INO）	关键核心技术国产化（Lkct）	为了得到打破进口依赖的技术目录，将进口设备产品名称进行整理，保留产品名称关键词。然后，在中国专利信息服务平台中，以处理后的产品名称为关键词检索国内企业在该领域中的发明专利，得到以往被封锁导致设备依赖进口、现在被中国企业攻破的技术目录，以及对应的企业目录，再从上述企业目录中筛选出高技术上市公司
	产业链自主可控能力（Icac）	生产过程中消耗中间投入品的国内供给比例
数字化水平提升（DIG）	数字化投入（Di）	直接依赖消耗系数
	文本分析法统计数字化词频（Dwf）	企业年报中数字化词语占比，使用互联网、物联网、大数据、云计算、人工智能等五个关键词统计企业数字化术语在管理层分析与套路部分出现次数，并除以该部分总词数
把握“双碳”发展机遇（DCC）	绿色创新效率（Gie）	利用 SBM-DEA 模型，给定：绿色投资投入、期望产出和非期望产出衡量高技术上市公司的绿色创新效率。其中期望产出指标为发明专利申请数，非期望产出指标为所在区域的商业银行不良贷款金额同比比率，所在地区工业废水排放量以及工业废气排放量
	绿色专利申请数（Ngp）	据国家知识产权局统计的高技术上市公司绿色专利申请数据
拓展国际市场（IML）	大客户/供应商中海外公司占比（Occ）	根据年报提取高技术上市公司的客户及供应商，计算其中的海外公司占比
	应收/应付账款海外公司额度占比（Poc）	根据年报提取高技术上市公司应收/应付账款中，归属于海外公司的额度
携手国企战略合作（OML）	大客户/供应商中国企占比（Pse）	根据年报提取高技术上市公司的大客户及供应商，计算其中的国企占比
	应收/应付账款国企额度占比（Pso）	根据年报提取高技术上市公司应收/应付账款中，归属于国有公司的额度

资料来源：国泰安数据库、Wind 数据库、同花顺数据库，以及作者手工整理

四、变量选取与研究设计

（一）样本选择与数据来源

鉴于 2008 年发生全球性金融危机导致上市公司数据表现极端异常，本文以中国沪、深两市 2019～2021 年 A 股高技术企业为样本，对其进行了实证分析并排除下列研究样本：①同一年内上市的企业；②处于 ST（special treatment，特别处理）、*ST（表示该股票有退市风险，希望警惕的意思）或 PT（particular transfer，特别转让）状态的公司；③针对因变量缺失太多的企业数据，经过严格筛选最终保留了 8081 个公司年观察值样本，并且在 1%、99%分位点上，对所有连续型变量进行逐年缩尾处理，来控制可能出现的极端值对回归结果的影响。相关原始数据来自国泰安数据库、联合国商品贸易统计数据库以及国家知识产权局，数据统计分析使用 Stata 16 软件。

（二）回归模型设计

为了探究“创新、协调、绿色、开放、共享”的新发展理念在高技术上市公司的高质量发展中所起到的作用，我们构造了以下的年度数据–行业固定效应模型检验创新对高技术企业高质量发展的影响：

$$\mathrm{Cr}_{i,t}=\beta_0+\beta_1\mathrm{Control}_{i,t}+\beta_2\mathrm{CVs}_{i,t}+\sum\mathrm{Year}+\sum\mathrm{Indus}+\varepsilon_{i,t}\qquad(1)$$

在模型（1）中，CV 是“control variable”的缩写，即控制变量，被解释变量为 $\mathrm{Cr}_{i,t}$，该变量用于衡量高技术上市公司当期通过特定方法所达到的高质量发展程度。该变量的数值越大，反映出高技术企业的高质量发展程度越高。核心解释变量为 $\mathrm{Control}_{i,t}$，核心解释变量是将高技术企业“创新、协调、绿色、开放、共享”的新发展理念的内涵测度降维到五个变量后，再将五大维度所包含的变量放入回归模型中，并在此基础上，提出了一种新的评价指标体系。参考有关文献，本文进一步控制了如下变量：股票收益率（RET）、公司规模（SIZE）、账市比（BM）、财务杠杆（LEV）、盈利能力（ROA）、真实盈余管理（REM）、股权制衡度（SHRZ）、实控人持股比例（OWNPERN）、机构持股比例（INST）、是否两职合一（DUAL）以及行业哑变量（Indus）和年份哑变量（Year）。被解释变量、核心解释变量及控制变量的具体说明和处理方式详见表 3。

表 3　变量具体说明及处理方式

变量类型	变量名称	变量符号	变量说明
被解释变量	高技术企业高质量发展测度	Cr	高技术上市公司高质量发展程度的测度
核心解释变量	“创新”新发展理念内涵测度	INO	“创新”新发展理念内涵测度两大变量降维
	“协调”新发展理念内涵测度	DIG	“协调”新发展理念内涵测度两大变量降维
	“绿色”新发展理念内涵测度	DCC	“绿色”新发展理念内涵测度两大变量降维
	“开放”新发展理念内涵测度	IML	“开放”新发展理念内涵测度两大变量降维
	“共享”新发展理念内涵测度	OML	“共享”新发展理念内涵测度两大变量降维

续表

变量类型	变量名称	变量符号	变量说明
控制变量	股票收益率	RET	个股年度平均周收益率
	公司规模	SIZE	公司年末总资产的自然对数
	账市比	BM	净资产/（年末股价×流通股股数+每股净资产×非流通股股数）
	财务杠杆	LEV	年末总负债与总资产的比值
	盈利能力	ROA	净利润与总资产的比值
	真实盈余管理	REM	根据 Roychowdhury（2006）模型分年、分行业、分地区计算而得
	股权制衡度	SHRZ	公司第二大股东对第一大股东的制衡
	实控人持股比例	OWNPERN	实控人持股比例
	机构持股比例	INST	机构投资者的持股数量与公司总流通股本之比
	是否两职合一	DUAL	董事长与总经理是否同一人兼任，是取值为 1，否则为 0

资料来源：国泰安数据库、Wind 数据库、同花顺数据库，以及作者手工整理

（三）机器学习方法研究设计与变量重要度排序

参考陆瑶等（2020），为解决上文指出的普通最小二乘法回归的缺陷，且进一步得到变量重要度排序，本文选取了一种极端梯度提升的机器学习方法（XGBoost）。XGBoost 是一种基于 Gradient Tree Boosting 的有监督的学习方法，它可以用来求解分类、回归、排序等机器学习问题。与学习算法相似，假设算法数据集为 (x_i, y_i)，其中代表 m 维的特征向量为 x_i，代表样本标签的为 y_i，模型包括 K 棵树，那么 XGBoost 的模型定义如下：

$$\hat{y} = F_K(x_i) = F_{K-1}(x_i) + f_K(x_i) \qquad (2)$$

XGBoost 优化的目标函数为

$$\text{Obj} = \sum_{i=1}^{n} L(y_i, \hat{y}_i) + \sum_{k=1}^{K} \Omega(f_k) \qquad (3)$$

其中，我们设定了初始的回归函数 Obj，该函数由两个主要部分组成。第一部分 $\sum_{i=1}^{n} L(y_i, \hat{y}_i)$ 为损失函数，该函数旨在衡量模型预测值与实际观测值之间的偏差。在具体优化过程中，我们采用泰勒展开法来计算该损失函数，这反映了其计算的复杂性。由于我们寻求的是优化问题的局部或全局最小值，因此损失函数必须是可微分的凸函数，以确保阶导数能为我们提供向最优解移动的方向。公式中的第二部分 $\sum_{k=1}^{K} \Omega(f_k)$ 为正则化项，其目的是防止模型的过拟合，从而提高模型的泛化能力，加入正则化项，使得模型具有更好的通用性。在后续模型搭建中，我们趋向于选择一个具有相对较低复杂性的树模型，它的特定定义如下：

$$\Omega(f) = \gamma T + \frac{1}{2} \lambda \| \omega \|^2 \qquad (4)$$

其中，$\Omega(f)$ 为正则化项的总体函数，公式中第一部分 γT 为正则化参数，通过叶子节点上机器系数控制树的复杂度，值越大则目标函数越大，第二部分 $\frac{1}{2}\lambda\|\omega\|^2$ 为 L2 正则项，可以避免单棵树取值过大使得模型泛化能力降低。可以看出，XGBoost 算法的目标函数设计是传统的集成学习算法中加入正则项而得，目标函数第 s 轮迭代为 $s-1$ 轮模型结果加上一个新的子模型，因此模型的优化目标为找到本轮次的子模型，使得 s 轮的目标函数最小。

但针对式（4）中的目标函数，不论是数值优化还是梯度下降均难以在欧氏空间中寻找到最优解，因此目标函数需采用泰勒展开后近似解进行优化，首先对式（4）进行改写：

$$\text{Obj}^{(s)}=\sum_{i=1}^{n}L(y_i,\hat{y}_i^{(s-1)}+f_s(x_i))+\Omega(f_s) \tag{5}$$

其中，$\hat{y}_i^{(s-1)}$ 为第 $s-1$ 轮样本 x_i 的模型预测值，$f_s(x_i)$ 模型为第 s 轮训练的新子模型。目标函数之所以可以进行上述改写，是因为 s 轮优化前 $s-1$ 轮目标函数已经达到最优，只需针对新子模型进行选择便可以使得目标函数最小。将 $\hat{y}_i^{(s-1)}$ 看成定值，将 $f_s(x_i)$ 看作变量对目标函数进行二阶泰勒展开可以得到：

$$\text{Obj}^{(s)}=\sum_{i=1}^{n}[L(y_i,\ \hat{y}_i^{(s-1)})+g_i f_s(x_i)+h_i f_s^2(x_i)]+\Omega(f_s) \tag{6}$$

其中，g_i 和 h_i 分别为损失函数的一阶梯度统计和二阶梯度统计，其具体的计算方式为

$$g_i=\frac{\partial L(y_i,\ \hat{y}_i^{(s-1)})}{\partial \hat{y}_i^{(s-1)}} \tag{7}$$

$$h_i=\frac{\partial^2 L(y_i,\ \hat{y}_i^{(s-1)})}{\partial \hat{y}_i^{(s-1)}} \tag{8}$$

而常数项并不影响优化结果，因此可以对式（8）进行进一步的简化，去掉常数项并将正则项的具体表达式代入公式：

$$\text{Obj}^{(s)}=\sum_{i=1}^{n}[g_i f_s(x_i)+h_i f_s^2(x_i)]+\gamma T+\frac{1}{2}\lambda\sum_{j=1}^{T}\omega_j^2 \tag{9}$$

其中，前半部分的 $f_s(x_i)$ 为当前待选择的子模型；ω_j 为叶子节点的权重。我们将目标函数的损失项对轮次求和修改成针对叶子节点求和，式（9）可改写为

$$\text{Obj}^{(s)}=\sum_{j=1}^{T}[(\sum_{i\in I_j}g_i)\ \omega_j+\frac{1}{2}(\sum_{i\in I_j}h_i+\lambda)\ \omega_j^2]+\gamma T \tag{10}$$

可以将式（10）看作一个自变量为 ω_j，因变量为目标函数的一元二次函数，此时对于确定的树结构而言，叶子节点的最优 ω_j^* 为

$$\omega_j^*=\frac{\sum_{i\in I_j}g_i}{-(\sum_{i\in I_j}h_i+\lambda)} \tag{11}$$

此时对应的最优目标函数亦可求得

$$\text{Obj}^{(s)}=-\frac{1}{2}\sum_{j=1}^{T}\frac{(\sum_{i\in I_j}g_i)^2}{\sum_{i\in I_j}h_i+\lambda}+\gamma T \tag{12}$$

对于特定现象，无论是人们的投票决策还是孔雀为什么会进化出美丽的尾巴的众多解释，不仅在解释的对象方面，而且在解释的方式方面都是不同的。一个选错了的解释类型可能会假定出并不存在的因果关系，排除了一些关键变量，抑或应用一些无效的检验。

式（12）可以用作评估树模型的打分函数，打分越小表示该树模型的目标函数值越低，即该树模型在优化过程中表现越好。使用这一打分函数，我们能够对具有某一特定结构的树形模式进行评估。在每次训练时，只需对候选的树形模式进行打分，并选择得分最佳的模式即可。但是，候选的树形模型数目是无限的。XBGoost 算法使用贪婪算法，首先从树根点出发，通过对树根点进行分割，并通过分割后的函数值与分割前的函数值相比，来确定最佳的特征和最佳的分割点。将上面的步骤重复一遍。结论如下。

第一，每轮训练增加一个新的树模型。

第二，开始计算每一次训练的梯度统计量：

$$g_i=\frac{\partial L(y_i,\ \hat{y}_i^{(s-1)})}{\partial\hat{y}_i^{(s-1)}}$$

$$h_i=\frac{\partial^2 L(y_i,\hat{y}_i^{(s-1)})}{\partial\hat{y}_i^{(s-1)}}$$

第三，在贪婪算法的基础上，结合梯度的统计特性，构造出一个完备的子树。

第四，把这一轮新产生的树形模式加入到总体模式中。此外，XGBoost 还将结合单样本的萨巴斯（Saabas）方法与沙普利加性解释（SHAP）方法两种个体化归因策略，以实现变量重要性的分级。基于在博弈理论中用来对多人撰写任务的贡献度进行分配的 Shapley value 方法的 SHAP 法可以用以下的线性方法来表达：

$$g(z')=\rho_0+\sum_{i=1}^{M}\rho_i z' \tag{13}$$

其中，常数项为偏置项；ρ_i 为特征贡献度；z 为被观察的特征或未知特征（取 1 或 0），SHAP 通过除 i 特征之外所有的组合中缺失 i 特征输出的变化来评估缺失特征对模型 f 的影响。

$$\rho_i=\sum_{S\subseteq N\setminus\{i\}}\frac{|S|!\ (M-|S|-1)\ !}{M!}[f_x(S\cup\{i\})-f_x(S)] \tag{14}$$

其中，N 为所有特征的集合；S 为其子集合；$\frac{|S|!\ (M-|S|-1)\ !}{M!}$ 表示除了特征 i 外，子集 S 排列数的权重；$f_x(S)$ 表示给定特征子集 S 的预期输出；$f_x(S\cup\{i\})$ 表示包括特征 i 与不包括 i 预期输出的差值。

此外，为了分别研究五大理念对企业高质量发展的预测作用，我们沿用基准回归模型中的降维方法进行组内和组间两层次比较。首先按照五大发展理念分别建立创新模型、协调模型、绿色模型、开放模型及共享模型五个组内模型，其次采用主成分分析降维的方法，将五大理念的十个变量降维成五大主成分，包括创新主成分、协调主成分、绿色主成分、开放主成分及共享主成分，放入整体模型中进行组间比较。表 4 展示了主要的模型构建过程。

表 4 模型构建

被预测变量	模型	核心预测特征变量
高技术上市公司高质量发展	创新模型	关键核心技术国产化（Lkct）、产业链自主可控能力（Icac）
	协调模型	数字化投入（Di）、文本分析法统计数字化词频（Dwf）
	绿色模型	绿色创新效率（Gie）、绿色专利申请数（Ngp）
	开放模型	大客户/供应商中海外公司占比（Occ）、应收/应付账款海外公司额度占比（Poc）
	共享模型	大客户/供应商中国企占比（Pse）、应收/应付账款国企额度占比（Pso）
	整体模型	创新主成分、协调主成分、绿色主成分、开放主成分及共享主成分

资料来源：国泰安数据库、Wind 数据库、同花顺数据库，以及作者手工整理

基于上述模型，本文机器学习部分研究设计包括以下三个方面。首先，在划分机器学习部分训练集和测试集方面，按照滚动窗口进行拟合，在样本内数据中通过参数调整来优化拟合能力，并将优化后的模型在样本外数据中测试，避免过拟合的同时使模型达到最优预测效果。为了对比 XGBoost 模型的预测效果，本文将树模型的预测效果与普通最小二乘法模型回归效果进行对比，以样本内拟合优度、样本外拟合优度及样本外均方误差为标准。其次，为了对比 XGBoost 模型的预测效果，本文将树模型的预测效果与普通最小二乘法模型回归效果进行对比。比较标准包括样本内拟合优度、样本外拟合优度及样本外均方误差。最后，按照上文介绍的算法原理，对预测变量的重要性进行排序，以确定哪些变量对模型预测结果的贡献最大。这一步有助于理解模型的决策过程，并提供有价值的特征选择信息。通过这三个方面的研究设计，本文旨在全面评估和优化基于 Gradient Tree Boosting 模型的预测能力，并提供与传统回归模型的比较分析。

五、实证结果与分析

（一）描述性统计

各变量的描述性统计结果见表 5，该表提供了各变量的样本量、均值、标准差、中位数、最大值、最小值数据。用以衡量高技术企业高质量发展的两个指标均值分别为 0.319 和 0.212，标准差分别为 0.716 和 0.472。五大发展维度的降维变量的统计结果表明衡量高技术上市公司五大维度变量的指标有充分的变异性，为本文进一步的计量分析提供了基础。此外，其他控制变量的描述性统计结果与相关研究同样十分接近，不存在较大差异，表 5 展示了详细的描述性统计结果。

表5 描述性统计表

变量名称	样本量	均值	标准差	中位数	最小值	最大值
Cr_t	8081	0.010	0.199	0.016	−0.654	0.626
INO_t	8081	0.127	0.333	0.000	0.000	1.000
DIG_t	8081	34.592	15.144	32.134	8.526	74.965
DCC_t	8081	8.823	1.751	9.000	5.000	15.000
IML_t	8081	3.232	0.591	3.000	2.000	5.000
OML_t	8081	40.421	22.581	41.355	0.433	87.273
RET_t	8081	0.041	0.199	0.000	0.000	1.000
$SIGMA_t$（标准差）	8081	13.711	0.678	13.592	12.429	16.098
$SIZE_t$	8081	0.057	0.231	0.000	0.000	1.000
ROA_t	8081	22.142	1.301	22.015	19.237	25.912
LEV_t	8081	0.010	0.199	0.016	−0.654	0.626
BM_t	8081	0.127	0.333	0.000	0.000	1.000
$OWNPERN_t$	8081	34.592	15.144	32.134	8.526	74.965
$SHRZ_t$	8081	8.823	1.751	9.000	5.000	15.000
$INST_t$	8081	3.232	0.591	3.000	2.000	5.000
$DUAL_t$	8081	40.421	22.581	41.355	0.433	87.273
REM_t	8081	0.041	0.199	0.000	0.000	1.000

资料来源：通过 Stata 软件计算整理

（二）普通最小二乘法回归结果分析

本文采用模型（1）对五大发展理念降维后的变量测度对高技术企业高质量发展的影响进行考察，并在回归过程中通过控制年份和行业固定效应，旨在深入了解这些变量对高技术企业发展的贡献。首先，我们运用普通最小二乘法和传统的面板固定效应模型，将行业和年份固定效应引入模型，以控制不随行业变化和不随时间变化的因素，解决潜在的遗漏变量带来的内生性问题。

其次，考虑到在实际情况中，各上市公司可能受到多维冲击，而这些冲击对不同公司会产生不同的影响。交互固定效应被引入，以反映共同冲击对各公司的影响差异。在普通最小二乘法回归中，我们除了控制行业和年份固定效应，还包括固定效应的交叉项，以更全面地捕捉可能存在的影响因素。

根据 Stata 计算五大维度对高技术企业高质量发展影响的回归结果。从结果可以看出，当创新变量的测度水平提高时，其与高技术企业高质量发展之间的关系呈现出显著的正相关性，表明创新在推动企业发展质量方面具有显著影响（系数为 0.176 和 0.077，均在 1%显著性水平显著）。在协调模型中，数字化投入的增加对高技术企业高质量发展有显著正向影响（系数为 0.126 且在 1%显著性水平上显著），这进一步支持了数字化在企业发展中的关键作用。在绿色模型中，高绿色创新效率和绿色专利申请数的增加对企业高质量发展均有显著正向影响（系数分别为 0.037 和 0.103，均在 1%显著性水平上显著），强调了企业在绿色创新方面的积极作用。综合整体模型结果，五大维度的各个指标均为正向影响，虽然部分变量测度与预期相矛盾或不显著，但总体而言本文的假设得到了实证结果的支持。对实证结果的解释比较粗浅。

在控制变量中，我们发现个股的周特有收益率的均值、资产报酬率、实控人持股比例以及是否两职合一与未来高技术企业高质量发展呈显著正相关。这表明，经营绩效较好、实控人持股比例较高以及具备多元化经营背景的公司，更有可能实现高质量发展。相反，月超额换手率、公司规模、账面市值比和杠杆率与未来高技术企业高质量发展呈显著负相关。这一发现强调了企业规模越大，其高质量发展的测度可能越低，需要更深入的解读。总体而言，这些实证结果提供了对于高技术企业发展的全面理解，为深入挖掘其高质量发展的机制提供了有益的参考。

然而，考虑到普通最小二乘法模型无法对变量重要度排序以及对非线性关系刻画较弱的问题，本文后续将使用机器学习方法进行研究，且以机器学习模型的结果作为主要结论。

六、结论与启示

（一）面向未来战略发展需求，加强前沿性技术的前瞻部署

平衡短期应对与长期战略之间的关系：既要做到在短期内确保技术和产品供应，又能实现远期自给自足，强化本国半导体供应链韧性能力建设。要密切跟踪国际前沿技术的创新动态，加强我国在部分领域的专业分工优势，加强在优势环节的技术深化，加速推动本土化、可控化半导体供应链体系的构建。推动产业价值链高质量升级，提高产业链、供应链韧性、稳定性。

（二）锻造产业链和供应链长板，抢占新兴产业制高点

一是加强顶层设计，构建有利于技术—组织—产业—企业多方有机融合发展的战略布局。根据现有和潜在的长板产业领域形成动态筛选和调整机制。加强央地协同，形成联动效应，注重专业产业集群的建设质量和规模，以稳龙头和骨干企业带动产业集群发展。二是丰富完善政策组合，形成财政政策、税收政策和科技金融政策间的协调配合机制。完善扩大市场规模、拓展应用场景的需求性政策，保障政策的持续性、稳定性和动态性，对锻长板提供隐性与显性支持相结合的方式。细化产业发展政策，为供应链的薄弱环节提供差异化政策支持。三是培育锻长板企业主体和集群，注重专精特新、单项冠军企业的发展，对于专精特新企业给予专注主营业务领域深耕研发的鼓励性政策。

（三）实施差异化的创新资源投入战略

根据高技术产业、关键核心产业在国家科技发展中的不同地位实施差异化创新资源投入战略。对于高端芯片、操作系统、工业软件等“卡脖子”领域仍要持续加大研发投入力度，紧跟市场前沿发展做好创新资源投入布局，进一步扩大关键产业投资基金投资规模，加大国家科技重大专项对核心技术研发创新的支持力度，加快缩小与技术先进国家的差距。高技术企业高质量发展主要体现在两大维度上：一是关键核心技术国产化，二是数字化治理提升。其中，关键核心技术国产化尤为关键，它直接反映了企业的创新自研能力，是推动企业高质量发展的重要动力。而拓展国际市场的重要性较低。创新模型的结果表明，在核心技术国产化的变量中，产品关键核心技术国产化重要度排名第一，说明国产化替代的重要性十分突出，起到了决定高技术企业能否高质量发展的作用。这一结果表明，高技术企业需要注重自主创新和知识产权保护，提高技术创新水平和研发能力，推进国产化替代，降低对进口技术的依赖程度，从而提高企业的核心竞争力。

参考文献

安家骥，狄鹤，刘国亮. 2022. 组织变革视角下制造业企业数字化转型的典型模式及路径[J]. 经济纵横，2：54-59.

程恩富，宋宪萍. 2023. 全球经济新格局与中国新型工业化[J]. 政治经济学评论，14（5）：3-25.

郭春. 2023. 大客户兼供应商与企业融资约束[J]. 审计与经济研究，38（4）：63-73.

黄宏斌，许晨辉，李圆圆. 2023. “抱团取暖”可以应对“寒冬”吗？贸易政策不确定性与企业协同创新：来自“中美贸易摩擦”的经验证据[J/OL]. 财贸研究，1-21.

李雪灵项目团队. 2023. 国际竞争力视角下的我国制造业数智化转型研究述评[J]. 工业技术经济，42（4）：3-12.

刘洋，董久钰，魏江. 2020. 数字创新管理：理论框架与未来研究[J]. 管理世界，36（7）：198-217，219.

陆瑶，张叶青，黎波，等. 2020. 高管个人特征与公司业绩：基于机器学习的经验证据[J]. 管理科学学报，23（2）：120-140.

吕岩威，王文强，张晋宁. 2023. 数字经济对区域绿色创新效率的影响效应及其传导机制[J]. 统计与决策，39（20）：120-124.

任保平. 2024. 数实深度融合推动新型工业化的层次性及其实现机制与路径[J]. 社会科学辑刊：（2）：143-151.

王宏伟，陈多思，张慧慧，等. 2023. 中美技术摩擦给我国高技术产业和企业带来的风险分析[J]. 中国科学院院刊，38（4）：593-601.

王毅. 2020. 数字创新与全球价值链变革[J]. 清华管理评论，3：52-58.

魏泽龙，张琳倩，魏泽盛，等. 2019. 商业模式设计与企业绩效：战略柔性的调节作用[J]. 管理评论，31（11）：171-182.

吴争程，陈金龙. 2016. 应收账款融资视角下企业商业信用研究[J]. 金融理论与实践，11：59-66.

夏芸，张茂，熊泽胥，等. 2023. 贸易政策不确定性与企业技术创新投融资决策：基于中美贸易摩擦的分析[J]. 产业经济评论，（3）：75-95.

谢靖，王少红. 2022. 数字经济与制造业企业出口产品质量升级[J]. 武汉大学学报（哲学社会科学版），75（1）：101-113.

谢卫红，林培望，李忠顺，等. 2020. 数字化创新：内涵特征、价值创造与展望[J]. 外国经济与管理，

42（9）：19-31.
余东华，马路萌. 2023. 新质生产力与新型工业化：理论阐释和互动路径[J]. 天津社会科学，（6）：90-102.
余江，孟庆时，张越，等. 2017. 数字创新：创新研究新视角的探索及启示[J]. 科学学研究，35（7）：1103-1111.
袁淳，肖土盛，耿春晓，等. 2021. 数字化转型与企业分工：专业化还是纵向一体化[J]. 中国工业经济，（9）：137-155.
郑江淮，冉征. 2021. 智能制造技术创新的产业结构与经济增长效应：基于两部门模型的实证分析[J]. 中国人民大学学报，35（6）：86-101.
中国社会科学院工业经济研究所课题组，史丹，李晓华，等. 2023. 新型工业化内涵特征、体系构建与实施路径[J]. 中国工业经济，（3）：5-19.
周冬华，彭剑飞，赵玉洁. 2023. 中美贸易摩擦与企业创新[J]. 国际贸易问题，11：106-125.
Ferreira J J M，Fernandes C I，Ferreira F A F. 2019. To be or not to be digital，that is the question：firm innovation and performance[J]. Journal of Business Research，101（C）：583-590.
Fichman R G，Dos Santos B L，Zheng Z Q. 2014. Digital innovation as a fundamental and powerful concept in the information systems curriculum[J]. MIS Quarterly，38（2）：329-354.
Hinings B，Gegenhuber T，Greenwood R. 2018. Digital innovation and transformation：an institutional perspective[J]. Information and Organization，28（1）：52.
Nambisan S，Lyytinen K，Majchrzak A，et al. 2017. Digital innovation management：reinventing innovation management research in a digital world[J]. MIS Quarterly，41（1）：228-238.
Roychowdhury S. 2006. Earnings management through real activities manipulation[J]. Journal of Accounting and Economics，42（3）：335-370.
Vial G. 2021. Understanding digital transformation：a review and a research agenda[J]. The Journal of Strategic Information Systems，28（2）：118-144.
Yoo Y，Henfridsson O，Lyytinen K. 2010. Research commentary：the new organizing logic of digital innovation：an agenda for information systems research[J]. Information Systems Research，21（4）：724-735.

创新创业教育改善了高校学生创新创业能力吗？*
基于“双一流”高校的调查实证

王林梅　吴云芳　闫卓尔

摘要：在大众创业、万众创新走向高质量发展新阶段，高校创新创业教育越发成为推动创新驱动发展战略落地和应对大学生就业难的重要手段。通过国内“双一流”高校 804 份调查问卷，在借助综合指数法构建创新创业教育指数和学生创新创业能力指数的基础上，采用主成分分析法、工具变量法和岭回归方法深入研究了“双一流”高校中创新创业教育对学生创新创业能力的影响。研究发现：①我国当前创新创业教育已对“双一流”高校学生创新创业能力产生显著正向影响，这种正向影响通过创新创业教育中的硬件设置和软件配备而同步发挥作用；②创新创业教育不仅能够有效改善学生的创新行为，增强其创新意识，也能提高学生创业能力维度下的机会能力、运营能力和其他能力；③异质性研究发现，女性学生对于创新创业教育发展对创新能力影响的边际效应要大于男性。性格开朗、外向者在创新创业教育中其创新创业能力提升更为显著，同时创业意愿强烈个体会显著提升创业能力，但在创新能力改善上不明显，拥有竞赛经历的学生在创新能力层面的提升更为迅速。最后提出了一些改进创新创业教育的政策建议。

关键词：“双一流”高校　创新创业教育　创新创业能力

中图分类号：F062.3

一、引　　言

创新创业教育是中国高等教育领域落实国家创新驱动发展战略和响应“大众创业、万众创新”时代所要求的重要措施和内容。自 2010 年教育部印发《关于大力推进高等学校创新创业教育和大学生自主创业工作的意见》以来，高等院校开展的创新创业教育已经逐步发展为我国创新创业教育的主阵地和生力军，不仅带动全社会创新创业活力显著增强，也成为国家创新驱动发展战略走向深入的试验田和突破口。目前，我国创新创业教育虽相比西方发达国家仍处于初级探索阶段，但在人才需求和经济动能转型的双重驱动

---

*基金项目：本文为国家社会科学基金项目“西藏籍大学生异地就业典型案例调查研究”（23BMZ072）；四川大学 0-1 创新研究项目“新发展格局视域下我国更高质量就业指标评价体系构建与实现路径研究”（2021CXC10）的阶段性成果。

作者简介：王林梅，女，四川大学马克思主义学院副教授、硕士生导师，研究方向：政治经济学。

吴云芳，女，四川大学吴玉章学院学生，研究方向：创新经济学。

闫卓尔，女，四川大学经济学院学生，研究方向：金融经济学。

下，创新创业教育事业蓬勃发展的趋势越发明显。特别是 2015 年国务院办公厅印发《关于深化高等学校创新创业教育改革的实施意见》，标志着高校创新创业教育开始成为建设创新型国家、实现“两个一百年”奋斗目标和中华民族伟大复兴的中国梦的强大的人才智力战略并正式走向历史舞台。

随着近几年高校创新创业教育的发展，我国大学生创新创业能力有了显著提高，创新创业意识有了较大增强，但是现实中仍然存在经验少、风险高和活力弱等问题，高等院校学生创新创业成功率相较发达国家仍然偏低，为此，2021 年国务院办公厅印发《关于进一步支持大学生创新创业的指导意见》，明确指出“将创新创业教育贯穿人才培养全过程”，“健全课堂教学、自主学习、结合实践、指导帮扶、文化引领融为一体的高校创新创业教育体系，增强大学生的创新精神、创业意识和创新创业能力”。新时代创新创业教育的顶层设计文件终于出台。

从实践上来看，高校不仅是国家人才培养的第一阵地，也对于培养学生创新创业思维、方法及能力起着举足轻重的作用。然而，部分高校对于创新创业教育不重视，对实践平台的使用不充分，在就业指导方面不专业，不仅未能有效激发学生的创新思维，在一定程度上还遏制了学生的创新创业能力，阻碍了创新创业教育持续发展。特别是“双一流”高校作为国家创新创业教育的领头羊，应该在学生创新创业能力培养方面树立起典型示范作用，因此，适时开展高等院校创新创业教育的创新创业能力绩效评估便具有了显著的理论和实践意义。

二、文 献 回 顾

（一）创新创业教育研究进展

一般认为，高校创新创业教育起源于美国，是以 1947 年哈佛大学商学院迈斯教授开设的新创企业管理课程为起点。目前国外关于高校创新创业教育的研究主要集中在创新创业教育的实践路径、体系构建和影响因素三个方面。在实践路径维度，Hoppe（2016）认为高校创新创业教育应倾向于增强学生创新创业学习能力而非创新创业行动，且创新创业学习应从多种教育实践中转化为内生创业精神和进取能力；Jain 等（2017）则强调体验式学习和以行动为导向的教育实践对于培养思维和行为的极端重要性。在体系构建方面，Jain 等（2017）认为创新创业教育体系设计的重点是课外实践课程的高参与度。在影响因素方面，Rauch 和 Hulsink（2015）证实了学生态度和个体感知是影响创新创业教育效率的主要因素；类似的 Reyad 等（2018）证实了沟通能力、创造性思维、问题解决能力和逻辑思维是影响学生创新创业教育感知的关键因素。

与国外不同，国内学者对创新创业教育的相关研究，其研究领域主要聚焦在四个方面。一是关注创新创业教育的实践路径。如谢和平（2017）认为，高校应将创新创业教育改革作为提升教育质量的突破口，以推进创新创业教育示范基地建设为抓手，将创新创业教育改革落实到个性化教育、多学科交叉培养等方面；滕智源（2017）认为高校应将“第一课堂和第二课堂融合”，以“单一个体与团队融合”的思想为指导，从基础素质教育、专业技能教育和兴趣通识教育三个方面将创新创业教育全面融合进科学的课程体系。二是关注创新创业教育存在的突出问题。如卓泽林等（2022）指出，国内创新创业授课未能很好地将理论与实践教育相结合，实践系统性和针对性有待提高，高校间存在很大的创新创业教育资源不平衡问题。三是研究创新创业教育生态体系的建构。如杨婷婷（2021）提倡构建学校—政府—企业三位一体的创新创业教育有效生态体系；李小年（2022）建议建立以扎根社会需求为导向、融通知识为关键、铸魂立心为根本的创新创业教育生态体系。四是对创新创业教育绩效的评价。如高云等（2021）从政府、企业、高校、中介机构、学业支持者、学生层面建立六维创新创业教育评价指标体系；苏海泉和王洋（2015）利用平衡计分卡模型，建立了财务—客户—内部流程—学习与成长四维度创新创业教育绩效评价模型。

（二）创新创业能力研究进展

创新能力是指个体运用一切已知信息产生某种独特、具有社会或个人价值的产品的认知能力；而创业能力则强调成功创业或为企业发展助力的具体实践能力。目前国内外相关研究主要从三个角度研究创新创业能力。一是创新创业能力体现的个人特质。认为创新创业能力具有与生俱来的属性（Ghina，2014），其中基因遗传和机遇把握（Clarysse et al.，2011）是创新创业活动影响最大的两个因素。二是创办经营企业的表现。将创新创业能力视为包含机遇把握、资源整合、企业管理及风险防范等创办经营企业的能力的总和（Bulgacov et al.，2014）。同时在创办经营企业的过程中，创新创业者还需要拥有创造力、挑战性、创新精神，并成功付诸实践（Edwards-Shachter et al.，2015）。三是创新创业能力的派生素养。如 Kadushin（2012）认为创新创业能力是一种通过协同教育获得的综合素质，是包含创新能力、创业能力和实践能力的综合能力。王洪才（2021）认为创新创业能力包括目标确定能力、系统检视能力、果断抉择能力、沟通合作能力、机遇把握能力、风险防范能力、逆境奋起能力等。因此，学术界普遍认为创新创业能力具有以下三个特征。一是个人与生俱来和后天发展能力的集中体现；二是本质上体现为一种实践能力，需要创新创业理论、专业基础、社会实践的有机结合；三是需要与社会接轨，是适应市场需求的实践性表达。

由于不同学者对创新创业能力内涵的理解不同，因此创新创业能力的测量标准并未统一。总的来看，对于创新创业能力的测量主要有以下方法：一是从个人特质角度衡量，包含战略能力、概念能力、学习能力、机会能力、关系能力等（Hazlina Ahmad et al.，2010）；二是从创业活动角度衡量，包含汇聚资源能力、机会识别能力、创业实施能力、创业管理能力、风险控制能力等（孔洁珺和臧宏，2015）；三是以上两种测度方法的结合，即通过个人和团队两个维度进行衡量，包含核心创业能力、基本创业能力、创业人格、社会应对能力等（金昕，2016）。

总的来看，目前国内外对于创新创业教育和创新创业能力的研究大量聚焦于实践模式、培养体系构建和教育绩效评估方面，虽然侧重点不同，但是理论研究属性非常明显，实证研究相对匮乏。同时很多研究采用单一案例研究方法，研究对象的涉及面相对较窄，缺乏更大范围、更具有普及性的文献。从研究对象来看，大多数研究将研究对象的共同点集中于特定地域或者高职院校，对于现在我国高等教育的主力军——“双一流”高校研究严重不足。因此，本文的边际贡献在于：一是聚焦目前创新创业潜力最强的“双一流”高校大学生群体，研究创新创业教育对“双一流”高校学生创新创业能力的多维影响，弥补相关实证研究的不足；二是建立了创新创业教育和学生创新创业能力的测评基准和考察维度，为评价我国创新创业教育绩效和创新创业能力测评提供了一种新的类型学方法。本文余下部分做如下安排：第三部分是研究设计，第四部分是实证分析，第五部分是结论与政策建议。

三、研究设计

（一）研究假设

本文研究的核心问题是创新创业教育对大学生创新创业能力的影响，为此，笔者首先对创新创业教育进行准确界定。自 1998 年清华大学首次举办大学生创业计划竞赛至今，我国本土化创新创业教育体系正在逐步发展完善当中。目前，学术界对一国创新创业教育制度的公认界定主要涉及以下四个方面内容：一是具有一套完整的创新创业人才培养体系，包括合理的人才培养目标、完善的培养方案、规范的课程体系、多元的实践平台和齐全的保障体系与评价体系等；二是创新创业教育的专业师资队伍配备，能够满足长时间创新创业教育课程教授要求；三是创新创业教育相关保障，主要包括经费保障、实践平台保障等；四是较为完整的物质精神激励措施。根据上述四大维度的范畴内涵，笔者可以通过梳理已有文献提出所需的核心假设。

1. 创新创业教育与学生创新创业能力

创新创业能力的培养，既包括学生创新能力的塑造，也涵盖创业能力的形成（王洪才，2021）。它是通过系统、整体、协同相一致的教育体系来培养学生想象力、洞察力、执行力和领导力的集中体现（卢晓中，2021），当前高校细分的创新创业教育体系是培养学生创新创业能力的重要手段（栾海清和薛晓阳，2022）。创新创业教育中教师不仅能激发学生的学习主观能动性，促使学生主动求知（冯小明等，2021），掌握创业过程中的市场规律、财务制度等基本技能，也能通过专业化的师资结构队伍给予学生多元化的智力支持，从理论研究、实践经验方面对学生进行引导，并结合专业教育手段和方法向学生教授相关知识以促进学生的创新思想形成和行为强化，巩固提升学生创新创业教育感知与信念（马永霞和王琳，2021）。同时，创新创业教育相比于其他教育尤为注重实践与理论的结合，因此实验教学、实习实践以及创新创业教育相关竞赛等形式成为提高学生创新创业实践能力的重要环节。此外，创新创业教育经费保障、实践平台保障等是高校学生提高创新创业能力过程中不可缺失的一环。新发展阶段的创新创业教育，不仅需要高水平的创新创业教育师资团队，也需要高水平、多样化的支撑平台，研究表明：越是出台相关的平台经费保障政策和正向的激励引导政策，辅之以具有胜任力的教师团队开展创新教育课程授课任务，学生创新创业能力的提升就越为迅速（孙文琦等，2020）。创新创业教育培养体系、师资队伍、经费保障以及激励措施已然成为决定当前高校学生创新创业能力的关键影响因素。由此，笔者提出以下三点假设。

H1：创新创业教育与高校学生创新创业能力正相关。

H1a：创新创业教育的硬件设置（师资队伍、经费保障以及激励措施）与高校学生创新能力正相关。

H1b：创新创业教育的软件设置（创新创业教育培养体系）与高校学生创业能力正相关。

2. 创新创业教育对学生创新创业能力的异质性影响

由于个体差异在很大程度上会表现为个体能力差异，因此也有部分学者着眼于个体因素，从创新创业者性格、性别、参与意愿等方面对创新创业能力影响因素开展研究。如有研究表明：男性的创业能力整体可能会高于女性（程玮和段立，2023），但女性从创新创业教育中往往受益更多（Nowiński et al.，2019）。此外，创业者毅力、激情、禀赋将会显著增强创新创业者获得资源的能力（Baum and Locke，2004），越是看重成就需要，具有冒险倾向和个体意识强的大学生，其上述性格特质将越能提升自身的创新创业能力（张雪黎和肖亿甫，2018）。

同时，是否有创业意愿和是否具有创新创业实践平台对个人创新创业能力的影响也得到了理论界关注，很多研究认为强烈的创业意愿是创新创业行为更加具备灵活性和行动力的决定性条件（Ireland et al.，2003；郭璐和张承祖，2022）。同时高校提供创新创业竞赛这类创业模拟和实训平台对有效回应学生的创新创业需求，提高学生创新创业认知大有裨益，一些研究表明：与缺乏参与创新创业竞赛经验的个体相比，参加过相关创新创业竞赛活动的学生其后续创业成功概率更高（宫毅敏和林镇国，2019），创新创业竞赛和实训机会不仅能够开拓创新创业思维，提升领导能力，而且能够显著改善学生创新创业过程中的社交能力和应变能力等，显著提升学生的创新创业素养。

基于以上理论和分析，本文提出如下假设。

H2：创新创业教育对创新创业能力的影响存在性别差异。

H3：创新创业教育对创新创业能力的影响存在性格特点差异。

H4：创新创业教育对创新创业能力的影响存在创业意愿差异。

H5：创新创业教育对创新创业能力的影响存在竞赛参与情况差异。

（二）问卷设计与变量界定

1. 问卷设计

根据研究目标，笔者所设计的结构化问卷包括四个部分，依次为：基本信息、创新创业教育状况、创新能力、创业能力。其中，基本信息部分主要涉及被访者的性别、性格特点、院校水平、课题参与情况、创业意向和创新创业竞赛参与情况六个问题，上述问题采用分类数据（或哑变量）进行测度；而创新创业教育状况部分则主要涉及院校创新创业教育培养体系、创新创业教育师资状况、创新创业教育相关保障和创新创业教育激励措施四个维度；学生创新能力主要涉及学生创新行为和创新思想两个层次；学生创业能力则主要包括学生创业的机会能力、运营能力和其他能力三个维度（表 1）。以上模块因主观性较强不便采用数值测量手段，故均采用利克特七级量表进行测度，测度量表共分为七个层级："1"代表非常不符合、"2"代表不符合、"3"代表比较不符合、"4"代表一般、"5"代表比较符合、"6"代表符合、"7"代表非常符合。

表 1　问卷的结构设置

模块	准则层①	具体问题设置
A.基本信息量表	A1.个人基本信息	A11.性别；A12.性格特点；A13.院校水平；A14.课题参与情况；A15.创业意向；A16.创新创业竞赛参与情况
B.创新创业教育状况量表	B1.培养体系；B2.师资状况；B3.相关保障；B4.激励措施	B11.人才培养方案全面性；B12.相关课程与讲座需求本科生满足度；B13.相关课程与讲座专业匹配度；B21.创新创业教师规模匹配度；B22.创新创业教师团队多样化；B23.教师专业性；B24.教师创新意识；B25.教师授课方式启发性；B26.教师全方位指导；B31.学校创新创业经费保障；B32.学校实践基地覆盖度；B33.学生创新创业平台利用度；B34.学校孵化基地支持度；B41.创新创业项目设立客观准确性；B42.创新创业项目考核公平性；B43.学校对学生创新创业项目的激励性
C.创新能力量表	C1.创新行为；C2.创新思想	C11.学生善于发现问题，找寻办法；C12.学生不断学习新技能、新知识；C13.善于找准时机提出新的见解；C21.学生经常提出原创性想法；C22.学生对新鲜事物有好奇心并试图了解；C23.善于从多角度思考问题；C24.经常有天马行空的假想；C25.讨厌现成的答案或解决方案；C26.不认为权威专家的观点都正确
D.创业能力量表	D1.机会能力；D2.运营能力；D3.其他能力	D11.擅长重组不相关的事物；D12.捕捉灵感并进行心理预设和付诸行动；D13.投入大量精力学习产业前沿动态；D14.有较强的风险感知及应对能力；D15.能发现市场机会并预知潜在客户需求；D21.擅长营销自己及自己的产品或服务；D22.擅长人际交往并利用个人关系网达成目标；D23.有社会资本获取渠道；D24.擅长组织并协调各种资源任务；D31.能够吸取他人建议；D32.理解他人特定情况下的感受；D33.具有较强的抗压能力；D34.有较强的执行力；D35.能清楚地表达自己的见解

资料来源：作者绘制

2. 样本数据收集

本次调查以国内"双一流"高校在校大学生为调查对象②，涉及各年级在校大学生，并兼顾性别、专业等因素。为尽量满足抽样随机性原则，笔者采用分层抽样的方式进行样本抽取，并采取线上微信、微博等社交平台发放电子问卷和线下人工发放问卷相结合的方式，通过对问卷作答时间检查、规律作答检查等，以此确保调查数据真实有效。具体操作过程如下。

先将总体 147 所"双一流"高校按照院校类型分为"985"高校、"211"高校和其他"双一流"高校，并对各层级高校进行分类计算机编码。之后利用计算机生成随机数的方法选择编码对应相关院校；再通过微信、微博等社交平台同步发放电子问卷，同时通过

① 准则层中的部分指标命名是通过后文中验证性因子分析所形成的。

② "双一流"高校来自国家 2022 年最新公布的第二轮"双一流"建设名单中的 147 所高校。

邮件、电话联系各高校学生工作部和团委寻求支持，完成线下问卷的发放。

本次调查从2022年10月17日起，到2022年12月30日止，历时两个半月，发放问卷1098份，回收问卷1098份，回收率为100%。经过整理与筛选，排除填写时间小于等于80秒以及选项高度一致的294份无效样本，得到804份有效样本，有效率为73.2%。其中包括男性286名，占总数的35.57%，女性518名，占总数的64.43%。“985”院校学生386份，占比48.01%，“211”院校及其他“双一流”高校418份，占比51.99%。笔者对有效问卷进行数据整理和清洗之后使用SPSS 26软件和EXCEL进行样本特征的分类频数统计，调查样本的基本特征见表2。

表2　调查样本的基本结构特征（*N*=804）

样本特征	分类标准	样本	
		数量	占比（%）
性别	男	286	35.57%
	女	518	64.43%
性格特点	开朗、外向	424	52.74%
	内敛、含蓄	380	47.26%
院校水平	“985”院校	386	48.01%
	“211”院校	325	40.42%
	其他“双一流”高校	93	11.57%
课题参与情况	是	388	48.26%
	否	416	51.74%
创业意向	是	236	29.35%
	否	568	70.65%
创新创业竞赛参与情况	是	382	47.51%
	否	422	52.49%

3. 问卷初步统计分析

在对问卷问题进行变量设计之前，必须对问卷本身的信度和效度进行检验，以满足科学性标准。在信度分析中，常用的分析工具是克龙巴赫 Alpha 值和删除项后的克龙巴赫 Alpha 值，上述指标揭示了问卷关键变量重复测量时所得结果的一致性程度的过程。笔者使用SPSS 26软件的可靠性检验程序对问卷进行整体信度分析，具体结果见表3。

表3　问卷信度检验结果

量表	一级克龙巴赫 Alpha	项数	维度	二级克龙巴赫 Alpha	项数
创新创业教育状况量表	0.962	16	培养体系	0.903	3
			师资状况	0.921	6
			相关保障	0.889	4
			激励措施	0.881	3

续表

量表	一级克龙巴赫 Alpha	项数	维度	二级克龙巴赫 Alpha	项数
创新能力量表	0.878	9	行为层面	0.709	3
			思想层面	0.816	6
创业能力量表	0.915	14	机会能力	0.820	4
			运营能力	0.799	6
			其他能力	0.797	4

表 3 的结果表明：所设计的问卷整体克龙巴赫 Alpha 值均大于 0.7，且在删除每一项后的 Alpha 值均小于或等于原克龙巴赫 Alpha 值，故所有题项均符合信度检验的要求，不对题项进行删减。另外，对已经通过信度检验的问卷进行效度分析，在效度分析中，最理想的方法是利用验证性因子分析来测量整个问卷的结构效度。其核心思路是从问卷中的全部变量中提取一些公因子，以识别问卷和量表的基本结构，笔者借助 SPSS 26 软件进行验证性因子分析并实施 KMO(Kaiser-Meyer-Olkin)检验。结果显示：创新创业教育状况量表的 KMO 检验值为 0.950，Bartlett 球形检验值为 4299.481（p=0.000）；创新能力量表的 KMO 检验值为 0.868，Bartlett 球形检验值为 1210.060（p=0.000）；创业能力量表的 KMO 检验值为 0.911，Bartlett 球形检验值为 1940.083（p=0.000），适合使用验证性因子分析。笔者利用主成分分析法，分别在创新创业教育状况量表中提取出两个公因子，命名为硬件设施（主要包括师资状况、相关保障和激励措施等方面）和软件配备（主要包括培养体系）；创新能力量表中提取出两个公因子，分别命名为创新行为和创新思想；创业能力量表中提取出三个公因子，分别命名为机会能力、运营能力以及其他能力（表 1）。

进一步地，笔者对调查数据各项进行简单加权平均发现，全样本层面创新创业教育的培养体系和相关保障得分较低，仅有 4.85 和 5.11，是目前创新创业教育发展中的短板（表 4），“985”院校创新创业教育相关保障体系明显落后于“211”院校和其他“双一流”院校，“211”院校的创新创业教育激励措施明显弱于“985”院校和其他“双一流”院校，说明创新创业教育内部结构不均衡特点突出。

表 4　各二级变量的算术平均得分统计

分类标准	具体分类	培养体系	师资状况	相关保障	激励措施	创新创业能力
总体		4.85	5.21	5.11	5.28	4.65
性别	男	4.98	5.10	5.11	5.26	4.85
	女	4.78	5.19	5.11	5.29	4.53
性格特点	开朗、外向	4.97	5.24	5.20	5.34	4.78
	内敛、含蓄	4.72	5.18	5.00	5.21	4.50
院校水平	“985”院校	4.85	5.26	4.13	5.30	4.66
	“211”院校	4.83	5.07	5.06	4.25	4.64
	其他“双一流”院校	5.00	5.04	4.97	5.12	4.50

续表

分类标准	具体分类	培养体系	师资状况	相关保障	激励措施	创新创业能力
课题参与情况	是	5.04	5.22	5.16	5.32	4.92
	否	4.77	5.21	5.26	5.21	4.53
创新创业竞赛参与情况	是	4.90	5.34	5.18	5.38	4.78
	否	4.81	5.10	5.04	5.19	4.52

同时进一步分析表 4 中的数据可以发现，创新创业能力因性别、性格特点、课题参与情况和创新创业竞赛参与情况等因素存在差异。分别表现为：男性的创新创业能力平均得分为 4.85，高于女性 0.32；性格开朗、外向的学生创新创业能力平均得分为 4.78，高于性格含蓄、内敛的学生 0.28；参与过课题研究的学生创新创业能力平均得分为 4.92，高于未参与过课题研究的学生 0.39；参与过创新创业竞赛的学生创新创业能力平均得分为 4.78，高于未参与过课题研究的学生 0.26。

4. 变量界定与说明

基于前文理论分析与研究假设，本文在实证研究前需要进行变量界定。根据研究目标，笔者分别以创新创业教育水平一级指标（包含二级指标硬件设施和软件配备）为自变量，人口统计学特征（含性别、性格特点、院校水平、课题参与情况、创业意向以及创新创业竞赛参与情况）为控制变量，将创新创业能力一级指标（包含二级指标创新能力和创业能力）①作为因变量构建如下计量回归模型，以上变量的符号定义详见表 5。

$$\mathrm{Lea}_i = \alpha_0 + \alpha_1 \mathrm{Lie}_i + \alpha_2 \mathrm{Pop}_i + \varepsilon_i \tag{1}$$

表 5　变量符号界定及计算定义

变量	一级变量	二级变量	代码	测量
因变量	创新创业能力 Lea	创新能力	Lea1	创新能力得分
		创新行为	Lea11	创新行为得分
		创新思想	Lea12	创新思想得分
		创业能力	Lea2	创业能力得分
		机会能力	Lea21	机会能力得分
		运营能力	Lea22	运营能力得分
		其他能力	Lea23	其他能力得分
自变量	创新创业教育水平 Lie	硬件设施	Lie1	硬件设施配备完整度得分
		软件配备	Lie2	软件设施安排合理度得分

① 创新能力二级指标下分设创新行为和创新思想两个子指标；创业能力二级指标下分设机会能力、运营能力和其他能力三个子指标。

续表

变量	一级变量	二级变量	代码	测量
控制变量	人口统计学特征 Pop	性别	Sd	1=男；0=女
		性格特点	Cha	1=开朗、外向；0=内敛、含蓄
		院校水平	Cl	1=“985”院校；2=“211”院校；3=其他“双一流”院校
		课题参与情况	Pp	1=是；0=否
		创业意向	Ew	1=是；0=否
		创新创业竞赛参与情况	Con	1=是；0=否

在表 5 中，除控制变量以外，所有因变量和自变量测量都是根据利克特七级量表的得分综合计算而来，由于每一个问题都不具有直接可加性，因此需要使用综合评价技术进行得分转换处理，在这里，笔者使用当前较为新兴的综合指数法工具对量表得分进行汇总。该方法专门适用于量表分类数据或主观打分数据，通过标准化处理后建立指标与维度的对应关系，从而计算出最后具有相对大小关系的综合指数。由于该方法灵活且可以在不同指标层级上进行纵向指数合成，因此可以用来分别合成一级变量、二级变量乃至三级子指标的最终得分，笔者依次采用综合指数法对创新创业教育水平、创新创业能力等 11 个指标实施分层评价，最终得到的各项指标得分的描述性统计结果如表 6 所示。

表 6　各项变量指标得分综合评价后的描述性统计

指标	均值	方差
创新创业能力	6.74	31.65
创新能力	2.36	15.79
创新行为	1.35	1.66
创新思想	1.16	0.77
创业能力	12.09	1981.09
机会能力	1.64	4.74
运营能力	1.21	0.91
其他能力	1.38	2.09
创新创业教育水平	5.32	57.10
硬件设施	3.76	39.66
软件配备	1.57	2.53

四、实证分析

（一）基准回归

笔者先实施创新创业教育影响高校大学生创新创业能力的基准回归。在基准回归中，我们既考虑创新创业教育总指标对学生创新创业能力的影响，又考虑创新创业教育的二级指标，即硬件设施与软件配备对学生创新创业能力的影响，同时在因变量设计中，又将学生创新创业能力划分为一级指标和两个二级指标：创新能力与创业能力。由于变量较多且分组模型较细，为了有效消除多重共线性问题，笔者专门采用岭回归①方法进行参数处理，使用 SPSSAU 软件的岭回归程序模块依次实施参数估计，结果如表 7 所示。

表 7 创新创业教育影响高校学生创新创业能力的分组岭回归结果

变量		因变量					
		创新创业能力（Lea）		创新能力（Lea1）		创业能力（Lea2）	
		模型 1	模型 2	模型 3	模型 4	模型 5	模型 6
自变量	Lie	0.134*** （5.56）		0.132*** （5.47）		0.076*** （3.05）	
	Lie1		0.07*** （3.33）		0.088*** （4.16）		0.024 （1.08）
	Lie2		0.139*** （6.56）		0.099*** （4.64）		0.102*** （4.63）
控制变量	Sd	0.087*** （3.62）	0.079*** （3.34）	0.074*** （3.08）	0.071*** （2.98）	0.009 （0.36）	
	Cha	0.061** （2.53）					0.032 （1.28）
	Cl		−0.007 （−0.31）				0.003 （0.11）
	Pp			0.065*** （2.69）			
	Ew				0.066*** （2.74）		
	Con					0.032 （1.27）	
统计量	F	12.697***	11.902***	11.924***	10.532***	2.782*	4.114*

注：“（ ）”中报告 t 统计量

***表示 $p<0.01$；**表示 $p<0.05$；*表示 $p<0.1$

在表 7 中分别汇报了创新创业教育对不同尺度学生创新创业能力影响的参数情况，基于可比性原则，笔者对各项系数进行了标准化处理。从表 7 的估计情况来看，整体上创新创业教育水平和高校硬件设施、软件配备因素对高校学生创新创业能力具有显著正向影响。

具体来看，根据模型估计结果，在 1%的显著性水平之下，创新创业教育二级变量对

① 岭回归是一种改良的最小二乘法，其通过放弃最小二乘法的无偏性，以损失部分信息为代价来寻找效果稍差但回归系数更符合实际情况的模型方程。针对共线性的病态数据，岭回归的耐受性远强于普通线性最小二乘法回归。

高校学生无论是创新能力还是创业能力层面都有显著正向影响。除模型 6 以外，高校创新创业教育相关的硬件设施（包括师资配备、相关保障、激励措施）对学生创新创业能力在 1%的显著性水平之下有正向影响。同时硬件设施在 1%的显著性水平下也与创新创业能力呈现正相关。此外，若考察高校创新创业教育的软件配备因素（包括培养体系），其对学生无论是创新能力还是创业能力均能起到明显的改善作用。

（二）区分不同类型创新创业能力

在基准回归中，笔者已初步证实了创新创业教育与高校学生创新创业能力间的关系，但是学生创新创业能力形成的维度是多元的，还需要考虑具体细分维度受到创新创业教育的差异性影响，为了进一步详细考察不同类型创新创业能力受创新创业教育影响的差别，笔者进一步引入了不同类型创新创业能力为因变量，利用 Stata 16.0 进行了分组多元计量回归实证，其参数估计结果如表 8 所示。

表 8　创新创业教育影响不同类型创新创业能力的分组岭回归结果

变量		因变量：创新创业能力（Lea）									
		创新行为（Lea11）		创新思想（Lea12）		机会能力（Lea21）		运营能力（Lea22）		其他能力（Lea23）	
		模型 7	模型 8	模型 9	模型 10	模型 11	模型 12	模型 13	模型 14	模型 15	模型 16
自变量	Lie	0.164*** （6.87）		0.104*** （4.22）		0.081*** （3.28）		0.126*** （5.24）		0.112*** （4.62）	
	Lie1		0.112*** （5.43）		0.058*** （2.66）		0.023 （1.07）		0.064*** （2.99）		0.056*** （2.61）
	Lie2		0.118*** （5.71）		0.1*** （4.60）		0.119*** （5.46）		0.13*** （6.08）		0.116*** （5.38）
控制变量	Sd	0.081*** （3.39）									
	Cha	0.038 （1.61）		−0.012 （−0.51）	−0.02 （−0.84）	0.034 （1.37）					
	Cl						0.019 （0.79）	0.002 （0.1）	0.003 （0.13）		
	Pp		0.088*** （3.79）	0.063** （2.56）			0.051** （2.09）		0.052** （2.14）	0.048** （1.98）	0.04* （1.68）
	Ew		0.082*** （3.54）		0.077*** （3.19）			0.108*** （4.49）		0.106*** （4.37）	
	Con					0.07*** （2.835）					0.037 （1.57）
统计量	*F*	15.45***	16.85***	6.18**	7.07**	5.29**	5.99**	12.00***	9.07***	11.25***	7.50**

注：“（）”中报告 *t* 统计量

***表示 $p<0.01$；**表示 $p<0.05$；*表示 $p<0.1$；系数均已标准化

表 8 中的模型 7 到模型 10 报告了创新创业教育对高校学生两类创新能力的影响，而模型 11 到模型 16 报告了创新创业教育对高校学生三类创业能力的影响，从参数估计结果及符号来看，可以发现如下规律。

一是除模型 12 以外，创新创业教育的总水平、硬件设施和软件配备完善程度两个子项均对提高高校学生创新创业能力具有显著正向影响。其中，在创新能力尺度上，创新创业教育总水平在改善学生创新行为尺度上边际效果要强于创新思想；而在创业能力尺度上，创新创业教育总水平则对学生运营能力的改善效果最为明显，对机会能力的改善效果最弱。

二是考察创新创业教育硬件设施和软件配备对高校学生创新创业能力的影响，研究表明：以师资配备、相关保障、激励措施为代表的创新创业教育硬件设施对提升大学生创新能力的效果要显著强于创业能力，但反之，对以创新创业教育培养体系为核心的软件配备进行完善则更加有助于增强学生的创业能力，这说明全过程培养和教师团队跟进比设立较为松散的实训平台更有助于帮助学生实施创业落地，一些传统创新创业竞赛或者实训平台仅能帮助学生增强理论厚度。

三是表 8 还报告了部分控制变量的参数估计结果，如研究发现：不同性别个体在创新行为上有差异；课题参与情况对创新创业能力均有决定性影响；创业意向的强烈程度会显著影响学生创新创业能力；而是否参加创新创业竞赛对学生创业机会能力变动具有一定作用，具体影响程度差异将在后文专题讨论。

（三）稳健性检验

考虑到前文实证检验中部分变量符号的不一致性，因此本文还需要实施稳健性检验，以保障参数估计的可靠性和有效性。实施稳健性检验，学术界目前常用的手段包括工具变量法、缩减样本或替换估计模型等，本文选择工具变量法和替换估计模型进行检验。一是在前文中笔者曾使用综合指数法中的"组内相乘+组间相加"模型合成了创新创业教育和创新创业能力各项变量指标，为此笔者重新使用"组内相乘"的新模型重构创新创业教育和创新创业能力指标（LieA），并将新合成的综合指数作为替换原指数（Lie）的工具变量使用，二是使用最小二乘法替换岭回归方法，表 9 报告了稳健性估计的实证结果。

表 9 稳健性检验结果

变量		因变量							
		创新创业能力 Lea	创新能力 Lea1	创业能力 Lea2	创新行为 Lea11	创新思想 Lea12	机会能力 Lea21	运营能力 Lea22	其他能力 Lea23
		模型 17	模型 18	模型 19	模型 20	模型 21	模型 22	模型 23	模型 24
自变量	LieA	0.04* （1.7）	0.11*** （4.38）	0.05* （1.90）	0.14** （5.74）	0.08*** （3.24）	0.04 （1.56）	0.09*** （3.47）	0.08*** （3.07）
控制变量	Sd	0.01 （0.31）	3.02*** （3.0）	0.01 （0.35）					
	Cha	0.03 （1.15）				−0.01 （−0.41）	0.04 （1.46）		

续表

变量		因变量							
		创新创业能力 Lea	创新能力 Lea1	创业能力 Lea2	创新行为 Lea11	创新思想 Lea12	机会能力 Lea21	运营能力 Lea22	其他能力 Lea23
		模型 17	模型 18	模型 19	模型 20	模型 21	模型 22	模型 23	模型 24
控制变量	Cl							0.01 （0.004）	
	Pp		2.75*** （2.75）			0.07*** （2.61）			0.05** （2.02）
	Ew				0.09** （3.64）			0.11*** （4.49）	0.11*** （4.38）
	Con			0.03 （1.31）	0.07** （2.95）		0.07*** （2.86）		
统计量	F	5.98*	9.19**	5.36*	13.70***	4.34*	3.22*	8.03**	8.2**

注：“（）”中报告 t 统计量

***表示 $p<0.01$；**表示 $p<0.05$；*表示 $p<0.1$；系数均已标准化

在表 9 中，笔者既对创新创业能力总水平进行了稳健性检验，也对创新能力、创业能力二级指标和分项指标实施了稳健性检验。从稳健性检验的结果来看，创新创业教育对高校学生创新创业能力的影响符号与基准回归和分类回归一致，且在标准化系数上其大小也与分类回归基本吻合，即创新创业教育在创新能力维度上对创新行为影响大于创新思想，在创业能力维度上对运营能力的影响大于其他能力和机会能力，同时各控制变量的符号亦无发生明显反转，因此所有变量的参数检验结论基本可靠。

（四）异质性分析

最后，根据前文分析结果，笔者进一步按照性别、性格特点、创业意向以及创新创业竞赛参与情况四个层面分组进行异质性讨论。利用岭回归方法重新实施模型分组重估的结果如表 10 所示。

表 10　创新创业教育影响高校学生创新创业能力的异质性分析结果

分组变量	分类依据	因变量	自变量				F 统计量
			Lie1		Lie2		
			系数	t 统计量	系数	t 统计量	
Sd	1=男	Lea1	0.077**	2.114	0.087**	2.394	3.726
	0=女	Lea1	0.103***	3.853	0.108***	4.025	11.544
	1=男	Lea2	0.049	1.391	0.184***	5.248	9.680
	0=女	Lea2	0.019	0.671	0.078***	2.821	2.785
Cha	1=开朗、外向	Lea1	0.168***	5.831	0.121***	4.223	19.430
	0=含蓄、内敛	Lea1	0.016	0.52	0.089***	2.82	2.106

续表

分组变量	分类依据	因变量	自变量				F统计量
			Lie1		Lie2		
			系数	t统计量	系数	t统计量	
Cha	1=开朗、外向	Lea2	0.052*	1.702	0.124***	4.087	7.002
	0=含蓄、内敛	Lea2	−0.026	−0.818	0.071**	2.252	1.347
Ew	1=是	Lea1	0.03	0.708	0.09**	2.123	1.781
	0=否	Lea1	0.078***	3.086	0.117***	4.605	11.028
	1=是	Lea2	0.11***	2.639	0.075	1.79	3.857
	0=否	Lea2	0.028	1.091	0.13***	5.09	8.686
Con	1=是	Lea1	0.133***	4.354	0.161***	5.285	17.844
	0=否	Lea1	0.043	1.434	0.045	1.501	1.547
	1=是	Lea2	0.043	1.369	0.157***	4.942	9.116
	0=否	Lea2	0.009	0.311	0.052	1.71	0.940

***表示 $p<0.01$；**表示 $p<0.05$；*表示 $p<0.1$；系数均已标准化

表 10 中的分类依据报告了对性别、性格特点、创业意向以及创新创业竞赛参与情况四个异质性分析变量的分组标准，而限于篇幅，笔者只汇报了创新创业教育的两个二级指标——硬件设施与软件配备对创新创业能力的两个二级指标（创新能力和创业能力）的影响。根据参数估计结果，容易有以下发现。

第一，从性别分组来看，创新创业教育的硬件设施与软件配备对高校学生创新创业能力的影响主要体现在对其创新能力的影响上，且女性群组的边际效应更大，软件配备对男性的创业能力提升影响更为明显。

第二，从性格特点分组来看，无论是在创新能力层面还是创业能力层面，性格开朗、外向者的创新创业教育提升与其创新创业能力改善具有显著正相关关系。反之，性格内敛、含蓄者则在创新能力和创业能力层面提升效果不显著。

第三，从创业意向分组来看，无创业意向学生其创新创业教育仅能在创新能力层面具有显著正向影响，且这种提升显著强于有创业意向的学生，而有创业意向学生创新创业教育则在创业能力层面的影响更为明显。

第四，从创新创业竞赛参与情况来看，创新创业教育会促使参与过相关竞赛的学生在更大边际上有效提升创新能力，而没有参与过任何相关竞赛的学生，其创新创业教育无法形成有效的创新创业能力提振效果。

五、结论与政策建议

本文立足国内“双一流”高校，借助一手调查数据从多个维度实证研究了我国高等教育中创新创业教育发展对高校学生创新创业能力的影响，结果表明：尽管当前我国创新创业教育水平与国外存在一定的差距，但随着我国对创新创业教育的日趋重视，高校创新创业教育的资源投入正不断转化为高校学生的创新创业能力。进一步分析异质性发现：女性学生的创新创业教育对创新能力影响的边际效应要显著大于男性；性格开朗、外向者在接受创新创业教育后更有利于提升自身创新或创业能力；强烈的创业意向有助于进一步增强创新创业教育的创业能力，提升绩效；有过创新创业相关竞赛参与经验的学生对其提供持续创新创业教育更易促进其创新能力提高，基于上述结论并结合大样本调查统计呈现出的典型特征，本文提出如下建议。

一是完善创新创业教育培养体系。创新创业教育培养体系不仅注重学生对于相关理论基础的学习，还促进学生进行相关实践等更高层次的学习，是高校培养学生创新创业能力的重要组成部分。由前文调查分析结果可知，创新创业教育培养体系得分最低，暴露出当前培养体系单一、培养模式固化等突出问题，但实证中创新创业教育培养体系仍对学生创新能力和创业能力起到明显改善作用。因此，在实践中高校一方面应进一步开发个性化培养方案，提升因材施教水平，支持教研室根据学生的实际情况自主设定创新创业教育培养方案，在教学过程中加强学生创新创业能力的培养和事后评价总结，引导学生在创新创业能力培养过程中实施动态反思和纠错提高，实质性提升学生创新创业意识。另一方面，还需构建多学科交叉融合的创新创业教育模式。在多学科交叉融合中重点培养学生对于基础学科、应用学科的协同性，构建文、理、工、医等学科融合的知识架构，并根据学生的共性需求，开展创新创业教育的通识类课程。最后值得一提的是，问卷中反馈的信息还暴露出调整课程考核模式的紧迫性。由于当前创新创业教育培养方案的考核模式比较单一，创新创业理论知识与学生发现问题、解决问题、总结问题、举一反三的能力不匹配，因此考核模式应该逐步从教师评价这种传统类型转变为教师评价+学生实践成果等方面的综合考核模式。

二是加强创新创业教育相关保障。在问卷中发现，创新创业教育相关保障是目前影响创新创业教育发展的主要短板之一，但其对学生创新创业能力有显著正向影响。因此加强创新创业教育相关保障是未来改革的重要目标任务。具体来看，为了进一步强化创新创业教育保障能力，首先高校应该广泛宣传各项促进学生创业活动的扶持政策，使得学生在政策的帮助下更好地开展创业活动。可通过建设创业孵化基地，免费为学生设立一定期限内免费的高质量发展孵化平台，提供创业培训、创业指导、房租水电减免、资金补贴、达标奖励等一系列支持政策。同时加强与政府有关部门、当地企业等合作，对学生普及法律、营业执照办理等相关知识，提高学生创业过程素养。其次，主动搭建挑战性实践平台。既能够让不同学科的学生组建创新创业学生团队，也能让学生通过实践平台体验真实创业环境，了解工作室的运营模式及行业最新的发展动态，通过模拟创业丰富学生的实践经验，以便增强其创新创业实践能力。最后，在条件允许的情况下，鼓励高校设立创新创业基金，对初创活动给予支持，使得学生的创业得到一定的风险分担，增强学生对于创新创业的信心。

三是调动学生参与课题研究的积极性。实证研究发现，是否参与课题研究对创新创业能力有着决定性影响，但目前“双一流”高校中明确回答参与过课题研究的比例不到半数。为此高校应积极鼓励学生进行自主科研选题，提高学生参与课题研究的活跃度。在具体的操作上，教师可指导学生完成课题申报，试验方案设计，并协助学生发表论文和专利，鼓励学生将优秀项目成果就地转化，增强学生的科研成就感，实质性提升创新创业能力。

四是鼓励学生参加创新竞赛。由异质性检验可知，创新创业教育对参与过相关竞赛的学生有促进作用，且无法对没有参与过任何相关竞赛的学生产生有效的提振效果，但从当前问卷中的统计发现，超过半数学生反馈自身没有过参与创新竞赛经历，说明这一维度提升空间明显。为此，高校应带头进一步加强校级及以上创新竞赛活动的组织，各学院也应积极响应学校并配合落实，开展丰富的院级创新竞赛活动。为有效激励各专业的学生广泛参与，校院两级可安排专业教师进行竞赛指导并匹配一定的经费支持。也可将学生参与创新竞赛的情况纳入创新创业教育综合考核，从而补齐创新创业能力短板。

参考文献

程玮，段立. 2023. 大学生创业能力状况及其影响因素实证分析[J]. 高教学刊，（2）：41-44.

冯小明，曹伟地，刘小华. 2021. 原创性研究引领学生创新能力的培养[J]. 中国大学教学，（5）：15-18.

高云，李先春，樊增广，等. 2021. 基于 FAHP 的转型发展高校创新创业教育评价指标体系构建[J]. 创新创业理论研究与实践，4（23）：1-5，49.

宫毅敏，林镇国. 2019. 创业竞赛对提升学生创新创业能力的影响：基于创业竞赛参赛意愿调查问卷的数据挖掘分析[J]. 中国高校科技，（12）：57-60.

郭璐，胡保利，梅玉明. 2022. 谁会成为创业女大学生?——基于家庭因素、在学经历、创业关键能力的实证分析[J]. 江苏高教，（9）：62-69.

郭璐，张承祖. 2022. 美国高校创新创业教育的特色与启示[J]. 办公室业务，（4）：163-164.

金昕. 2016. 当代大学生创业能力结构及其现状的实证研究[J]. 东北师大学报（哲学社会科学版），（3）：204-209.

孔洁珺，臧宏. 2015. 大学生创业能力结构与提升策略研究[J]. 思想理论教育，（2）：91-94.

李小年. 2022. “扎根—融通—铸魂”创新创业教育生态体系构建与探索[J]. 中国高等教育，（19）：15-17.

卢晓中. 2021. 基于系统思维的高质量教育体系构建与教育评价改革：兼论拔尖创新人才培养的系统思维[J]. 国家教育行政学院学报，（7）：9-16，37.

栾海清，薛晓阳. 2022. 大学生创新创业能力培养机制：审视与改进[J]. 中国高等教育，（12）：59-61.

马永霞，王琳. 2021. 高校“双创”教育学生参与度模型及影响因素[J]. 教育经济评论，6（4）：70-84.

苏海泉，王洋. 2015. 基于平衡计分卡的高校创业教育绩效考核[J]. 重庆高教研究，3（6）：33-39.

孙文琦，蒙长玉，王文剑. 2020. 应用型高校大学生创新创业能力培养课程体系研究[J]. 现代教育管理，（7）：75-81.

滕智源. 2017. “双创”环境下高校创新创业教育课程体系构建初探[J]. 中国成人教育，（6）：84-87.

王洪才. 2021. 创新创业能力培养：作为高质量高等教育的核心内涵[J]. 江苏高教，（11）：21-27.

王洪才，郑雅倩. 2022. 大学生创新创业能力测量及发展特征研究[J]. 华中师范大学学报（人文社会科学版），61（3）：155-165.

谢和平. 2017. 以创新创业教育为引导全面深化教育教学改革[J]. 中国高教研究，（3）：1-5，11.

杨婷婷. 2021. 大学生创新创业教育新型生态体系的构建研究[J]. 中国高等教育，（21）：42-44.

张雪黎，肖亿甫. 2018. 人格特质对大学生创业能力的潜在影响及提升路径[J]. 当代青年研究，（6）：100-105.

卓泽林，龙泽海，徐星蕾. 2022. 高校大学生创新创业教育的有效途径及困境：一项循证研究[J]. 中国电化教育，（6）：80-88.

Baum J R，Locke E A. 2004. The relationship of entrepreneurial traits，skill，and motivation to subsequent venture growth[J]. The Journal of Applied Psychology，89（4）：587-598.

Bulgacov Y L M，de Camargo D，Meza M L，et al. 2014. Conditions for female and young Brazilian entrepreneurs：common aspects for guiding public policies for innovative ventures[J]. African Journal of Business Management，8（3）：89-100.

Clarysse B，Tartari V，Salter A. 2011. The impact of entrepreneurial capacity，experience and organizational support on academic entrepreneurship[J]. Research Policy，40（8）：1084-1093.

Edwards-Shachter M，García-Granero A，Sánchez-Barrioluengo M，et al. 2015. Disentangling competences：interrelationships on creativity，innovation and entrepreneurship[J]. Thinking Skills and Creativity，16：27-39.

Ghina A. 2014. Effectiveness of entrepreneurship education in higher education institutions[J]. Procedia-Social and Behavioral Sciences，115：332-345.

Hazlina Ahmad N，Abdul Halim H，Mohamed Zainal S R. 2010. Is entrepreneurial competency the silver bullet for SME success in a developing nation?[J]. International Business Management，4（2）：67-75.

Hoppe M. 2016. Policy and entrepreneurship education[J]. Small Business Economics，46（1）：13-29.

Ireland R D，Hitt M A，Sirmon D G. 2003. A model of strategic entrepreneurship：the construct and its dimensions[J]. Journal of Management，29（6）：963-989.

Jain R，Jain C，Jain P. 2017. Management of education for entrepreneurship：conceptual foundation for practice & research[J]. Indian Journal of Industrial Relations，52（4）：644-658.

Kadushin C. 2012. Understanding Social Networks：Theories，Concepts，and Findings[M]. Oxford：Oxford University Press.

Nowiński W，Haddoud M Y，Lančarič D，et al. 2019. The impact of entrepreneurship education，entrepreneurial self-efficacy and gender on entrepreneurial intentions of university students in the Visegrad countries[J]. Studies in Higher Education，44（2）：361-379.

Rauch A，Hulsink W. 2015. Putting entrepreneurship education where the intention to act lies：an investigation into the impact of entrepreneurship education on entrepreneurial behavior[J]. Academy of Management Learning & Education，14（2）：187-204.

Reyad S M R，Badawi S S，Hamdan A M. 2018. Entrepreneurship and accounting students' career in the Arab Region：conceptual perspective[J]. The Journal of Developing Areas，52（4）：283-288.